우울과 자살 위기의

청소년 치료

David A. Brent · Kimberly D. Poling · Tina R. Goldstein 공저

지승희 · 김봉아 공역 | **김재원** 감수

Treating
Depressed and Suicidal
Adolescents : A Clinician's Guide

학지사

Treating Depressed and Suicidal Adolescents: A Clinician's Guide

by David A. Brent, MD, Kimberly D. Poling, LCSW,
and Tina R. Goldstein, PhD

한 생명을 파괴하는 사람은,

세상 전체를 파괴한 것과 같다.

한 생명을 구하는 사람은,

세상 전체를 구한 것과 같은데,

이는 모든 사람 각자가 유일한 창조물이기 때문이다.

그러므로 모든 사람 각자는 이렇게 말해야 한다.

"세상은 나를 위해 창조되었다."

(Mishna Sanhedrin 4:5, 의역함)

역자 서문

『Treating Depressed and Suicidal Adolescents: A Clinician's Guide』를 처음 읽은 것은 2012년 아주대학교 대학원 수업에서였다. 대부분 현장에서 청소년 상담을 하고 있는 박사과정 학생들과 청소년의 자살행동에 어떻게 개입할지를 공부하기 위해 선택한 교재였다. 이 책은 특히 자살위험이 높고 우울증이 있는 청소년에게 약물치료와 인지행동치료, 가족치료를 병행하여 효과적으로 치료하는 과정을 상세하게 제시해 주고 있다. 저자인 Brent 박사는 서문을 통해 청소년의 자살행동을 이해하고 평가하며 근거에 기반을 둔 효과적인 접근방법을 찾아가던 여정, 무엇보다도 자살위험에 놓인 한 사람의 삶의 방향을 돌리는 치료자의 노력을 강조하고 있다. 이러한 내용을 현장의 청소년 상담자들과 공유하고 싶다는 단순한 생각에서 번역이 시작되었지만, 이 책은 우울증과 자살경향성이 있는 힘든 청소년과 가족을 돌보는 치료자들 간의 협업에도 도움이 될 것이다.

이 책은 DSM-IV-TR의 기준으로 기술되어 있는데 번역 중간에 DSM-5가 출판되었다. 바꿀 수 있는 것은 DSM-5의 기준을 따르고, DSM-5 기준에서는 폐지되었지만 이 책에서는 기술된 것(예, 축 체계)은 저자의 기술 그대로 번역하기로 하였다. 이 과정에서 여러분의 도움을 받았다. 초역 원고를 읽어 주신 순천향대학교 천안병원 임상심리전문가 한미정 선생님, 번역 과정에 깊은 관심을 가지고 처음부터 끝까지 수차례 꼼꼼하게 읽고 감수해 주신 서울대학교 의과대학 정신과학교실 김재원 교수님의 도움이 컸다. 여러 도움의 손길이 있었지만, 여전히 부족하고 미흡한 번역의 책임은 온전히 번역자의 몫이다.

기꺼이 출판을 맡아 주신 학지사 김진환 사장님과 읽기 좋게 만들어 주신 박지영 선생님께 깊은 감사를 표한다.

2016년 2월

역자

저자 서문

왜 우울하고 자살위험이 있는 청소년(adolescents who are both depressed and suicidal)에 대한 책을 쓰냐고 물을지 모르겠다. 간단히 말하면, 이들이 응급실과 병원의 흔한 내방환자이고, 치료자에게는 큰 도전이기 때문이다. 환자의 수는 많지만 치료에서는 큰 관심을 받지 못하고 있고 치료자에게 지침이 될 만한 문헌도 많지 않다. 십대의 우울에 대한 기존 자료들은 이런 환자를 어떻게 돌봐야 하는지에 대한 정보를 주지 않는다. 하지만 자살생각과 자살행동은 우울증 환자에게 아주 흔하기 때문에, 이런 상호 관련된 조건을 가진 환자를 평가 · 치료하는 능력은 청소년 기분장애 환자를 돌보는 데 중요한 요인이다. 게다가 자살사고와 자살행동은 우울증의 심각성 및 만성성과 연관이 크지만, 자살경향성(suicidality)이 없어도 우울한 사람도 많다. 따라서 우울 외에 자살경향성에 영향을 주는 요인들이 있기 때문에 다른 개입도 필요하다. 이런 고위험 청소년을 적절하게 돌보기 위해서는, 특히 이 두 가지 취약성에 동시에 초점을 맞추는 것이 필요하다고 생각한다. 서문에서는 우울하고 자살위험이 있는 청소년에 대한 접근방법을 만들게 된 주요 사건 몇 가지를 이야기하겠다.

1982년, 나(D. A. Brent)는 지난 반세기 동안 가장 카리스마 있고 통찰력 있는 의학계 지도자인 토마스 디터(Thomas Detre) 박사에게 피츠버그 대학교의 교수 자리를 제안받았다. 그는 정신의학이 실제적인 경험주의(empiricism)를 통해 다른 의학 분야와 재결합해야 한다고 주장하는 엘리트 집단의 일원이었다. 나는 경험주의의 중요성을 확신하고 있었지만, 동시에 경험주의가 아닌, 매우 숙련된 정신분석학의 슈퍼바이저 및 동료들의 성취에 깊은 감명을 받고 있었다. 분명히 그들은 정의하기에 다소 불분명하고 어려움에도 불구하고, 무언가 굉장히 가치있는 것을 가지고 작업하였다. 역설적인 것은, 이 정의하기 어려운 특징은 디터 박사가 환자와의 통찰력 있는 면담에서, 그리고 재능 있는(faculty) 교수를 선발하고 발전시키는 능력에서 풍부하게 보여 준 것이기도 했다. 나는 그것이 무엇인지 물어보았다. 개인적인 특징인가? 계발할 수 있는 재능인가? 그래서 그 초대를 받아들여 경험주의 반열에 참여하였을 때, 나는 디터 박사에게 다소 아쉬워하며 물어보았다. "하지만 당신도 시대에 뒤지지 않는 뛰어난(artful) 뭔가가 있다고 믿고 있지 않나요?" 그는 웃으며 대답했다. "그래요, 하지만 당신이 그것을 정의하고 입증해야 합니다."

이 책은 20여 년 전에 디터 박사가 나에게 제기한 도전, 즉 우리 환자들을 위해 가장 좋은 결과를 얻도록 현재 및 과거의 자료에 근거한 것과 세월이 흘러도 변치 않는 것을 통합하라는 도전에 대한 응답이다. 가장 좋은 치료는 경험적인 자료에 근거해야 한다. 하지만 좋은 임상적 개입에는 환자와 함께 임상적인 결정을 내리기 위한 협력적인 관계를 맺는 기술도 포함된다. 치료적 성과는 경험주의와 협력 사이의 접점—**협력적 경험주의**(collaborative empiricism)—에서 나타나는데, 협력적 경험주의는 현대 정신의학의 진정한 창조적 거인 중 한 사람이며 인지치료의 개발자인 아론 벡(Aaron Beck) 박사의 용어다. 우울하고 자살위험이 있는 청소년의 치료에 협력적 경험주의를 적용하는 것이 이 책의 주 초점이다. 새로운 자료가 나타나 최고의 치료에 대한 우리의 개념을 바꿀지는 모르지만, 우리는 이 책의 접근이 시간의 검증을 견뎌 주기를 바라고 있다.

디터 박사는 1973년도에 서부정신과학연구소(Western Psychiatric Institute and

Clinic: WPIC)에 와서 질문하고 연구할 수 있는 문화를 만들어 주었다. 디터 박사는 데이비드 쿠퍼(David Kupfer) 박사를 선발하였고, 쿠퍼 박사는 1983년부터 2009년까지 정신과학교실의 주임교수를 역임하였다. 이 임용이 아마도 WPIC의 성공에 중요한 역할을 했을 것이다. 쿠퍼 박사는 기분장애의 치료를 진전시키는 데 다른 누구보다 큰 역할을 했고, 많은 사람이 따라 할 수 있는 임상연구 수행의 본보기를 만들어 주었다. 고인이 된 호아킴(킴) 푸이그-안티흐[Joaquim(Kim) Puig-Antich] 박사는 새로운 유형의 경험주의를 지향하는 최초의 소아정신과 의사로서, 모험을 즐기기에는 다소 어렸던 우리를 많이 격려해 주었다. 소아 기분장애 분야에서 획기적인 작업을 하던 마리아 코박스(Maria Kovacs) 박사는 나의 멘토가 되어 나의 생각을 분명하게 표현하도록 끈기 있게 가르쳐 주었다. 내 생각에 미국의 가장 창의적인 정신과 의사는 아론 벡 박사다. 그는 우울증과 자살경향성의 복잡한 현상을 이해하고 치료하는 데에 큰 공헌을 하였다.

이 위대한 과학계 지도자들에게는 공통적인 특징이 있다. 그들은 실패를 두려워하지 않았다. 사실은 그 점 때문에 성공한 것이라 할 수 있다. 그들은 어떤 치료가 왜 효과가 없었는지, 또는 언제 어떤 이론이 맞지 않았는지를 이해하는 것을 즐거워하였다. 유대인의 격언집인 『Sayings of the Fathers』에 이런 말이 있다. "나는 선생님들에게 많이 배웠다. 하지만 나의 학생들에게 더 많이 배웠다." 나 자신의 경험을 통해서도, 나의 환자들에게서도, 특히 내가 돕지 못했던 환자들에게서 가장 많이 배웠고, 그래서 현재의 실패를 미래의 성공으로 바꿀 수 있다는 것을 알고 있다.

또 다른 개인적인 도전이 이 책을 쓰게 했다. 1979년, 동생 제임스가 26세의 나이에 심장부정맥으로 갑자기 사망했다. 죽기 넉 달 전에 우리는 마지막 대화를 했다. 그는 뮤지션이며 작곡가였기 때문에 나는 최근에 무엇을 듣고 있는지 물어보았다. 그는 "나(me)."라고 대답했다. 나는 그것이 자기중심적이라고 말했다. "형은 이해하지 못해." 그가 말했다. "내가 듣고 싶은 음악은 아직 써지지 않았어. 그래서 내가 그걸 쓰고 있는 중이야." 내가 대답했다. "사실 내가 읽고 싶은 소아정신의학 서적도 아직 써지지 않았어. 아마 나도 그걸 쓰게 될 거야."

이 책을 만든 보이지 않는 저자들이 있다. 나는 부모님인 로버트와 릴리안 브렌트에게도 그들이 나를 위해 해 주었던 것들에 대해 충분히 감사해 본 적이 없다. 그들은 인류에 봉사하는 마음을 인생의 이상(ideal)으로 생각하신다. 부모님이 좋은 유전자를 물려주셨다면, 나의 아내인 낸시는 내가 성공할 수 있는 환경을 제공해 주었다. 소울메이트를 찾으면 모든 것이 가능해진다.

청소년의 우울증과 자살에 대한 나의 연구는 1980년 무렵에 시작되었다. 나는 피츠버그 어린이병원의 자문 서비스 센터에 배치되어, 매주 자살시도를 한 청소년 세 명 정도를 평가하고 있었다. 나의 주 과제는 집에 보내도 안전한 환자와 자살시도를 반복할 위험이 높기 때문에 입원 의뢰되어야 하는 환자를 결정하는 것이었다. 하루는 그런 환자 두 명에 대한 처리를 결정해야 했다. 나는 한 사람에게는 퇴원을, 다른 사람에게는 정신과 입원을 권했다. 환자의 아버지가 나에게 와서, 내가 어떻게 결정을 내린 것인지 알고 싶다고 했다. 그런데 나는 설명할 수가 없었다. 수련이 거의 끝나고 있을 시점이였는데, 나는 자살위험이 있는 사람을 결정하는 방법조차 알지 못한다는 것을 깨달았다. 청소년 자살 관련 서적을 읽어 보려고 도서관에 갔는데, 이 주제에 대한 책이 거의 없다는 것을 발견하고 충격을 받았다. 듣고 싶은 음악을 찾았는데, 아직 그런 곡은 써지지 않았다는 것을 안 것이다.

당시에 우리는 청소년 자살에 대해 잘 모르고 두려움을 가지고 있었다. 자살률은 급속히 증가해서 지난 20년 동안 3배나 늘었다. 자살시도를 하거나 자살로 사망한 십대는 단지 '스트레스가 너무 많다' 그리고/또는 '부모의 이해를 받지 못했다'는 것이 일반적인 믿음이었다. 또 다른 오해는 십대의 자살은 정신장애와는 관계가 없다는 것이었다. 우리는 자살 또는 자살행동의 위험요소에 대해 거의 아는 바가 없었다. 고등학교에서 한 명이 자살을 하면 이것이 유행처럼 번지지 않을까 하는 자살의 전염성에 대한 우려가 굉장히 컸다. 마지막으로 청소년의 우울증 또는 자살행동에 대해 경험적으로 타당화된 치료가 없었다. 그래서 자살위험에 처한 아이를 확인할 수 있다고 해도, 그들에게 무엇을 해야 할지 모르고 있었다.

자살위험을 결정하기 위해서는 자살로 사망한 청소년들에 대해 연구해서 그들을 다른 집단과 비교해 볼 필요가 있었다. 자살 연구의 핵심 문제는 자살로 사망한 사람들이 중요한 정보를 가지고 있다는 것이다. 그런데 몇몇 성인 연구에서 사용한 접근이 있었다. 심리부검(psychological autopsy)이라 부르는 것으로, 가족 및 다른 가까운 사람들을 면접하여 자살로 이끌어 간 요인들을 재구성하는 것이다. 나는 약간의 연구기금을 받아, 매우 긴장한 채 청소년 자살 희생자의 가족들을 만나 대화하며 무엇이 잘못되었는지 알아보기 시작했다.

나중에 안 일이지만, 나의 주문제는 자살 희생자의 집안으로 들어가지 않은 것이었다. 가족들은 무슨 일이 일어났는지 이해할 필요가 있었고, 아무도 그들과 자살에 대해 이야기하고 싶어 하지 않아 고립감을 느끼고 있었기 때문에, 자살로 이끈 요인들을 검토할 기회를 환영했다. 비극적인 사건 이후 그들은 마음속으로 끊임없이 이 과정을 겪고 있었던 것이 분명했다.

우리는 자살로 사망한 청소년들이 단지 오해를 받은 아이들이 아니라는 것을 알았다. 부모, 형제자매, 친구들의 보고에 따르면 그들 중 90% 이상이 최소한 한 가지 정신장애를 갖고 있었다. 정신장애는 평균적으로 자살하기 7년 전에 시작되었다. 단독으로는 우울증이 가장 흔한 정신적인 문제였지만, 종종 물질남용 같은 다른 문제도 같이 나타났다. "나는 그게 청소년기의 변덕이라고 생각했어요."라는 부모들의 말처럼 대개 우울증은 '정상적'이라고 여겨진다. 자살로 사망한 사람들은 거의 비밀을 지켜 주겠다고 약속하는 친구에게 자신의 자살생각을 드러낸다. 또한 십대 자살 희생자들은 자살을 시도했지만 사망하지 않은 십대에 비해 훨씬 더 많은 준비 행동을 했다. 나아가 자살 희생자는 자주 충동적 공격성 문제, 즉 도발 또는 좌절에 반응하여 적대감 또는 공격성 때문에 충동적으로 반응하는 경향이 있었다. 약 1/3은 자살하기 일주일 전에 타살을 계획하거나 위협하기도 했다. 가장 흔한 자살 방법은 총이다. 십대 자살률 증가의 대부분은 총기 자살이었고, 총기는 통제집단에 비해 자살로 사망한 사람들의 집에서 더 자주 나타났다. 이들의 가족은 우울증, 물질남용 및 자살행동 비율이 아주 높았다.

이런 면접이 우울할 거라고 생각하는 사람도 있을 것이다. 확실히 가족의 고통은 분명했다. 하지만 나는 청소년 자살에 대해 뭔가 할 수 있다는 것을 배우고 있었다. 우리는 경험적인 위험 평가를 개선할 수 있을 것이다. 또 우울증을 더 잘 인지하고, 기능 손상이 있는 기분 문제는 그저 청소년기의 정상적인 변덕은 아니라고 가르칠 수 있다. 많은 십대가 자살로 사망하기 전에 사람들에게 자살생각을 말했다는 사실은 조기 발견과 개입이 중요하다는 것을 말해 준다. 당연히 친구들은 어떻게 반응해야 할지 알지 못했다. 하지만 우리는 친구의 자살경향성에 대해 비밀을 지켜 주어서는 안 된다고 교육할 수 있다. 전문가들에게 지배적인 태도는 십대의 자살에 대한 말을 그저 '관심 추구' 일 뿐이라고 일축하는 것이었다. 전문가들은 종종 자살의도가 높음에도 불구하고, 의학적으로 '치명적이지 않은(nonlethal)' 자살시도를 '제스처' 라고 했다. 사실은 그런 생각과 행동은 치명적인 결과로 가는 시작 단계일 것이다. 게다가 유전적인 자살행동의 비율이 높기 때문에 우리들의 동료와 협력하면 그들이 치료하고 있는 부모의 고위험 자녀들을 확인하는 데 도움이 될 것이다. 마지막으로 총기 자살은 위험률이 높기 때문에 자살 고위험 청소년의 가족에게는 집에 총을 없애라고 하는 것이 중요하다.

이 작업의 최종 결과는 우리가 이제 자살위험을 평가하는 틀을 갖게 되었다는 것이다. 그리고 십대의 사회망에 미치는 자살의 영향에 대한 이해, 자살이 어떻게 유전되는지에 대한 이해, 자살 위기 청소년의 위험 감소를 위한 치료 개발 등 세 가지의 연구도 진행되었다.

그 당시에 자살의 전염성에 대한 불안이 어느 정도였는지 전달하기가 쉽지 않다. 이곳 피츠버그에서 자살이 확산되기 전까지 킴 박사가 그것은 연구할 가치가 없는 분야라고 했던 것이 생각난다. 18일 동안 한 고등학교에서 3건의 자살과 7건의 자살시도가 있었다. 우리는 자살위험이 있는 사람과 가장 가까이 있던 사람들—십대의 사회망(가까운 친구와 가족)—이 자살행동을 가장 많이 모방할 것이라고 생각했다. 우리는 자살 희생자의 부모와 형제자매, 친구들 그리고 친구의 친구들을 면접하는 조사연구를 수행하였다. 놀랍게도 친구와 형제자매의 모방 위험은 증가하지 않았다. 실제로 친구와 형제자매가 일반집단보다 정신적인 문제의 비율이 높았던 점을 보정하고 나니, 청소년 자살 희생자와의 가까운 접촉으로 인한 위험은 자살시도 통제집단(노출되지 않은 십대)의 약 반 정도였다. 자살 희생자의 친구는 과거에 자살을 고려해 본 적이 있지만, 주변인으로서 이런 고통스러운 경험을 하고 나니 다시는 그러지 않겠다고 했다. 이 결과는 매체에 자살사망을 보도하는 방법에 대한 권고안을 만드는 데 도움이 되었다. 즉, 매체는 자살행동이나 희생자를 낭만적으로 묘사하지 말고, 모방하지 않도록 치료가 가능한 정신장애의 결과임을 강조해야 한다.

하지만 자살은 십대의 사회망에 지속적인 영향을 미쳤다. 자살을 경험한 후, 친구와 형제자매 중 약 1/3에서 임상적 우울증이 발병했다. 가장 취약한 사람은 희생자의 계획을 알고 있었던 사람, 자살 전 24시간 내에 희생자와 이야기했던 사람, 그리고 그 죽음에 책임을 느끼는 사람이었다. 이는 십대에게 친구의 자살을 비밀로 하지 않도록 교육하는 중요성을 알게 해 주었다. 간단히 말하면, 자살 희생자의 친구와 가족은 그 자살경험 후 오랫동안 큰 타격을 받았다. 그들은 6년이나 지났어도 여전히 높은 수준의 슬픔을 보이고 있었다.

1986년에 우리 연구진이 심리부검 연구를 수행하고 있을 때, 소아청소년정신과장이며 나의 슈퍼바이저인 킴 박사는 십대의 자살예방 프로그램이 필요하다는 결정을 하였다. 처음에는 그런 클리닉을 만드는 것이 꺼려졌다. 킴 박사와의 대화는 다음과 같다.

> 킴: 데이비드, 자살위험이 있는 십대를 위한 클리닉을 만들어야겠어요.
>
> 나: 하지만 저는 자살위험이 있는 십대의 치료에 대해 아는 바가 없습니다.
>
> 킴: 좋아요, 그러면 배울 수 있겠네요!
>
> 나: 하지만 아무도 자살위험이 있는 십대의 치료에 대해 모릅니다.
>
> 킴: 잘됐네요! 그러면 아무도 우리를 비판할 수 없잖아요! 이제 나가서 생명을 구하세요!

자살위험이 있는 십대의 평가와 치료에 대해 우리에게 지침이 될 만큼 알려진 것이 없었지만, 십대의 자살 문제가 계속 증가하고 있었기 때문에 킴 박사는 우리를 독려하여 앞으로 나아가게 했다. 계속해서 그는 나와 피츠버그 대학교 정신의학 및 교육학과 교수인 메리 마가렛 커(Mary Margaret Kerr) 박사를 연결해 주었다. 우리는 함께 펜실베이니아 주 정부에 십대의 자살예방센터를 위한 기획안을 제출했고, 지금까지 지원을 받고 있다. 이 프로그램은 두 가지 구성요소로 되어 있다. 첫째, 예방 프로그램(outreach)은 주로 교육과 예방에 초점을 맞추고, 둘째, 치료 프로그램(clinical)은 자살위험이 있는 청소년에게 초점을 맞춘다. 예방 프로그램에서 커 박사는 자살위험을 인지하고 대응하는 방법뿐만 아니라, 학교에서 교사와 행정가들에게 십대의 자살의 영향을 다루는 방법을 교육하는 프로그램을 개발하였다. 나의 역할은 자살위험이 있는 십대에 대한 연구를 수행하고 클리닉을 운영하는 것이었다. 우리 연구에서 새로운 것이 나타나면, 커 박사는 그것을 바로 수많은 교육 및 정신건강 전문가들을 위한 훈련과 교육으로 바꾸곤 했다.

클리닉에서 우리는 거의 매일 새로운 자살위험이 있는 청소년을 평가하고 있었다. 경험적으로 타당화된 치료가 없었기 때문에 우리는 심리부검에서 얻은 지식에 의존하고 있었다. 그 당시는 삼환제 항우울제가 유일한 약물치료였는데, 아동에게 효과가 있는지는 검증되지 않았으며 과용은 치명적이었다. 그래서 우리는 이 십대들을 심리치료로 치료하기로 했다. 우리는 성인 문헌에서 지침을 찾아보았고, 벡의 인지치료 모델이 우울한 성인의 자살경향성을 효과적으로 다룬다는 것을 알았다. 그래서 나는 이 모델을 배우고 적용하기 시작했다. 벡의 틀을 적용하여 우리는 십대가 우울할 때 부정적인 기분을 강화하는 방식으로 세상을 보게 된다는 것, 즉 긍정적인 것을 무시하고 부정적인 것을 확대하며 (특히 자살위험이 있는 십대는) 흑백사고에 빠져 삶과 죽음 간에 이분법적 선택을 한다는 것을 인식하도록 도와주었다.

이 시기에 지역 정신건강센터에서 야간 근무를 하다가 킴벌리 폴링(Kimberly Poling)을 만났다. 그는 청소년과 관계를 맺는 능력을 타고난, 밝고 에너지가 넘치는 젊은 사회복지사였다. 특히 비자발적인 십대를 치료에 참여시키는 킴의 능력에 감명을 받았다. 다른 사람들이 좌절하며 손들어 버린 사례들에서 라포를 형성하고 협력하여 문제를 해결하는 킴의 낙관적이고 주도적인 접근은 놀라운 결과를 보여 주었다. 킴도 배움에 대한 강한 열정을 보였다. 어느 날 WPIC에서의 나의 작업에 대해 킴과 이야기하던 중에, 그가 일요일 오후 대부분을 WPIC 도서관에서 보낸다는 것을 알게 되었다. 그녀 역시 아직 써지지 않은 음악을 찾고 있는 것 같았다. 나는 킴에게 위기청소년 서비스(Services for Teens At Risk: STAR)로 알려진, 십대의 자살예방 프로그램 치료자로 들어와 달라고 제안했다.

킴은 세 명의 치료자 중 나의 스태프로 참여했고, 우리는 함께 경험적으로 얻은 평가 절차와 벡의 인지행동모델에 기초한 치료 지침을 개발하였다. 우리는 치료가 잘 되었다고 느꼈지만 한 가지 큰 문제가 있었다. 치료탈락률이 40% 정도나 된 것이다. 우리는 치료를 중단한 가족에게 전화해서 치료에 대해 좋았던 점과 안 좋았던 점을 알아보았고, 부모들이 십대 자녀에게 분노하고 자녀의 자살행동으로 조종당하는 느낌을 가지고 있다는 것을 알게 되었다. 부모에게 자녀가 통제할 수 없는 병을 앓고 있다는 것을 알려 주지 않았다는 것을 깨닫고 킴과 나는 특별히 부모를 위해 기획된 워크북을 개발해서 기분장애와 십대에 대해 알려진 것들을 설명해 주었다. 워크북 『십대의 우울증: 가족 생존 매뉴얼(Teen Depression: A Survival Manual for Families)』은 우울증의 증상, 원인 및 치료, 그리고 중요한 것은 우울증이 가족 전체에게 어떤 영향을 미치는지에 대한 심리교육 책이었다. 가족이 우울한 십대를 어떻게 도울 수 있는지 구체적으로 조언하고, 워크북에 근거해서 심리교육적/지지적 부모 프로그램을 시작했다. 그 프로그램은 부모에게 청소년 자녀의 우울증에 대해 교육하기에 효과적이었을 뿐만 아니라, 많은 부모에게 자기 자신의 우울증에 대해 인지하고 치료를 받게 하였다. 이 개입으로 치료탈락률이 극적으로 감소하였다.

우리는 이 새로운 인지행동치료(Cognitive Behavioral Therapy: CBT)를 신뢰할 만하고 널리 사용되고 있는 두 가지 치료, 즉 가족치료 및 지지치료와 비교하여 검증해 보기로 했다. CBT는 다른 두 치료보다 우울 증상을 감소시키는 데 우월하다는 것을 확인하였다. 이 결과로 CBT는 청소년 우울증 치료에 효과적인 치료임을 인정하게 해 주었다. 우리는 또 자살위험이 있는 십대(현재 또는 과거)의 경우, 지지치료보다 CBT가 우울증 개선에 효과적이라는 것을 발견하였다. 하지만 자살생각과 자살행동의 감소에 있어서는 CBT가 다른 두 치료보다 효과적이지 않았다. 이는 중요한 주제, 우울증에 대한 치료 반응과 자살행동에 대한 치료 반응 간에 분명한 단절이 있다는 것을 나타낸다. 임상장면에서도 이것을 볼 수 있었다. 우울증 치료를 받아 개선되고 있던 아동이 갑자기 충동적인 자살시도를 해서 응급실에 나타났던 것이다. 무슨 일이 있었는지 물었을 때 아동은 강렬한 정서에 압도되었다고 했다. 우리는 이를 정서조절의 어려움(emotion dysregulation)이라고 불렀다. 이것은 우리가 간과하고 있었던 중요한 치료 대상 같았다. 그래서 우리는 1996년에 마샤 리네한(Marsha Linehan)을 WPIC로 초대하여 집중적으로 변증법적 행동치료(Dialectical Behavior Therapy: DBT) 훈련을 시행하였다. 리네한 박사에게 배운 정서조절과 고통 감내(distress tolerance) 기술은 우리의 치료 접근을 보완해 주었다. STAR 클리닉에서 CBT, DBT 그리고 가족 참여를 통합하여 시행하면서, 바로 이 병합치료(combined treatment)가 우리가 찾고 있던 것이었음을 알았다.

이후 몇 년 동안, STAR 클리닉의 치료자들은 이 치료모델을 시행하여 좋은 결과를 얻었다. 우울하고 자살위험이 있는 십대의 치료에 성공했다는 것이 알려지면서 우리는 훈련과 워크숍 요청을 받기 시작했다. 그리고 사람들에게서 전에 우리가 했던 염려, 즉 CBT만으로는 충분치 않다는 말을 들었다. 우리는 다른 치료자들이 도움을 받을 수 있는 유일하고 특별한 것을 갖고 있다는 것을 알게 되었고, 그래서 이 책을 쓰기 시작하였다.

이제 티나 골드스타인(Tina Goldstein)이 등장할 때가 되었다. 그녀는 콜로라도 대학교의 박사과정 중에 있을 때, 소아 양극성장애 환자와의 작업에서 정서조절의 어려움이 소아 기분장애의 평가와 치료에 중요한 영역이라는 것을 확인하였다. 그녀는 박사 전 인턴십 과정으로 WPIC에 합류하여 십대의 자살예방 프로그램에서 6개월 동안의 과정을 마쳤다. 바로 우리가 같은 마음을 가진 치료자이며 적임 연구자를 찾았다는 것이 분명해졌다. 티나는 십대와 라포 형성을 잘할 뿐만 아니라, 킴이 협력적 경험주의의 'bob and weave'라고 명명한 훌륭한 기술—환자와 있을 때 임상작업의 기술과 경험 연구에서 얻은 자료를 잘 조합하는 능력을 보여 주었다. 티나는 2003년에 나의 연구 멘토링과 킴의 임상 슈퍼비전을 받는 박사 후 연구원이 되었다.

그동안 우리는 우울증 치료만으로는 위험을 제거할 수 없었기 때문에 우울증 외에 자살행동의 위험에 기여하는 것에 대해 이해하려고 애쓰고 있었다. 위험요인을 이해하는 한 가지 방법은 가족을 검토하는 것이었다. 1985년에 나는 심각한 자살시도를 한 소년을 평가했다. 가족력을 조사했을 때 자살의 가족력이 있다는 것을 발견했다. 몇 달 후에 그의 남동생이 심각한 자살시도를 해서 의뢰되었다. 이 일은 자살에도 유전적 소인, 우울증 같은 정신장애와 관련된 유전적 위험 외의 무엇이 있는 것인가 질문하게 했다.

이 질문에 답하기 위해서 우리는 청소년 자살시도자 및 통제집단 가족의 자살, 자살행동 및 정신장애를 검토하였다. 자살사망자들의 친척은 자살행동이 훨씬 더 많았다. 정신장애의 차이를 통제한 후에도 여전히 많았다. 다시 말하면, 정신장애 외의 무엇인가가 가족에게 영향을 주고 있었다. 한 연구에서 **충동적 공격성**이 가족에게 자살위험으로 전해지는 중요한 특질임을 확인하였다. 좀 더 공격적인 자살희생자의 가계에서 자살사망자 친척의 고위험 자살행동이 발견되었다.

위험의 순서를 회고적으로 풀기는 어렵다. 자살행동이 정말로 유전되는 것이라면 성인 자살시도자의 자녀에게서 위험이 증가했어야 한다. 뉴욕주립정신과학연구소(New York State Psychiatric Institute)의 존 만(John Mann) 박사 등과의 협력 작업에서, 우리는 우울증이 있고 자살시도력이 있는 성인들의 자녀와 자살시도 위험과 기분장애가 있지만 자살시도력은 없는 성인들의 자녀를 비교해 보았다. 두 자녀집단의 기분장애 비율과 모든 다른 조건이 동일했음에도 불구하고, 자살시도자의 자녀들은 자살시도율이 6배나 높았다. 두 자녀집단을 차별화하는 주 요인 중 하나는 더 높은 공격성 수준이었다. 또한 자살행동의 가족력이 가장 많았던 성인 자살시도자가 가장 공격적이고, 더 공격적인 자녀가 있었으며, 높은 자살시도율뿐만 아니라 더 어린 나이에 자살을 시도한 자녀도 있었다. 이는 충동적 공격성 특질로 인해 자살행동이 유전되는 패턴을 설명하는 데 중요하다는 것을 강하게 시사한다. 또한 이 특질이 자살위험과 높은 관련이 있으므로, 이를 대상으로 하는 개입방법을 개발할 필요가 있음을 시사한다.

이렇게 해서 현재 당면하고 있는 도전까지 오게 되었다. 우리는 지금 십대 우울증에 효과적인 치료법들을 가지고 있지만, 단지 60% 정도만 효과가 있다. 결국 우리는 선택적 세로토닌 재흡수 억제제를 사용한 우울증 초기 치료에 실패한 후 대안적 치료들을 검증하는 연구를 수행했고, CBT와 약물치료의 병합이 우울증에 대응하는 데 가장 효과적이라는 것을 발견했다. 또한 좋은 반응을 예언하는 유전 및 약동학(pharmacokinetic) 요인들도 확인하였으며, 이로써 환자에게 맞는 치료를 적용할 수 있게 되었다.

두 번째 도전은, 이미 자살을 시도했던 사람들의 재시도를 방지할 수 있는 청소년 치료를 아직 확인하지 못했다는 것이다. STAR 클리닉에서 수년에 걸쳐 개발한 치료 패키지는 다양한 현장의 자살시도 청소년 개입(Treatment of Adolescent Suicide Attempters: TASA) 연구에서 사용된 심리치료 접근의 기반이 되었고, 다양한 지역이나 인종 집단에 이 치료를 적용할 수 있게 해 주었다. 하지만 다른 십대 자살시도자 치료들과 마찬가지로 확실하게 효과가 입증된 것은 아니다. TASA 프로젝트에서 이루어진 여러 선도적인 심리치료 연구자들(Greg Brown, John Curry, Betsy Kennard, Barbara Stanley, Karen Wells)과의 작업은 우울하고 자살위험이 있는 청소년 치료의 중요한 요소를 좀 더 신중하게 검토하고 연결할 수 있게 해 주었다.

이 여정을 처음 시작할 때 청소년 자살률은 상승하였는데 우리는 자살의 위험요인에 대해 알지 못하고 자살의 전염성에 대해 크게 염려하고 있었으며, 청소년 우울증에 대한 치료법도 가지고 있지 않았다. 최근에는 청소년 자살률이 감소했고 우리는 자살위험을 평가하는 경험적인 틀과 청소년 우울증에 대해 경험적으로 타당화된 몇 가지 치료법을 가지고 있다. 현재는 자살행동에 대한 유전적인 위험요인들을 확인하고, 반복적인 자살행동과 저항성 우울증(resistant depression)을 대상으로 하는 개입방법을 개발하며, 자살행동이 시작되기 전에 예방하기 위한 다양한 연구를 진행하고 있다. 아직 이 질문들에 대한 분명한 답을 얻기 전이지만, 자기 생명을 버리고 싶어 하는 우울한 젊은이들을 돕기 위해 우리는 할 수 있는 최선을 다해 아는 것을 적용할 수 있고 또 적용해야 한다. 이 책에서 우리는 환자들이 생명의 소중함을 인정하고 생명이라는 큰 선물을 최대한 활용하도록 돕기 위해 현재 알고 있는 것을 최대한으로 사용하는 방법을 알려 주고 싶다.

우리의 의도는 임상적 지혜와 협력적 경험주의를 함께 엮어 하나의 통합된 전체를 만드는 것이다. 우리는 우울증 및 자살경향성의 평가와 근거-기반 치료에 대한 검토부터 시작할 것이다. 그다음 우울하고 자살위험이 있는 청소년을 성공적으로 치료하는 데 필요한 요소를 기술하고, 치료를 위한 치료관계 발달, 안전계획 수립 및 사례 개념화에 대해 논의할 것이다. 그리고 우리가 하는 치료접근의 개요를 설명할 것이다. 여기에는 협력적 치료관계 형성, 구체적인 치료기법 그리고 회복한 청소년들이 건강하게 지내도록 돕는 것이 포함된다. 마지막으로 이 분야의 미래 방향에 대한 우리의 생각으로 마무리할 것이다.

감사의 말

우리의 길을 찾도록 도와준 모든 이에게 감사한다.

먼저 인지행동치료(Cognitive Behavioral Therapy: CBT)의 개발자인 Aaron Beck 박사, 우리가 개발한 치료를 위해 기금을 준 Robert Berchick 박사, 그리고 최근에는 Greg Brown 박사에게 자살경향성이 있는 십대에게 인지행동치료를 적용하고자 하는 우리의 생각을 다듬는 데 큰 도움을 받았다.

위기청소년 서비스센터(Services for Teens At Risk: STAR-Center)의 교수와 치료진, 너무 많아 이름을 나열하기 어려운 모든 분의 헌신에 감사한다. STAR-Center의 핵심 치료자들은 여기에 설명한 치료접근 개발에 중요한 기여를 해 주었다.

Boris Birmaher, MD

Charles Bonner, PhD

Mary Beth Boylan, PhD

Maureen Maher-Bridge, LCSW

Charles Goldstein, LCSW

Mary Margaret Kerr, EdD
Brian McKain, MSN
Grace Moritz, LCSW
Mary Wartella, LCSW
Susan Wesner, MSN

자살시도 청소년 개입(Treatment of Adolescent Suicide Attempters: TASA) 연구팀, 특히 Barbara Stanley, PhD, Karen Wells, PhD, Betsy Kennard, PsyD 그리고 John Curry, PhD에게 감사한다. 우리가 몇 년 동안 개발한 치료 원리들을 이 임상 및 연구 전문가들에게 알렸을 때, 그들은 공유할 가치가 있는 것들을 개선해서 실현하도록 도와주었다.

우리 작업을 지원해 준 다음 기관들에 감사를 표한다. 펜실베이니아 주(정부), 미국정신건강연구원, 미국자살예방재단, W. T. Grant 재단, 전미 조현증 및 우울증 연구 연맹.

이 책을 과거, 현재, 미래의 STAR-Center 환자와 그 가족들에게 바친다.

마지막으로 우리를 지원해 주어 우울하고 자살위험이 있는 청소년 치료에 도전할 수 있게 해 준 가족들에게 감사를 드린다.

일러두기: 사례의 이름과 정보는 허구다. 사례는 어느 한 환자나 가족의 이야기가 아니다. 현실적인 임상사례를 포함시키기 위해, 몇 년 동안 STAR-Center에서 만났던 여러 환자들의 임상자료를 가지고 만든 것이다.

차례

제1장

청소년 우울증: 평가와 치료 개관

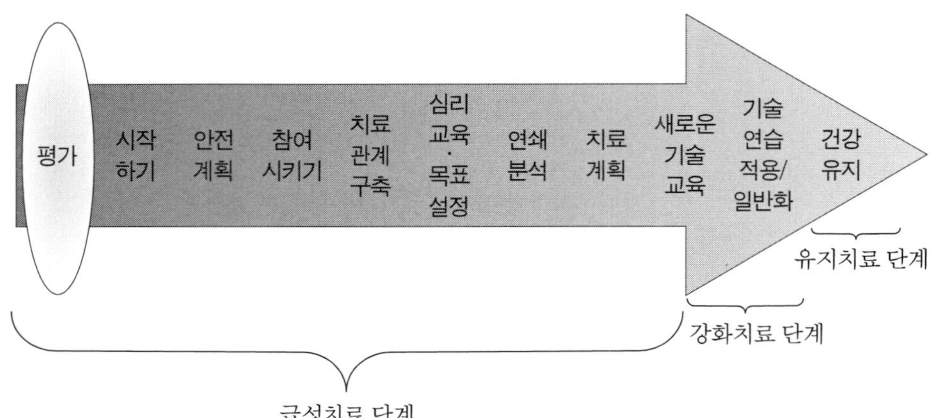

학 습 내 용

- 기분장애의 유형 분류
- 평가 및 감별 진단
- 우울한 청소년을 위한 심리치료와 항우울제 처방 등 치료적 접근 개관(효능, 징후, 행동양상, 부작용)
- 적절한 항우울제 사용(1회 복용량과 지속기간)
- 항우울제 사용 시 장점과 자살위험 비교

이 장에서 우리는 먼저 청소년 기분장애의 진단기준을 검토하고 평가와 감별진단을 설명한 후 우울증의 근거-기반 치료에 대해 개관할 것이다. 그다음 청소년 우울증의 치료 접근법을 제시할 것이다.

1. 왜 청소년 우울증이 중요한 문제인가

우울증은 자살사고 및 행동과 가장 밀접한 관련이 있는 정신과적 장애다. 약 80%의 청소년 자살시도자와 60%의 청소년 자살자가 기분장애를 가지고 있다. 게다가 소아 우울증의 경우, 자살사고나 자살행동이 중요한 임상적 양상은 아니지만 흔하게(common) 나타나는 심각한 문제다. 청소년 5명 중 1명은 성인이 되기 전 적어도 한 번의 우울삽화를 경험할 것이다. 여성이 두 배나 많지만 남성에게도 심각한 장애다. 우울한 청소년은 치료받지 않는 경우, 물질을 더 많이 남용하고, 친밀한 대인관계를 형성하고 유지하는 데 어려움이 있으며, 학업과 직업 수행이 떨어진다. 청소년 우울증은 성인기의 반복적이거나 만성적인 우울증으로 이어지기 때문에, 청소년기의 적절한 우울증 관리는 청소년 발달에 큰 차이를 가져올 수 있다.

2. 우울증에 대한 가족의 질문

- 얼마나 일반적인가? 한 해에 여자 청소년 약 8%와 남자 청소년 약 3%가 심각한 우울삽화를 경험할 것이다.
- 우울증의 원인은 무엇인가? 우울증은 병이고 유전이 된다. 기분 조절과 긍정적 정서 경험 능력에 영향을 주는 우울증과 관련된 뇌 회로와 뇌 화학의 변화가 있다.

- **얼마나 지속되는가?** 우울삽화는 치료받지 않으면 약 4~8개월 지속된다. 치료받지 않은 우울증 환자는 이후에도 계속 잔여 증상을 갖고 있는 경우가 많다.
- **재발되는가?** 우울증은 자주 재발된다. 재발은 지속적인 치료로 예방될 수 있다.
- **아이가 다시 정상적으로 기능할 수 있을까?** 우울한 청소년은 증상이 완전히 없어지면 이전의 기능 수준으로 돌아간다.
- **평가와 분류는 왜 중요한가?** 우울증의 평가는 치료계획을 세우는 데 중요하다. 기분장애의 다양한 유형별(우울증, 양극성장애, 계절성 정동장애 등)로 특수하게 추천되는 치료들이 있다. 기분장애 진단의 감별을 위해서는 세심한 평가가 필요하다. 또한 우울장애는 다양한 치료적 접근을 요하는, 불안장애와 주의력 결핍 · 과잉행동 장애(ADHD) 같은 다른 정신과적 장애들의 특징을 공유한다. 우울증은 환자의 기능, 자살위험, 개입에 대한 반응에 영향을 미치는 다른 장애들과 같이 나타나기도 한다(예: 물질사용 장애). 마지막으로, 치료가 효과가 있는지를 관찰하기 위해서는 지속적인 평가가 필요하다.

3. 분 류

기분장애는 기능장애의 원인이 되는 기분의 변화, 과도한 슬픔이나 다행감(euphoria)이 특징이다. 기분장애를 분류하는 세 가지 측면은 극성, 심각성, 만성성이다.

- **극성(polarity)** 극성은 기분 변화의 방향을 말한다. 단극성 우울증 환자는 '침체된(down)' 기분만을 경험한다. 이러한 침체된 기분의 특징은 슬픔, 무쾌감증(anhedonia)(예: 즐거움을 느끼지 못하는 것, 십대들이 종종 지루하다고 묘사하는 것), 과민함(irritability)이다. 양극성 스펙트럼 장애[제I형 양극성장애, 제

II형 양극성장애, 달리 분류되지 않는 양극성장애(bipolar not otherwise specified), 순환성장애] 환자는 양방향으로 극단적으로 침체되고 고양되는 기분의 변화를 경험한다. '고양된(up)' 기분은 조증(제I형 양극성장애에서 나타나는 더 심각한 형태)과 경조증(제II형 양극성장애에서 나타나는 덜 손상된 형태의 조증)이 있다. 조증(mania)은 고양된(elevated), 팽창된(expansive) 또는 과민한(irritable) 기분이 특징이다. 과민함은 많은 청소년 정신과 장애들에서 아주 흔한 특징이기 때문에, DSM-IV-TR(American Psychiatric Association, 2000)에서는 과민함이 진단 기준이 되는 다른 정신장애와는 달리, 조증의 기준은 과민 증상 외에 다른 증상들이 더 필요하다.

- **심각성(severity)** 　심각성은 기분장애가 유발하는 손상의 정도, 지속 정도(pervasiveness), 관련 증상의 수를 말한다.

- **만성성(chronicity)** 　만성성은 증상의 지속기간을 말한다. 예를 들면, 조증은 경조증보다 더 심각한데, DSM-IV-TR 기준에서 경조증이 아닌 조증의 기준에 부합하기 위해서는 증상이 더 오래 지속되어야 한다. 주요 우울증은 기분부전장애보다 하루의 더 많은 시간 동안 더 많은 증상을 경험한다. 증상의 수나 지속기간이 우울증이나 양극성장애의 기준에 부합하지 않는 형태는 '달리 분류되지 않는(NOS)'이라는 용어를 사용하고, 이는 그 장애의 기준을 모두는 아니지만 대부분 갖고 있으며, 그 증상들이 기능적 손상을 야기한다는 의미다.

기분장애의 그 밖의 두 가지 특징—계절적인 패턴과 정신증—은 중요한 치료적 의미를 갖는다. 어떤 사람들은 가을에 발병하거나 더 악화되는 우울증을 경험한다. 이러한 계절성 우울증은 특정 주파수의 빛에 노출시켜 치료할 수 있다. 정신증 환자 역시 다른 치료를 받아야 한다. 다음은 이러한 상태들을 어떻게 평가하는지 살펴볼 것이다.

1) 우울증 아형

주요 우울증(major depression)은 단극성 우울장애의 가장 심각한 형태다. 기분부전장애(dysthymic disorder)의 진단은 주요 우울증보다 증상이 더 적고, 증상이 지속적이지 않다(주요 우울증은 거의 매일, 하루 중 대부분 우울기분이 지속된다). 증상은 더 적지만, 치료자는 이 조건에 속아서는 안 된다. 만성성 때문에 손상이 꽤 크기 때문이다. 기분부전장애 환자는 종종 행복했다는 느낌을 기억하지 못한다. 기분부전장애는 종종 주요 우울장애로 발전한다. 기분부전장애가 있는 주요 우울장애는 이중 우울증(double depression)이라고 하며, 흔히 치료 저항성(treatment resistant) 우울증 환자에게서 나타난다.

사례

치료자가 부모와 14세 된 딸 앤을 평가한 후 부모에게 검사결과를 알려 주는 회기를 진행하였다. 앤의 어머니는 딸이 잘 지내는 중에 가끔 침체되고 희망이 없고 철수된 날들이 있었다고 보고하였다. 앤의 어머니는 이렇게 일관성 없는 것을 보고, 앤이 단지 관심을 끌려는 것이라고 믿었다고 했다. 앤의 보고도 어머니의 관찰과 일치하였다. 동시에 앤은 3일 연속 기분이 좋았던 때가 떠오르지 않는다고 했다. 치료자는 앤 어머니의 관찰에 대해 어떻게 반응할 수 있을까?

답

앤과 어머니의 관찰에 일치하는 진단은 기분부전장애다. 치료자는 앤이 만성적이지만 간헐적인 우울장애를 가지고 있으며, 치료받지 않고 저절로 나아지지는 않을 것이라고 설명해 준다.

2) 청소년의 양극성장애

DSM의 현재 성인 기준은 청소년의 양극성장애를 진단하는 데 적합하지 않을 수 있다. 아동 · 청소년은 성인과 다른 양상을 보이는 경향이 있기 때문이다. 양극성장애를 가진 청소년은 더 적은 수의 뚜렷한 조증과 우울삽화를 보이는 대신에 급속한 순환, 즉 조증과 우울 기분이 빠르게 변하는 것을 경험할 수 있다(한 주 또는 심지어 하루 안에 수차례). 결과적으로 양극성장애 청소년은 종종 DSM의 지속기간 기준을 충족시키지 못한다. 또한 양극성장애 NOS나 제II형 양극성장애는 성인과 달리 결국 제I형 양극성장애로 발전할 확률이 높다.

양극성장애 환자의 주요 우울삽화는 단극성장애 환자의 주요 우울삽화와 구별이 안 될 수 있다. 정신병적 우울증 환자들은, 양극성장애의 가족력이 있는 환자들처럼, 양극성장애로 더 많이 발전되는 것 같다. 우울한 청소년 환자에게는 모두 조증이나 경조증 병력을 확인하여 조증 증상 발달 가능성을 관찰해야 한다. 부모의 양극성장애 병력은 자녀의 위험을 10배나 더 증가시키기 때문에 양극성장애의 가족력을 세심하게 평가해야 한다. 청소년의 단극성 우울과 양극성 우울은 구별하기 어렵다. 두 상태 모두 기분의 불안정성(mood lability)과 과민을 보일 수 있다. 하지만 단극성 우울의 불안정에는 경조증으로의 순환은 포함되지 않는다. 과민함은 양극성장애에만 있는 것이 아니다. 경조증 기준에 부합하기 위해서는, 진단기준이 되는 증상들이 같이(in clusters) 나타나고, 경조증과 조증의 또 다른 주요 증상들[예: 과대성(grandiosity), 성욕과도, 지나친 유머]이 포함되어야 한다.

다양한 기분 관련 장애의 정의를 내렸으니, 이제 평가방법을 논할 것이다.

4. 기분장애의 평가 지침

- **핵심 증상을 찾는다.** 먼저, 치료자는 기분의 변화, 즉 침체와 고양 둘 다에 대해 물어야 한다. 슬픔, 무쾌감증 또는 과민 증상이 없으면 우울장애의 기준에 부합하지 않는다. 팽창되거나 고양된 기분이 없으면 양극성 스펙트럼 장애의 기준에 부합하지 않는다.

• 환자에게 자기 말로 기분을 설명하게 한다. 우울 증상들을 평가할 때, 치료자와 십대가 공통된 어휘를 갖고 있는지를 확인하는 것이 중요하다. 그러기 위해 십대에게 자기 말로 부정적인 경험을 묘사하게 한다. 예를 들어, '시시하다' '멍하다(numb)' '초조하다' '지루하다' '재미없다' 또는 '슬프다' 등이 있다. 청소년은 이미 자신의 증상을 묘사할 어휘를 가지고 있을 것이다. 치료자는 환자가 자기 증상에 대해 말하는 용어들을 사용하여 기분을 추적할 수 있다.

• 구체적인 기분 증상들을 평가한다. 십대가 자기의 기분 증상을 얼마나 심각하게 생각하는지를 아는 것이 도움이 된다. 가령 치료자는 "10점 척도에서 10이 느낄 수 있는 최고라면 지금 네 기분은 몇 점이지? 10점은 어떤 기분이라고 설명할 수 있을까?"라고 물어볼 수 있다. 무쾌감증을 평가할 때, "재미로 하는 일은 무엇이니?"라고 묻고, 십대가 "지금은 아무것도 안 해요."라고 대답하면, 치료자는 과거에는 재미로 무엇을 했는지 확인하고, 지금과 어떤 차이가 있는지를 물어볼 수 있다. 가령, "네가 가장 최근에 아주 즐거운 시간을 가졌던 때를 말해 줄 수 있니? 그때(우울해지기 전)와 비교해 보겠니?"라고 물어볼 수 있다. 치료를 받은 환자는 우울하지 않기 때문에 증상이 없어 보일 수 있다. 하지만 그들은 행복이나 웰빙, 즐거움을 경험하는 능력이 부족할 수도 있다. 숙달과 즐거운 경험은 우울증의 보호요인이 되기 때문에, 이런 능력이 부족한 청소년은 재발의 위험이 있을 수 있다.

• 조증 평가를 위해 "아주 '고양' 되고, 세상의 정상에 서 있는 느낌, 에너지가 꽉 찬 느낌을 경험해 보았니?"라고 물어볼 수 있다. 다행감, 과대성, 성욕과다, 지나친 유머는 구체적인 조증의 지표들이다. 과민함은 조증의 기준이 될 수 있지만, 다른 증상이 없다면 특이적이지 않다(nonspecific). 환자가 증상이 있다고 하면, 가장 최근에 나타난 때를 물어 자세히 설명하게 한다. 우울한 청소년이라도 좋은 날은 있으므로 치료자는 '우울하지 않은' 것과 조증을

구별해야 한다. 우울증 사례에서처럼 치료자와 환자는 조증을 설명하는 공통된 용어를 찾아야 한다. 가령, '최고' '올라가는' '정상에 서 있는 느낌' '엄청난' 같은 것이다. 양극성 스펙트럼 장애 청소년 환자들은 자주 급격한 기분 전환을 경험한다. 청소년에게 하루 안에 기분이 얼마나 어떻게 변하는지 물어보아야 한다. 양극성장애 청소년들은 종종 조증과 우울증 기준을 동시에 부합시키는 혼재된 상태를 경험한다. 조증의 충동성과 에너지가 우울증의 불쾌감 및 비관주의와 혼재되면 자살위험이 매우 높기 때문에 이는 아주 위험한 상황이다.

- **발병, 시간 경로(time course), 기분의 변동을 보여 주는 타임라인을 사용한다.** 우리는 치료자에게, 환자의 기분 문제의 경로를 '시각화' 하는 수단으로, 환자와 함께 타임라인을 그려 보게 한다. 기분의 변동에 대한 타임라인은 기분 증상의 경로와 그와 관련된 동반질환(comorbid disorders)을 확인하는 데 도움이 되는 도구다. 타임라인을 만들 때 환자에게 의미 있는 시간, 즉 휴일, 방학, 사회적 사건들(예: 동창회)이나 개강이나 종강 등을 표시하면 도움이 된다. 타임라인은 나타난 증상의 원인이 우울증인지, 다른 질환과 관련된 것인지(예: 학습장애)를 결정하는 데도 도움이 된다.

치료자는 십대에게 증상 발병 이후 기분 변동의 경로를 그려 보게 할 수 있다([그림 1-1] 참조). 기분 변동은 다른 기분 관련 증상, 생활 사건, 동반질환, 치료의 변화와도 관련이 있다.

사례

16세 소년 아론이 퇴원 후에 의학적으로 매우 심각한 자살시도를 해서 부모가 데려왔다. 그는 지금은 기분이 "좋으니" 치료받을 필요가 없다고 했다. 아론은 자살시도 몇 주 전에 자신이 스타였던 축구팀을 그만두었다고 했다. 치료자는 아론을 확실하게 진단하기 위해 이 정보를 어떻게 사용할 수 있을까?

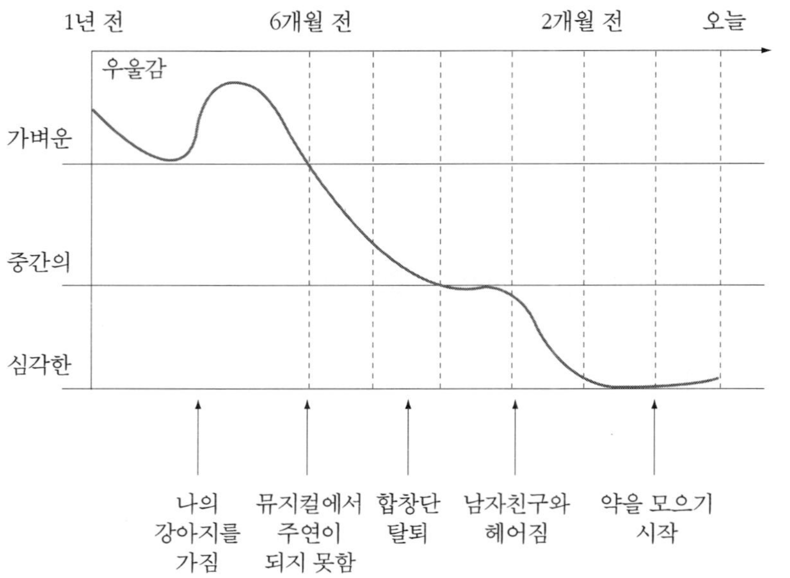

그림 1-1 우울 증상들의 타임라인 예시

답

치료자는 아론에게 작년에 축구하는 것이 어땠는지, 올해 달라진 상황이 있는지를 물었다. 아론은 올해는 마지못해 훈련하는 시늉을 하고 있는 것 같다고 했다. 그는 사실 1년 전과는 전혀 다르게 코치가 안쓰러워서 그를 참가시킨 것이고 실제로 자신이 팀에 장애물이 되었다고 생각한다고 했다. 치료자가 아론에게 축구 훈련을 하는 동안 어땠는지 물었을 때, 그는 화를 내며 말했다. "멍했어요! 멍했어요! 모두가 내가 우울하다고 생각했지만, 사실 나는 아무것도 느끼지 못했어요!" 이제 치료자는 아론의 우울삽화에 대해 그와 함께, 그의 언어를 사용하여 말하는 방법을 찾았다.

이 지침들은 [그림 1-2]에 요약하였다.

- 핵심 증상에 대해 묻는다.
- 환자에게 각각의 증상을 자신의 말로 설명하게 한다.
- 구체적인 증상들을 평가한다.
- 각 증상의 시간 경로, 강도, 빈도, 손상에 기여하는 정도를 결정한다.
- 증상이 다른 상황이나 장애로 인한 것인지를 평가한다.
- 진단을 내리기 전에 그 장애의 증상들이 함께(cluster together in time) 나타나는지 확인한다.

그림 1-2 기분장애 평가의 기본 지침

1) 수면 평가하기

수면 문제는 기분장애를 가진 청소년에게서 흔히 볼 수 있는 것으로, 잠들기 어려움 또는 계속 자는 것이 어려움, 아침 일찍 잠이 깨는 것이 포함된다. 어떤 청소년은 너무 많이 잔다, 낮잠을 잔다, 늘 피곤하다고 보고한다. [그림 1-3]의 질문들은 수면 문제를 평가할 수 있는 질문들이다. 환자가 잠드는 데 어려움이 있다면, 치료자는 환자가 일상적으로 잠자리에 드는 시간을 물어봐야 한다. 환자가 낮에 있었던 일을 반추하면서 잠자리에 누워 있는지, 또는 밤늦게까지 컴퓨터나 전화 등을 사용하고 있지는 않은지 확인한다. 잠들기나 수면의 질 문제를 야기하는 다른 요인들이 있을 수 있다. 예를 들어, 카페인 성분의 음료, 오후의 낮잠, 약물의 종류나 양의 변화 등이 수면에 영향을 미칠 수 있다. 중추신경자극제나 부프로피온(웰부트린) 사용이 수면 문제를 유발할 수 있고 선택적 세로토닌 재흡수 억제제(SSRI)도 수면 방해와 수면을 방해하는 생생한 꿈을 유발할 수 있다. 항정신병 약물도 대개는 진정제이지만, 가끔 수면을 방해하는 불안정(restlessness)을 유발할 수 있다.

양극성장애를 가진 사람은 잠들기가 어려울 수 있다. 조증 상태일 때는 잠잘 필요가 없거나 심지어 원치 않을 수도 있으며, 다음날 피곤을 느끼지도 않을 것이다. 실은 수면박탈(sleep deprivation)이 양극성장애 환자들의 조증 증상을 촉진하

- "수면 습관은 어떻습니까?"
- "몇 시에 잠자리에 듭니까?"
- "잠드는 데 얼마나 걸립니까?"
- "밤새 내내 잠을 잡니까?"
- "언제 잠을 깹니까?"
- "낮잠을 잡니까?"
- "카페인이 든 음료를 마십니까?"

그림 1-3 수면 평가하기

거나 증가시키는 요인이 될 수 있다. 반대로 단극성 우울증 환자들은 밤에 잠을 조금 자거나 못잔 다음 날 피곤하고 과민해진다고 할 것이다.

사례

16세의 레이나는 성적이 떨어지고 우울한 기분에 대한 평가를 받게 되었다. 두 시간 이상 자본 적이 없다고 했고, 잠자는 시간을 물어봤을 때 매일 새벽 1시까지 앉아 숙제를 하고 나면 "머리를 쉬기가" 어렵다고 했다. 게다가 매일 오후 낮잠을 자고 저녁에 숙제를 하기 전에 커피를 마시곤 했다. 치료자는 레이나의 수면 문제를 우울증의 한 증상으로 보아야 할까?

답

이 시점에서는 우울증의 증상이 아니다. 질문을 더 해 보니, 레이나의 일상에 대한 이유가 상급 과정을 따라가는 데 어려움이 있었기 때문이라는 것이 분명했다. 이후의 평가는 학업 부담이 누구에게나 너무 어려운 것인지, 아니면 레이나의 기능이 떨어진 것인지에 초점이 맞춰질 것이다. 그 사이에 레이나는 낮잠을 자지 말고, 밤늦게 커피를 마시지 말라는 조언을 들었다.

2) 식욕과 체중 평가하기

우울증은 식욕 및 체중의 증가나 감소와 관련이 있다. 체중의 변화는 정상적인 성장을 고려하여 평가되어야 한다. 왜냐하면 성장기인 청소년이 동일한 체중을 유지하는 것은 성인의 체중 감소와 같기 때문이다. 우울증과 관련된 체중 감소와 식욕 상실은 다이어트를 하는 사람의 의도적인 체중 감소와는 구분되어야 한다. 또 하나 고려할 점은 의학적 조건 또는 약물치료가 체중과 식욕에 영향을 주는지다. 부프로피온(bupropion)을 복용하거나 SSRI 복용 초기에는 종종 체중이 감소한다. 장기간의 항정신병 약물 사용과 그보다 정도는 덜하지만 SSRI의 사용도 체중 증가와 관련이 있다([그림 1-4] 참조).

- "식욕의 변화가 있습니까? 증가되었습니까 아니면 감퇴되었습니까?"
- "체중의 변화가 있었습니까?"
  그렇다면: "체중의 증가/감소를 위해 노력하고 있습니까?"
  그렇다면: "목표가 무엇입니까?"
  목표가 비현실적으로 마르는 것이라고 하면, 섭식장애에 대한 질문을 한다.

그림 1-4 식욕과 체중 평가하기

3) 집중력과 의사결정 평가하기

십대에게 집중력에 대해 물어볼 수 있다. "숙제를 하거나 학교에서 집중하는 게 더 어려웠던 적이 있니?" 과도한 학업부담, 괴롭힘, ADHD나 학습장애로 인한 학업상의 어려움은 배제한다. 집중력 문제가 ADHD의 발병과 함께 시작되었다면, 이것이 우울증 증상에 포함되기 위해서는 기분 문제가 있을 때 집중력 문제가 더 심해져야 한다. 똑똑한 학생은 우울증이 있어도 계속 좋은 성과를 낼 수 있지만, 이를 유지하기 위해서는 훨씬 더 노력해야 한다. 그런 학생이 계속 좋은 성적을 유지했다면, "똑같은 점수를 받기 위해서 더 많이 공부해야 하니?"라고 물어볼 수 있다. 집중력에 영향을 주는 우울증의 한 측면은 반추, 즉 주어진 과제에 적절하게 집중하는 것을 방해하는, 사소한 일에 대한 끊임없는 걱정이다.

의사결정의 어려움에 대한 평가는 직접적으로, 가령 "결정을 내리기가 어려웠던 적이 있니?"라고 물어본다. 만약 십대가 그렇다고 대답하면 치료자는 "최근에 내렸던 의사결정의 예를 들어 줄 수 있겠니? 어땠지?"라고 물어볼 수 있다.

사례

16세의 제이슨은 ADHD 병력이 있다. 그는 영어 수업에서 매우 자기비난적인 글을 제출하여 우울증 평가를 받도록 의뢰되었다. 그 글에서 제이슨은 특히 자기 친구는 대학을 준비하고 있는데, 자신은 성취한 것이 적어 슬프다고 했다. 제이슨은 유치원 이후 내내 집중력 문제가 있었고 평가에서도 학교에서의 집중력 문제가 확인되었다. 치료자는 제이슨의 집중력 문제가 우울증과 관련이 있는지를 어떻게 결정할 수 있을까?

답

치료자는 우선 제이슨이 우울증의 다른 증상들을 가지고 있는지를 결정해야 한다. 그다음, 제이슨의 집중력이나 의사결정 능력의 변화가 기분 변화와 관련이 있는지를 확인해야 한다. 치료자는 특별히 그 글을 제출하던 시기에 집중력이 어땠는지를 물어볼 수 있다. 심화 질문에서 제이슨이 그의 집중력에는 변화가 없었다고 느끼고 있다면, 집중력 문제는 그가 예전부터 앓았던 ADHD와 더 관련이 있을 것이다.

4) 무가치감과 죄책감 평가하기

우울증 환자들은 종종 자신이 다른 사람들에게 짐이 되고 있으며 결점을 보충하는 장점이 없다고 생각한다. 하지만 다른 정신질환들도 무가치감(worthlessness)을 느끼게 할 수 있다. 가령, 학업 성취를 경험해 보지 못한 학습장애를 가진 환자, 과체중 때문에 부모에게 호되게 꾸지람을 듣는 환자, 또는 목표 체중에 도달하기 전에는 자신에 대해 좋은 감정을 가질 수 없는 섭식장애 환자 등이 그렇다. 강박장애(OCD) 환자도 병리적인 죄책감을 느낄 수 있다. 하지만 강박장애에서의 죄책감은 대개 부적절한 사고, 또는 정화나 청결을 포함한 복잡한 의식을 완수하지 못한 것에 대해서다. 때때로 정신병적 우울증(psychotic depression)은 사악함(sinfulness)이나 무가치함에 대한 망상 또는 신체적 망상을 보인다. [그림 1-5]에 자기가치감(self-worth)과 죄책감을 평가하는 질문들이 제시되어 있다.

- "자신에 대해 좋은 점 세 가지를 말해 보세요."
- "그리 좋지 않은 점 세 가지에 대해 말해 보세요."
- "다른 사람들에게 당신이 중요하다고 생각합니까?"
- "다른 사람들에게 당신이 짐이 된다고 생각합니까?"
- "죄책감을 느끼는 일을 했습니까?"
- "잘못된 일을 하면 마음에 어떤 생각이 떠오릅니까?"
- "어떤 일들이 죄책감을 느끼게 합니까?"

그림 1-5 자기가치감과 죄책감 평가하기

5) 정신병 평가하기

어떤 환자를 한 번 보기만 하고 정신병적 증상이 있다 없다를 말할 수는 없다. 따라서 구체적으로 이런 증상들에 대해 묻는 것이 중요하다. 만약 환자가 조심스럽거나 편집증적이라면, 염려되는 것이 있는지 또는 어떤 질문이 신경쓰이는지 물으면서 시작하는 것이 가장 좋다. "이상하게 들릴 수도 있지만, 당신에게 어떤 일이 있는지를 이해하는 데 도움이 되기 때문에 중요한 질문을 몇 가지 할 것입니다."라고 설명해 줄 수 있다. 이런 질문에는 ① 사람들이 그를 내쫓는다는 생각, ② 다른 사람들이 그의 생각을 읽거나 통제하려고 한다는 생각, ③ 소리가 들리거나 물건이 보이는 것, ④ 악마에게 사로잡혔다, 불치병이 들었다, 큰 죄를 지었다, 또는 세상 종말이 오고 있다와 같은 구체적인 부정적인 생각들이 있다. 만약 환자가 이 문항들에 대해 그렇다고 대답하면 추가 질문을 한다. "이것이 사실이라고 확신하세요, 아니면 의심하세요?" 치료자는 이런 생각들에 대한 환자의 반응에 대해서도 질문해야 한다. 환자가 소리가 들린다고 하면 치료자는 그 소리가 그의 생각과 다른지, 그 소리가 진짜인지 아니면 환자의 상상 속의 소리인지, 어떤 특정 인물인지, 그 생각들이 그에게 어떤 요청이나 요구를 하고 있는지 등을 물어볼 수 있다. 대체로 그 사람이 그 현상이 진짜이고 거기에 반응해야 한다고 확신할수록 그

- "착각을 경험한 적이 있습니까? 당신에게 혹은 당신에 대해 말하는 음성을 들은 적이 있습니까? 다른 사람들이 이상하다고 생각할 수 있는 생각을 갖고 있습니까?"
- "사람들이 당신에 대해 말하거나 따라온다고 생각한 적이 있습니까?"
- "다른 사람의 생각을 통제할 수 있거나 다른 사람이 당신을 통제할 수 있다고 생각해 본 적이 있습니까? 라디오나 TV는 어떻습니까?"
- "당신이 특별한 힘을 갖고 있다거나 특별한 과제, 독특한 보상 또는 특별한 벌을 받도록 선택되었다는 생각을 한 적이 있습니까?"
- "위의 것들이 진짜라고 느끼는 정도, 자기의 생각이나 상상 때문이라고 생각하는 정도는?"
- "이런 생각들을 조절할 수 있는 정도는?"
- "이런 생각들(예: 명령하는 환각)을 실행할 필요가 있다고 느끼는 정도는?"

그림 1-6 정신병적 증상 평가하기

경험은 정신병적 증상(psychosis)의 하나일 가능성이 높다. 정신병적 증상은 우울증, 조증(이 경우에는 대개 과대성과 편집증) 또는 조현병(schizophrenia)의 일부일 수 있다. 조현병의 초기 증상은 우울증의 증상들과 유사하다(예: 기분 변화, 사회적 철수, 집중력 문제). [그림 1-6]은 정신병적 증상의 평가에 관한 질문들이다.

사례

14세의 한 소녀가 우울 정서로 자살시도를 한 후 매우 조심스러워하며 나타났다. 그녀는 자살하라는 소리를 듣는다고 했다. 그녀는 치료자에게 너무 많이 질문하면 대답하지 않겠다고 한다. 치료자는 무엇을 물어야 할까?

답

이 환자는 정신병적인 것 같다. 이런 상황에서는 감별 진단은 가능하지도 않고 우선순위도 아니다. 치료자는 그녀를 가장 위험에 처하게 할 정신병적 증상들을 평가하는 데 목표를 두어야 한다. 두 가지 가능한 질문은 "그 소리들이 아직도 자살하라고 하나요?"와 "그들의 지시에 대해 어떻게 할 것 같아요?"다. 또 "자신을 안전하게 지키기 위해 무엇을 할 수 있나요?"라고 물을 수도 있다.

5. 감별 진단과 동반이환 평가

〈표 1-1〉은 우울증의 주요 증상들, 그리고 우울증과 다른 진단들(other common diagnoses)을 구분하는 방법이다. 이러한 상태들은 우울증에 흔하게 동반되며 우울증 환자의 기능과 회복에 중요한 역할을 할 수 있다. 동반이환의 경우 진단을 위한 타임라인을 사용하면 여러 장애들 간의 상호 관련성을 분명히 알 수 있다. 이 절에서는 우울증과 다른 장애들을 구별하는 법, 치료성과에 미치는 각 상태의 역할을 구분하는 법, 그리고 이러한 동반질환이 치료계획에 어떻게 영향을 미치는지를 살펴볼 것이다.

표 1-1 우울 증상들의 감별 진단

증상	불안장애	ADHD	물질사용	강박장애	섭식장애
기분	불안 유발 상황에 처하면 기분 침체	과민, 중추신경자극제 때문에 기분 불안정, 학교·또래 문제로 사기저하	다행감이나 우울의 원인이 될 수 있지만, 사용과 관련된 일시적인 것임	의식(ritual)을 완수하지 못하거나, 또는 받아들일 수 없는 생각에 대해 혼란스러우면 기분 침체	영양 문제나 일정 체중을 유지해야 하기 때문에 기분 침체
집중력	반추 때문에 집중 곤란	초기 아동기 이후 어려움	사용하는 동안과 이후, 기억·동기·초점이 영향을 받을 수 있음	침입적 생각이나 의식 수행 때문에 손상될 수 있음	대개는 괜찮지만, 영양 상태와 체중에 대한 집착으로 영향을 받을 수 있음
수면	걱정 때문에 잠들기 어려움	중추신경자극제 때문에 영향을 받음	수면 방해나 과수면의 원인이 될 수 있음	틱을 동반하거나, 또는 의식이나 사고가 수면을 방해한다면, 영향을 받음	영양 상태로 인한 2차적 문제, 과도한 운동이나 피로 때문일 수 있음
식욕	대개는 영향 받지 않음	중추신경자극제의 영향을 받지만, 약효가 사라지면 괜찮아짐	증가 또는 감소의 원인이 될 수 있음	음식과 관련된 사고/의식이 있으면 영향을 받음	감퇴, 하지만 신체상 왜곡 및 제한적인 섭식 패턴과 관련됨, 폭식장애는 폭식과 구토
무가치감/죄의식	다른 사람이 자기를 가치 없다고 생각할까 봐 걱정함	학교와 또래관계에서의 지속적인 실패로 낮은 자기존중감	중독 후(post-intoxication) 심한 가책 경험(특히 문제가 생긴 후)	생각에 대해 수치스러워하고, 의식을 완수하지 못하면 죄책감을 느낌	체중 또는 폭식·구토에 대한 불만족과 관련된 낮은 자기가치감

1) 불안장애

불안장애(anxiety disorders)는 기분과 수면, 집중력에 영향을 준다. 하지만 우울 증상과 달리, 불안 증상들은 불안을 유발하는 상황을 피할 수 있으면 진정된다.

학교 공포증이 있는 환자는 다른 사람의 눈에 비친 자기의 가치에 대해 염려하는 반면, 우울증 환자는 낮은 자기가치감을 갖고 있다.

불안장애는 종종 우울증보다 앞서 나타나거나 함께 나타난다. 우울장애나 불안장애 또는 두 가지 중 어떤 것을 우선적으로 다룰지를 결정해야 한다면, 불안 및 우울 증상들의 변화를 기록하는 타임라인이 도움이 될 것이다. 불안증 동반은 회복에 필요한 즐거운 활동과 숙련 활동에 방해가 되기 때문에 우울증의 치료 성과에 영향을 줄 수 있다.

2) 강박장애

DSM-IV-TR에서 불안장애로 분류되었지만 몇 가지 독특한 특징이 있는 강박장애(obsessive-compulsive disorder) 증상은 종종 우울증과 중복된다. 사회적으로 부적절한 강박적 사고를 가진 사람들은 수치심과 죄의식을 느끼고 집중력 문제가 있을 수 있다. 강박적 의식(paralyzing rituals)을 갖고 있는 환자들은 즐거운 활동에 참여하는 능력이 부족하고, 의식을 잘 마무리하지 못하면 죄의식을 느끼고 불안하며 슬퍼할 수 있다. 우울증은 종종 강박장애와 같이 나타난다. 진단을 위한 타임라인을 사용하면 우울 증상들이 강박장애 발현에 부차적으로 나타나는 것인지 독립적인 장애로 나타나는 것인지를 구분할 수 있다.

3) 외상후 스트레스 장애

외상후 스트레스 장애(post-traumatic stress disorder: PTSD)도 DSM-IV-TR에는 불안장애에 포함되어 있지만, 역시 독특한 특징들이 있다. 외상후 스트레스 장애는 집중력과 기분에 영향을 주고 과민의 원인이 되며 즐길 수 있는 능력을 방해하고 수면 장애를 일으킨다. PTSD와 우울증은 둘 다 비슷한 스트레스 요인(예: 학대, 폭행, 애도)으로 위기가 높아지기 때문에 같이 나타나는 경우가 많다. PTSD의 경우 기분 증상은 외상을 기억나게 하는 것에 의해 촉발되거나 악화된다.

4) 사 별

정상적인 사별(bereavement)은 당연히 슬픔과 철수를 가져온다. 현 진단 지침은 사별한 사람의 우울을 진단하기가 매우 어렵게 되어 있다. 이 점은 잘못되었다고 생각한다. 스트레스는 취약한 사람의 우울증 발생을 촉발할 수 있는데, 청소년에게는 부모를 잃는 것보다 더 큰 스트레스는 없다. 환자가 기능 손상과 우울 증상을 보이고, 특히 과거에 우울증의 개인력이나 가족력이 있다면, 우울증 진단이 합당하다. 우울증은 강한 상실감, 분노 및 비통함, 고인에게 집착함, 무감각, 침입적 이미지와 기억들, 고인을 떠올리게 하는 것들 피하기 그리고 이러한 증상들에서 오는 기능 손상을 보이는 복합적 애도(complicated grief)와도 혼동될 수 있다. 우울증과 복합적 애도가 같이 나타날 때, 복합적 애도와 관련된 주제들이 다루어지지 않으면 우울증 완화가 느려질 수 있다.

5) 주의력 결핍 · 과잉행동 장애

ADHD와 그 치료는 기분, 집중력, 수면, 식욕 및 자기가치감에 영향을 준다. ADHD가 있는 청소년은 학업 실패나 또래의 거부 때문에 사기가 떨어지고, 중추신경자극제 투여로 인해 우울 증상이 나타날 수 있다. 집중력 문제는 뚜렷한 공통 증상이지만, 대개는 ADHD가 우울증보다 훨씬 일찍 발병한다. 우울증이 나타나면 ADHD 증상이 더 악화될 것이다. 부주의한 ADHD 청소년은 나중에 학교에 가서 학업에 대한 요구가 높아질 때가 되어서야 주의력 결핍이 발견될 수 있다. 학교와 또래 문제가 누적되어 자기가치감이 낮아질 수 있다. ADHD는 종종 우울증과 함께 나타나기도 한다. 진단을 위한 타임라인은 시간별로 각 장애와 관련된 증상들의 진행을 표시하는 데 유용하다. 우울증과 ADHD가 모두 있는 환자는 학교 문제로 촉발된 우울 증상을 경험할 수 있다. 충동성과 학교 문제가 기능적으로 가장 손상된 증상이라면, 먼저 ADHD를 치료한 다음 우울증을 재평가하는 것이 적절할 것이다.

6) 물질 남용

알코올 및 물질 남용은 급성 중독의 결과이든 또는 즉각적인 후유증이나 장기적인 결과이든, 기분장애의 모든 증상과 흡사하다. 환자가 물질사용에 대해 이야기하지 않으면, 소변이나 혈액 검사가 이 진단을 확인하는 유일한 방법이 된다. 알코올 및 물질 남용의 역할에 대한 또 다른 단서로는 출석 패턴의 변화, 알코올 및 약물과 관련이 있다고 여겨지는 새 친구를 사귀거나 모임을 추구하는 행동 변화 등이 있다.

알코올 및 약물 사용은 자주 우울증과 함께 나타나며 서로 위험을 상승시킨다. 물질사용은 우울 증상에 미치는 알코올과 약물의 효과뿐만 아니라, 우울증의 촉발요인이 되는 징계나 법적인 사건을 일으킬 기회도 증가시킨다. 우울증 치료 동안 알코올과 약물을 사용하면 치료효과가 떨어진다. 환자들은 알코올 및 물질 남용에 대해 직접 질문을 받을 때보다 자기보고식 질문지에 더 잘 보고하는 것 같다. 또 근거-기반 치료에 반응하지 않고 다른 것으로는 설명이 안 되는 환자라면, 알코올 및 약물 검사를 받아야 한다.

7) 섭식장애

영양실조가 있는 제한적 섭식장애의 경우 많은 우울 증상을 보일 수 있다. 이런 환자는 마른 것에 대한 기준을 맞출 수가 없어서 또는 강제로 체중을 늘려야 해서 슬프고 자기가치감이 낮아질 수 있다. 폭식 환자는 슬픔, 낮은 자기가치감, 죄의식을 느끼는데, 이는 종종 신체상과 구토에 대한 수치심과 관련이 있다. 하지만 우울증과 섭식장애는 자주 함께 나타난다. 치료자는 먼저 환자의 생존과 기능에 가장 적절한 조건을 우선 과제로 삼아야 한다. 폭식증과 기분장애가 동반되는 경우, 폭식증이 우울증에 대처하는 양식인지(이 경우는 우울증이 우선 대상) 아니면 우울증이 폭식증의 결과로 나타난 것인지를 결정하는 데 진단을 위한 타임라인이 도움이 된다. 이 두 장애가 일시적으로 얽혀 있는 경우라면, 증상으로 인한 고통의 정도와 환자 자신의 우선순위에 따라 순위가 결정된다.

치료자는 우울증 및 동반질환의 평가와 함께 확인이 안 되는 경우, 치료반응이 낮아질 수 있는 다른 치료 대상(예: 다른 환자와 가족 특징들; 〈표 1-2〉 참조)도 평가해야 한다.

표 1-2 청소년 우울증 평가의 중요 영역

영역	우울증 치료에 미치는 영향
학대/괴롭힘	심리치료와 약물치료를 병합하면 더 반응이 좋지 않다.
가족 갈등	어떤 형태의 치료에도 반응이 좋지 않고, 완전한 치료반응을 보이지 않는다. 재발 위험이 높다.
동반질환 (불안/ADHD)	병합치료에 더 반응이 좋다.
알코올/약물 사용	병합치료에 더 반응이 좋지 않다.
어머니의 우울증	CBT에 더 반응이 좋지 않다.

6. 청소년 우울증의 근거-기반 치료 개관

이 절에서는 치료자가 ① 환자와 가족에게 고지된 치료 동의를 받고, ② 환자와 구체적인 치료를 연결하는 데 필요한 내용을 다룰 것이다. 다음에 기술된 치료 접근들은 청소년 우울증의 치료효과가 검증된 인지행동치료(CBT), 대인관계치료(IPT), 항우울증 약물치료, 그리고 인지행동치료와 약물의 병합치료다. 이 책은 CBT 관점을 택하고 있기 때문에, IPT에 대해서는 탁월한 치료법이지만 CBT만큼 널리 연구되지 않았다는 것 외에는 더 이상 논하지 않을 것이다. 인지행동치료와 항우울증 약물치료를 논할 때 치료법 및 효과를 설명하고, 다른 치료법과 비교해서 얼마나 효과가 있는지를 요약한 후, 치료법과 환자를 연결하는 방법 및 치료의 위험요인들에 대해 논할 것이다.

1) 인지행동치료

(1) CBT란 무엇인가

CBT는 우울증과 사람들이 세상과 자기 자신, 미래에 대해 생각하는 방식의 관계에 초점을 맞춘 치료다. CBT는 치료자가 적극적이고 지시적인(active and directive), 시간제한적인 치료다. 치료자와 환자의 관계는 아론 벡(Aaron Beck) 박사의 협력적 경험주의(collaborative empiricism)라는 말이 가장 잘 정의하고 있다. CBT는 ① 사고, 정서, 행동 간에는 밀접한 상호관계가 있다, ② 우울 장애 등과 관련된 불쾌한 정서는 사고와 행동 패턴을 바꿈으로써 완화될 수 있다는 두 가지의 단순한 원리에 기초한 다양한 치료기법을 가지고 있다.

CBT의 목표는 환자로 하여금 우울증과 문제행동으로 이끄는 부정적 사고패턴을 확인하고 탐색하고 바꾸도록 돕는 것이다. 실제에서는 CBT 개입의 초점이 환자의 생각이 아니라 그의 행동일 때가 가끔 있다. 이런 치료를 행동 활성화(behavioral activation)라고 하는데, 사고와 정서의 변화를 촉발하기 위해 행동 변화에 초점을 맞추는 것이다. 또 다른 초점은 정서다. 정서적으로 힘들어하는 환자를 위해 치료자와 환자는 정서조절(emotion regulation) 및 고통 감내(distress tolerance) 기술을 개선하는 작업을 한다. CBT의 특별한 유형인 변증법적 행동치료(DBT)가 이런 접근을 강조한다. 우리의 우울하고 자살위험이 있는 청소년 치료는 CBT에 DBT의 요소를 포함시킨 것이다. 이후 장들에서 CBT의 다양한 요소들을 우울하고 자살위험이 있는 청소년에게 적용하는 방법을 좀 더 자세히 설명할 것이다. 공통 기법들은 [그림 1-7]에 요약해 놓았다.

CBT 접근은 권고되는 구조화(structure)의 정도가 다양하다. 어떤 것은 매우 구조화되고 설교적이며, 치료자는 표준화된 순서에 따라 환자에게 기술과 기법을 가르친다. 이런 유형을 적용한 연구에서 좋은 성과가 있었지만, 우리가 하는 접근은 CBT 개발자인 아론 벡 박사의 모델에 좀 더 가깝다. 아론 벡 박사의 접근은 좀 더 유연하고, 환자의 요구에 맞추어 환자와 가족이 협력적으로 모듈과 기법을 선택한다. 좀 더 구조화된 CBT 접근의 장점은 모든 환자에게 표준화된, 질이 관리

- 기분 관찰
- 행동 활성화, 즐거운 활동 계획
- 인지 재구성
- 이완과 스트레스 관리
- 정서조절과 고통 감내
- 사회적 기술과 갈등해결
- 일반적인 문제해결 기술

그림 1-7 인지행동치료(CBT)의 공통 요소

된 치료를 할 수 있다는 것이고, 우리가 하는 좀 더 유연한 접근의 장점은 환자가 자기를 돌보는 책임을 지도록 격려한다는 것이다. 우리는 환자에게 이렇게 말한다. "우리는 당신이 자신의 치료자가 되도록 가르칠 것입니다." 덜 구조화된 이런 접근은 치료에 대해 양가감정을 갖고 있는 십대에게 잘 받아들여진다.

(2) CBT의 합리적인 분량

대부분의 연구는 최소한 12회기를 하였지만, 관해(remission)와 재발 방지를 위해 12회기 이상은 되어야 한다는 제안도 있다.

(3) CBT의 단계

CBT 모델은 급성치료(acute treatment), 강화치료(consolidation treatment), 유지치료(maintenance treatment)의 3단계로 되어 있다([그림1-8] 참조). 이 접근에서는, 한 단계의 치료목표가 달성되었을 때 다음 단계로 이동한다. [그림 1-8]에 각 단계의 회기 기간과 빈도에 대한 대강의 지침을 제시하였다.

이 책에서는 급성치료 동안에 수행해야 할 전략들을 우선적으로 강조하였다. 급성치료의 주된 목표는 환자의 안전을 확보하고, 개별화된 치료계획을 만들고 추진하며 급성 정신과적 증상들을 안정시키는 것이다. 급성치료 단계에서는 환

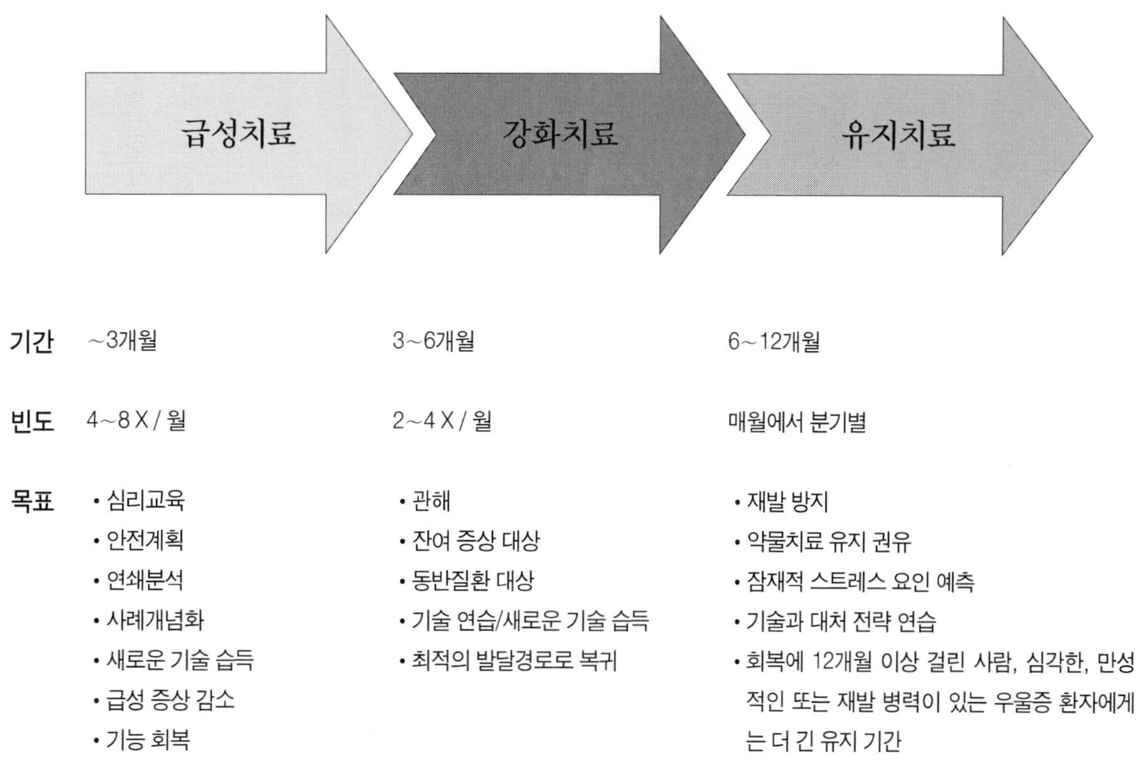

그림 1-8 청소년 우울증 치료의 3단계

자가 치료에 반응하고 기능이 회복되도록 치료자와 환자가 함께 작업한다. 강화 단계에서는 달성된 치료효과를 확고히 한다. 이 단계에서 환자와 치료자의 목표는 임상적 반응에서 관해로의 이동, 즉 우울 증상들이 완전히 없어지는 것이다. 대부분의 임상연구들의 주요 성과는 환자가 '나아졌다(better)' 는 의미의 임상적 반응(clinical response)이다. 이것은 환자가 '건강하다(well)' 는 의미가 아니다. 반응 후에 관해 상태가 되는 데는 시간과 치료가 더 필요하다. 강화치료 단계에서는 다루지 않으면 재발로 이어질 수 있는 잔여 문제들도 다룬다. 마지막 단계는 유지다. 유지치료 단계의 목표는 우울증 재발을 방지하는 것이다. 재발 위험은 환자가 나아진 후 첫 4개월 이내가 가장 높기 때문에, 약물치료 그리고/또는 심리치료를 지속하는 환자가 더 잘 유지할 것이다. 유지단계에서 또 강조하는 것은 재발시킬 수 있는 스트레스 요인을 환자가 예측하도록 돕는 것이다. 또한 환자는 스트레스 요인에 대처하게 해 주는 이미 배운 기술과 전략들을 확인하고 강화한다. 유지치료를 하는 동안 환자들은 회복에 도움이 되는 생활양식의 변화를 권유받는다. 마지막으로 유지치료는 심각하거나 만성적인 또는 재발 병력이 있는 우울증 환자들과 회복 기간이 12개월 이상이었던 환자들에게 권유된다. 이 연장된 추적관찰 기간 동안의 목표는 재발을 방지하는 것이다.

(4) 청소년 우울증의 급성치료에 CBT 사용을 지지하는 근거는 무엇인가

치료의 일부는 각 치료 방법의 장점과 위험에 대한 교육이 될 것이다. CBT와 다른 치료 방법들을 비교한 연구들의 '핵심' 결과들을 간략하게 요약하면 다음과 같다.

- CBT는 다른 유형의 급성치료(지지치료, 이완치료, 가족치료)에서보다 환자가 더 빨리 나아지고, 청소년 우울증의 또 다른 근거-기반 치료인 IPT의 효과와는 거의 비슷하다. 우울한 청소년 10명 중 6명 정도는 CBT에 잘 반응할 것이다.
- 약물치료만 할 경우 CBT만 할 때보다 더 빨리 효과가 나타나지만, 18주경에는 CBT의 효과도 약물치료와 같아진다.

- 약물치료와 CBT를 함께할 때 최상의 결과가 가장 빠르게 나타난다. 치료 초기 12주 동안 약물치료와 CBT를 함께하는 것이 약물치료만 하는 것보다 더 낫고, CBT만 하는 것보다 훨씬 낫다.
- 우울한 청소년은 치료 3개월이 지나면 계속 개선된다. 그러므로 인내가 중요하다.
- '최상의' 치료에도 반응을 보이지 않는 사람들이 많다. 우리는 치료를 개별화하고, 연구들의 대상이 아니었던 동반 문제들을 확인하고, 그리고 인내함으로써, 이러한 결과를 개선할 수 있다고 믿는다.

(5) 특히 어떤 사람에게 이로운가

CBT는 다른 치료들에 비해서 좀 더 복잡한 진단을 받은 환자, 즉 불안, ADHD 또는 품행장애를 동반하는 사람들에게 더 효과적이다. CBT는 인지적 왜곡이 많은 환자에게 적합하지만, 심한 우울증 환자가 특히 왜곡에 '빠져 있는' 경우라면 항우울제 치료와 병합할 때 가장 효과적이다. CBT에서는 환자가 한 주 동안 자신의 기분을 살피고 회기 중에 배운 기술을 연습해야 한다. 이렇게 하지 않으려 하거나 할 수 없는 환자에게는 도움이 될 가능성이 낮다.

(6) 효과적이지 않은 사람은 누구인가

신체적 또는 성적 학대를 받은 적이 있는 환자들은 CBT 단독이든 약물치료와 병합이든 간에, CBT가 잘 듣지 않는 경향이 있다. 심한 우울증으로 동기나 집중력이 손상된 환자는 증상이 완화될 때까지는 약물치료만 하는 것이 더 나을 수 있다. 어머니의 우울증, 가족의 불화 또는 학교에서의 괴롭힘같이 어떠한 확실한 치료에도 방해가 되는 환경적 요인도 있다. CBT는 이런 문제들이 다루어지기 전까지는 효과적이지 않을 것이다.

(7) 개별화된 치료

만성적 그리고/또는 심각한 우울증 환자는 약물치료보다 병합치료에 대한 반응 속도가 빠르기 때문에, 우울하고 자살위험이 있는 환자에게는 병합치료를 고려해보아야 한다. 어머니의 우울증이나 가족 갈등 같은 환경적 스트레스 요인은 치료 초기에 확인해야 한다. 또한 특정 환자와 가족에게 사용할 CBT 기술은 현재 문제와 목표의 특성에 따라 선택한다.

2) 항우울제 치료

(1) 약물치료와 비의료인 치료자의 역할

우울하고 자살위험이 있는 청소년과 작업하는 대부분의 치료자들은 처방권을 가지고 있지 않다. 그럼에도 불구하고 환자와 가족, 정신과 외의 의사들은 치료자에게 약물치료를 시작하거나 양을 조절해야 하는지, 부작용을 평가해야 하는지에 대해 조언을 바란다. 환자가 약물치료를 받고 있는 경우, 비의료인 치료자(nonmedical therapist)는 그 정보를 평가에 포함시키고, 처방전을 쓰는 의사와 효과적으로 협력할 수 있도록 항우울제와 그것의 사용에 대해 충분히 알고 있어야 한다. 그래서 우리는 약물치료를 받고 있는 환자를 치료하는 비의료인 치료자에게 도움이 되도록 항우울제에 대해 알려 주고자 한다. 환자가 해야 할 것과 하지 않아야 할 것 몇 가지를 [그림 1-9]에 제시하였다.

Do:	Don't:
• 매일 약을 복용한다. • 부작용을 보고한다. • 다른 건강전문가에게 약물치료 중임을 알린다. • 다른 약을 추가하기 전에 약사 및 의사와 의논한다. • 알코올과 약물을 피한다.	• 임의로 약을 중단한다. • 치료팀과 의논하지 않고 약의 용량을 바꾼다. • 약물치료가 모든 문제의 답이라고 생각한다. • SSRI를 복용한다는 것을 의사에게 알리지 않고 수술을 받는다.

그림 1-9 항우울제 복용 환자가 주의할 점

(2) 항우울제란 무엇인가

항우울제는 우울증 치료에 사용되는 약물이다. 이 약물은 불안장애 치료에도 자주 사용된다. 〈표 1-3〉은 우울증 치료에 가장 흔하게 사용되는 항우울제들, 자주 사용되는 양의 범위, 약효의 반감기(half-lives of medication)다. 반감기는 약물의 반이 환자의 몸에서 제거되는 데 걸리는 시간으로 청소년은 성인보다 더 빨리 분해하는 경향이 있다.

표 1-3 청소년 우울증에 사용되는 항우울제

일반명**	상표명	분류	복용량	반감기
플록세틴* (Fluoxetine)	프로작 (Prozac)	SSRI	20~60mg	5일
에스시탈로프람* (Escitalopram)	렉사프로 (Lexapro)	SSRI	10~40mg	16~24시간
시탈로프람 (Citalopram)	셀렉사 (Celexa)	SSRI	20~60mg	12~24시간
서트랄린 (Sertraline)	졸로프트 (Zoloft)	SSRI	50~150mg	15~20시간
벤라팍신 (Venlafaxine)	이펙사 XR (Effexor XR)	SNRI	150~300mg	11시간
부프로피온 (Bupropion)	웰부트린 XL (Wellbutrin XL)	노르에피네프린과 도파민 증가	300~450mg	16.5시간
둘록세틴 (Duloxetine)	심발타 (Cymbalta)	SNRI	20~60mg	12시간

* FDA가 청소년 우울증에 사용할 수 있다고 승인한 약물은 이 두 가지뿐이다.

** 역주: 일반명(generic name) 약품으로 포장에 제약회사의 상표가 없이 약의 속성을 나타내는 이름만 붙인 제품. 상표명(brand name/trade name)과 대조

(3) 어떻게 작용하는가

뇌는 신경세포들의 회로로 구성되어 있다. 시냅스에서 뉴런의 활동을 활성화하거나 억제하는 화학물질을 방출하고 흡수함으로써 두 신경세포(또는 뉴런) 간

의 소통이 이루어진다. 소아 우울증에서 가장 흔하게 사용되는 항우울제는 선택적 세로토닌 재흡수 억제제(SSRI)다. 이 약물은 시냅스에서 세로토닌의 가용성(availability)을 증가시킨다. 미국식품의약국(FDA)에서 청소년에게 사용할 수 있는 두 가지 SSRI, 즉 플록세틴(프로작)과 에스시탈로프람(렉사프로)을 승인하였다. 에스시탈로프람은 흔하게 사용되는 또 다른 항우울제인 시탈로프람(셀렉사)의 주성분이다. 서트랄린(졸로프트)은 강박장애 및 그 외 불안장애에 가장 효과적이라는 증거가 있긴 하지만 우울증 치료에도 자주 사용된다. 두 번째 유형의 항우울제는 두 가지 중요한 신경전달물질 체계인 세로토닌과 노르에피네프린에 작용하며, 세로토닌-노르에피네프린 재흡수 억제제(SNRI)라고 한다. 이 유형의 약은 벤라팍신(이펙사)과 둘록세틴(심발타) 두 가지가 있다. 그 밖의 항우울제는 주로 노르에피네프린의 가용성을 증진하는 것으로 부프로피온(웰부트린)이 있다.

(4) 청소년 우울증 치료에 항우울제 사용을 지지하는 근거는 무엇인가

전반적으로 항우울제를 복용한 우울한 청소년이 위약치료를 받은 청소년보다 더 나은 임상적 반응을 보이는 것 같다. 우울한 청소년 10명 중 약 6명은 SSRI에 대한 치료반응이 좋을 것이다.

(5) 더 나은 약이 있는가

가장 효과적인 약은 플록세틴으로, 약물과 위약 간에 다른 약물보다 훨씬 큰 차이가 나타났다. 하지만 이 연구들에서 나타난 주된 차이는 비플록세틴 연구들에서 위약 반응률이 매우 높게 나타났다는 것이다. 플록세틴 연구들이 가장 신중하게 시행되어, 위약에 반응할 것 같은 사람들이 제외되었을 수도 있다. 파록세틴은 효과가 없는 것 같아 우리는 청소년 우울증 치료에 사용하지 않는다.

플록세틴과 에스시탈로프람은 둘 다 FDA의 인증을 받았기 때문에 우리는 치료를 시작할 때 이 중 하나를 사용한다. 환자나 가족 중에 약물치료에 내성이 있는 경우라면, 서트랄린 같은 다른 SSRI로 시작한다.

(6) 항우울제의 효과가 가장 큰 사람과 가장 적은 사람은 누구인가

항우울제의 효과는 효과가 비슷했던 플록세틴 연구를 제외하고는, 아동보다 청소년에게 더 효과가 큰 것 같다. 일반적으로 우울증이 심할수록 약물과 위약 간의 차이도 커진다. 여러 지역을 대상으로 한 청소년 우울증 치료연구(TADS)(March et al., 2004)에서는 우울증이 심할수록 위약과 CBT에 비해 약물치료의 효과가 유의미하게 더 큰 것으로 나타났다.

명백한 또는 의심이 되는 양극성 우울증 환자는 항우울제 치료를 시작하기 전에 신중하게 평가한 후, 리튬, 디발프로엑스(divalproex) 같은 기분조절제 또는 비전형 항정신병 약물치료를 고려해야 한다. 양극성장애의 가족력이 있는 사람들에게는 항우울제 치료가 조증을 유발할 위험이 높기 때문에 우선 심리치료부터 해야 한다.

(7) SSRI 또는 다른 약물치료는 얼마나 시도해야 하는가

환자가 일정량의 항우울제에 반응하는지를 파악하는 데는 4주 정도 걸린다. 대개 1주 동안은 보통 용량의 반으로 시작해서 3주까지 '처음 수준(entry level)' 의 양을 유지한다. 만족스러운 반응이 없고 부작용도 없다면 용량을 늘린다. 환자가 약에 순응하여 처음 수준의 양에 하나를 증가시켰는데 개선되지 않는다면, 충분히 시도한 것으로 간주하고 약물을 바꾼다.

(8) 환자마다 더 나은 약물이 있는가

우리가 이 질문에 대한 답을 알고 있다면 좋겠다. 그런데 우리는 다른 가족구성원에게 반응이 좋았거나, 어떤 항우울제에는 내성이 생기지 않았는지와 같이 우리가 얻을 수 있는 모든 단서를 가지고 시도해 본다. 환자가 왜 어떤 SSRI에는 잘 반응하고 다른 것에는 반응하지 않는지는 잘 알려져 있지 않다. 어쨌든 어떤 SSRI에 반응하지 않는 사람 중 약 반은 다른 것에는 잘 반응할 것이다.

(9) SSRI가 자살의 원인이 될 수 있는가

모든 소아 우울증 연구를 보면 자살사건(suicidal event)의 위험(예: 자살사고 증가, 자살시도 준비 또는 실제로 자살시도)은 약물치료자의 약 3%, 위약치료자의 약 2%가 작지만 유의미하게 증가하였다. 우울과 불안 임상실험에서 항우울제 치료를 받은 4,300명이 넘는 청소년 중에는 한 건의 자살도 없었다. 자살사건의 위험은 자살사고(suicidal ideation)에 대한 연구에서 가장 크게 나타났다.

(10) SSRI 사용의 장점이 위험을 감수할 가치가 있는가

항우울제에 반응할 청소년의 수는 자살사건을 경험할 청소년의 수보다 11배나 많다. 게다가 치료받지 않은 우울증은 자살위험이 높고, CBT도 효과적이긴 하지만 TADS 연구에서는 18주 동안은 약물치료에 미치지 못했다. 청소년의 삶에서 18주는 한 학년의 반이나 되는 정말 긴 시간이다. 따라서 환자를 더 빨리 회복시키는 것은 장기적으로 아주 중요한 의미가 있는 것이다. 이에 더해 환자의 우울이 길어질수록 자살행동의 위험도 더 장기화될 것이다.

(11) 항우울제 사용 시 어떻게 자살사건의 위험을 최소화할 수 있는가

자살사건의 위험은 항우울제 치료 초기 약 3~6주 무렵에 일어나는 경향이 있다. 우리는 항우울제 치료를 시작한 후 처음 6주간은 매주 환자를 보도록 권한다. 용량도 점차 늘려가기를 권한다. 우리는 안전계획을 세워(제4장 참조), 만날 때마다 그것을 검토한다. 환자와 가족들에게 위험에 대해 알려 주고, 만약 환자의 기분, 생각이나 행동에 어떤 차이를 느끼거나 염려가 된다면 바로 우리에게 알려 달라고 요청한다. 자살사건의 위험요인 중 하나는 지속적인 우울이기 때문에 우리는 대개 가장 빨리 반응하는 CBT와 약물의 병합치료를 권한다.

사례

우울한 청소년 환자가 항우울제 치료를 막 시작하였다. 얼마나 자주 그를 만나야 하는가?

답

자살사건의 위험은 항우울제 치료를 시작한 후 처음 3~6주 무렵에 가장 높다. 이 기간 동안은 환자를 매주 만나야 한다. 거리 때문에 매주 만나기가 어렵다면 전화로 관찰해야 한다. 환자에게 갑작스러운 기분의 변화, 과민과 불안정성 증가, 초조, 안절부절못함 그리고 자살사고의 빈도, 강도 또는 심각성의 변화를 스스로 관찰하도록 가르쳐야 한다. 초기 한 주 내의 어떤 변화나 약물 용량의 변동은 다른 것이 입증될 때까지는 약물치료와 관련하여 고려되어야 한다. 환자의 자살위험이 높아지는 경우 치료자는 환자 및 가족과 함께 안전계획을 세우고 실행해야 한다.

(12) SSRI의 부작용은 무엇인가

[그림 1-10]에 가장 일반적인 부작용을 나열하였다. 복부 불편감(abdominal discomfort)과 두통 같은 신체적 부작용은 일시적이다. 그래서 가능하면 환자가 너무 쇠약해지지 않는 한 이것들이 지나가기를 기다리도록 격려해 준다. 감기 같은 증상, 불안, 초조를 포함한 금단증상들이 나타날 수 있기 때문에, 환자에게 갑자기 약을 끊지 않도록 주의를 주어야 한다.

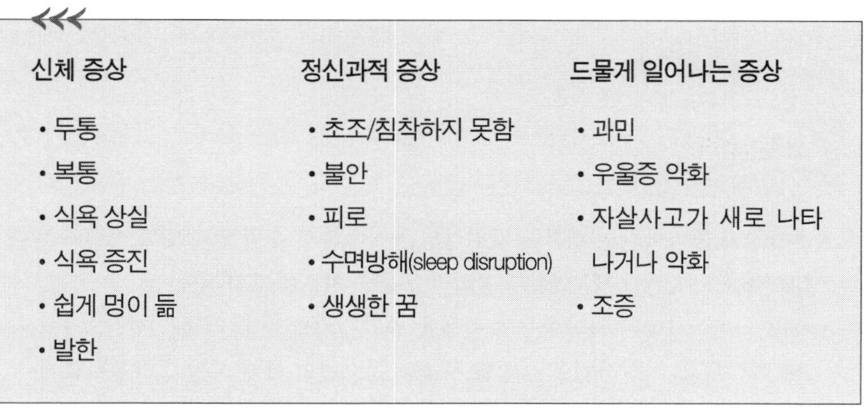

신체 증상
• 두통
• 복통
• 식욕 상실
• 식욕 증진
• 쉽게 멍이 듦
• 발한
정신과적 증상
• 초조/침착하지 못함
• 불안
• 피로
• 수면방해(sleep disruption)
• 생생한 꿈
드물게 일어나는 증상
• 과민
• 우울증 악화
• 자살사고가 새로 나타나거나 악화
• 조증

그림 1-10 SSRI의 부작용

(13) 약물치료, 심리치료 또는 둘 다

심리치료보다 약물치료가 가진 장점은 시간과 노력이 덜 든다는 것, 더 빨리 반응한다는 것이다. 단점은 부작용 가능성인데 가장 심각한 것은 자살사고나 자살행동의 증가로 위험이 약간 높아진다는 것이다. 심리치료의 장점은 약물치료의 부작용이 없다는 것이고, 이론적으로는 심리치료에서 학습한 기술들이 미래의 삽화를 예방하는 데 사용될 수 있다는 것이다. 약물과 심리치료를 동시에 병행하는 이유는 급성 반응(acute response)과 회복률이 두 가지 다 받은 사람에게서 가장 높았기 때문이다. 만성적이고 재발되거나 심한 우울증의 경우, 청소년이 최대한 빨리 기능을 회복하는 것이 목표이기 때문에 두 가지 치료를 동시에 시행하는 것이 합리적이다.

이는 대부분의 연구가, 특히 더 심하거나 만성적인 우울증의 경우 병합치료 사용을 지지하는 반면, 약물치료 단독 사용을 지지하는 연구도 있고 약물치료를 포함하지 않은 연구들에서는 CBT 단독치료를 지지하는 증거를 찾을 수 있다는 것을 의미한다. 환자 및 가족과 치료계획을 세울 때 CBT, 약물치료 또는 병합치료로 시작하는 것을 지지하는 자료들이 있다. 그러므로 환자와 가족이 어떤 것을 강하게 선호하면, 그 치료양식으로 시작하고 4~6주 후에 환자를 재평가하는 것이 합리적이다.

요점

- 우울증과 동반이환의 평가는 타임라인을 사용하면 수월할 수 있다.
- CBT와 SSRI 항우울제는 둘 다 청소년 우울증 치료에 효과적이다.
- SSRI가 자살사고와 자살행동의 위험을 증가시키는 것 같긴 하지만, 증가율은 1% 이하이고, 자살사건을 경험할 우울한 청소년의 11배 이상이 약물치료에서 도움을 받을 수 있다.
- CBT와 SSRI의 병합치료가 가장 효과적이다. 특히 만성적이고 심한 우울증에

효과적이다.

- 치료의 진전과 부작용에 대한 정기적인 추적 관찰과 평가는 치료의 중요한 요소다.
- 우울증의 치료는 대개 급성치료, 강화치료, 유지치료의 3단계로 이루어진다.

제2장

자살사고와 행동의 평가 및 치료

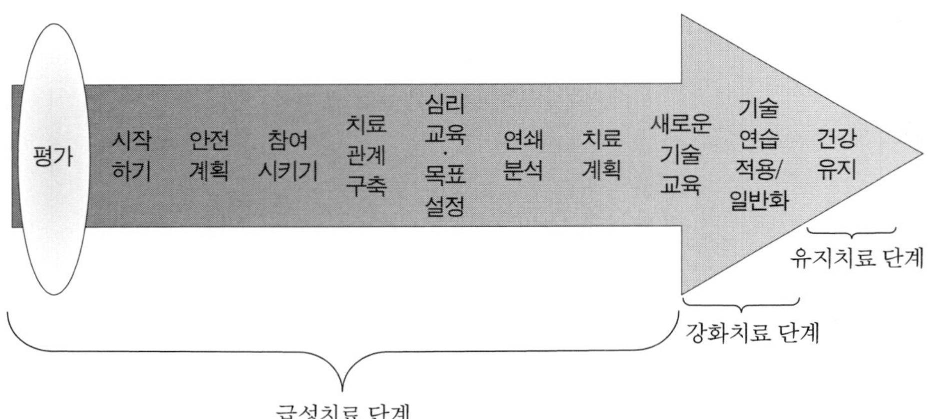

학 습 내 용

- 자살행동과 자해행동의 정의
- 치료계획을 세우기 위한 자살위험이 있는 청소년 평가 영역
- 자살위험과 적절한 개입 수준 결정 방법
- 자살위험이 있는 청소년 평가의 일반 원리

이 장에서는 자살사고와 자살행동의 여러 유형을 정의하고 더 심각한 형태로 진전될 가능성이 있는 자살행동 유형을 설명하고, 자살위기 평가의 일반 원리를 제안하며 5가지 핵심영역을 살펴볼 것이다. 또한 각 영역의 정의와 중요한 이유, 평가방법을 설명할 것이다. 마지막으로 긴박한 자살위험 평가와 적절한 개입 수준을 결정하는 틀을 제시할 것이다.

1. 자살행동의 중요성과 정의

1) 청소년 자살행동 평가가 왜 중요한가

미국에서는 매년 5,000명 이상의 청소년이 자살로 사망하며 미국의 청소년 사망 원인 중 세 번째가 자살이다. 자살로 사망하는 거의 모든 청소년들이 정신장애를 보였고 다수가 자살사고 또는 자살시도의 이력을 가지고 있었다. 그러므로 적절한 자살위험 평가는 생명을 구할 수 있는 것이다.

2) 자살사고와 자살행동 스펙트럼

다른 치료자 및 가족들과 효과적으로 의사소통하기 위해서는 자살사고와 자살행동 분류에 대해 일반적으로 인정되는 용어를 사용할 필요가 있다(Posner et al., 2007). 자살사고와 자살행동(suicidal ideation and behavior)은 죽음에 대한 소극적인 생각(passive thought of death)에서부터 자살행동(suicidal behavior), 자살로 사망(completed suicide)이라는 심각한 형태까지의 스펙트럼으로 생각할 수 있다([그림 2-1] 참조). 현재의 자살경향성(suicidality) 수준이 자살위험(suicidal risk)을 평가하는 데 중요하기 때문에, 연속선에서 환자의 현재 위치를 확인하는 것이 중요하다. 자살행동은 자살의도가 없는 자해행동(non-suicidal self-injury: NSSI)과 구분되어야 한다. 자살의도가 없는 자해행동에는 죽으려는 것이 아니라 부정적인 정서를 줄이거나 사회적인 강화를 받을 목적을 가진 정형화되고 반복적인 자해(살짝 긋기 등)가 포함된다.

심각성 수준이 가장 낮은 자살경향성이 가장 많고, 이는 더 심각한 자살행동으로 진전되지는 않는 것 같다([그림 2-2] 참조). 자살경향성이 덜 구체적이고 강도가 약할수록, 더 심각한 자살행동으로 진전될 가능성은 적어진다. 청소년 5명 중 1명은 의도나 계획이 없는 순간적인 자살생각을 경험하며, 6%만이 어느 한때 계획을 가진 자살사고를 경험한다. 계획을 가진 청소년 중 약 반은 1년 안에 자살시도를 한다. 하지만 많은 청소년들이 오래 생각하지 않고 자살을 시도한다. 매년 남자 청소년의 약 3%와 여자 청소년의 약 8%가 자살을 시도하고, 그중 약 1/4이 대개는 첫 시도 후 6개월 안에 재시도를 한다. 자살시도자 대다수는 자살

- 죽음에 대한 소극적 소망(passive death wish): 자신의 죽음에 대해 생각하지만 실행 의도는 없음
- 계획이나 의도는 없는 자살생각(suicidal thoughts without plan or intent): 자살시도에 대하여 생각하지만, 실제로 자살행동을 하겠다는 구체적인 계획이나 의도는 없음
- 계획 그리고/또는 의도가 있는 자살생각: 자살하겠다는 계획 그리고/또는 계획을 실행하려는 의도가 있는 자살생각
- 자살 위협(suicidal threat): 다른 사람에게 자살의도를 말로 표현
- 중단된 시도(interrupted attempt): 자살행동을 하려고 준비하였으나 스스로 멈춤
- 무산된 시도(aborted attempt): 자살행동을 하려고 준비하였으나 갑자기 다른 사람이 개입하여 시도가 중단됨
- 자살시도(suicide attempt): 죽으려는 분명한 또는 암시된(infered) 의도를 가진 자기파괴적 행동
- 자살사망(suicide completion): 자살시도 결과 사망함

그림 2-1 자살사고와 행동의 연속선

- 계획이나 의도는 없는 자살생각 20%
- 계획 그리고/또는 의도가 있는 자살생각 6%
- 계획이 있는 사고를 가진 사람이 1년 안에 시도할 가능성 50%
- 1년에 자살시도를 하는 청소년의 비율 3~8%
- 1년 안에 재시도할 위험 15~30%
- 자살시도자 중 1년 안에 자살로 사망할 위험 0.5~1.0%

그림 2-2 청소년 자살사고와 자살행동의 빈도와 경로

로 사망하지 않지만 여전히 시도자들의 자살위험은 또래 전체에 비해 30~60배나 더 높다.

사례

자살을 시도했던 14세 소녀가 병원에서 퇴원하고 3주 후에 외래 예약을 하였다. 이것은 합리적인 추적관찰 계획인가? 만약 그렇다면 또는 아니라면, 그 이유는 무엇인가?

답

첫 시도를 하고 난 후가 재시도 위험이 가장 높은 때다. 이 사례에서 재시도 위험이 가장 높은 때는 추적관찰을 위한 외래 진료를 하기 전(before)이다. 따라서 자살행동의 진전 과정을 보면 외래 예약은 훨씬 더 빨리 잡아야 한다.

2. 평가의 일반 원리

1) 평가는 치료의 시작이다

평가(assessment)는 치료과정의 시작이다. 이상적으로는 면밀하게 평가를 수행한 사람이 치료도 해야 할 것이다. 치료자는 치료적 상호작용에서처럼 평가질문의 원리를 설명해 주고, 환자가 싫어하면 밀어붙이기보다 관심사를 탐색해 가야 한다. 시작할 때 환자에게 평가에서 다루어질 주제들을 개괄해 준다. 평가의 주 목적은 치료를 안내하기 위한 것이다. 평가의 각 측면은 개입(care)의 수준, 자살 위험의 정도 그리고 치료 대상이 되는 영역들을 결정하는 데 사용된다.

2) 개방형 질문을 한다

치료자의 사고방식이 아무리 협력적이라 하더라도 평가과정에서 치료자와 환자의 관계는 전혀 평등하지 않기 때문에, 그 결과 환자가 하지 않은 말을 했다고 할 수도 있다. "예/아니요"로 대답할 수 있는 질문보다 개방형 질문이 훨씬 많은 정보를 준다. 종종 계획에 없었던 질문에 대한 답을 얻기도 한다. 예를 들어, "절망적이었습니까?"보다는 "그때 얼마나 절망적이었습니까?"라고 묻는 것이 더 낫다. 자살사건(suicidal event)과 관련된 사건, 감정, 사고, 증상을 평가할 때 첫 번째 단계에서는 환자에게 자기 이야기를 하게 하고, 그다음에 치료자가 돌아가서 가장 중요하다고 생각하는 영역들의 세부사항을 확인한다(영역들은 다음에 자세히 설명한다).

3) 허락을 받는다

치료자는 특정 주제가 왜 중요한지를 환자에게 설명해 줄 뿐만 아니라 그것에 대해 묻는 것이 괜찮은지를 물어봐야 한다. 성적 지향, 이전의 외상 또는 자살시도로 이끈 사건들같이 정서적인 부담이 큰 질문일 때 특히 그렇다.

4) 비언어적 행동을 관찰한다

숙련된 치료자는 계속 비언어적인 행동을 관찰한다. 환자가 갑자기 불안해하거나 정서 변화를 보인다면, 어떤 질문이 환자를 불편하게 만들었는지 또는 덧붙이고 싶은 말이 있는지를 확인하는 것이 좋다. 이런 경우에는 관찰한 행동을 말해 주는 것이 도움이 된다. 가령 "내가 한 말이 당신을 불편하게 만들었던 것 같은데요. 무슨 일인지 궁금합니다."라고 한다. 환자의 보고와 비언어적 행동 간의 모순을 알려 줄 수도 있다. 가령 환자는 어떤 사건이 그에게 아무 의미가 없었다고 말하면서 얼굴을 붉힐 수도 있다. 또한 여러 정보 유형 간에 일관성을 찾아볼 수도 있다. 만약 환자가 성적이 곤두박질치고 전에는 중요했던 활동에서 뒤로 물러나 있던 시기에 증상이 있었다는 것을 부인한다면, 치료자는 다음과 같이 더 탐색해 보아야 한다. "그 학기에 성적이 떨어지고 밴드와 운동을 중단하기로 결정하게 된 요인이 무엇인지, 제가 이해할 수 있게 말해 줄 수 있나요?"

3. 5가지 핵심 질문 영역

치료자가 포괄적인 치료계획을 세우기 위해 평가해야 할 5가지 핵심 영역은 다음과 같다([그림 2-3] 참조).

- 현재와 과거의 자살사고와 자살행동의 특징
- 정신장애(psychiatric disorder)
- 심리적 특성
- 가족/환경적 스트레스 요인과 지지 요인

• 치명적 수단의 이용 가능성

각 영역 모두 자살위험에 기여하는데, 어떤 요인(예: 계획이 있는 자살사고)은 자살시도나 자살로 사망하는 사람에게 더 많이 나타난다. 각 영역과 그것의 평가가 왜 중요한지를 설명하고 평가질문의 예를 제시하고, 치료계획 및 자살위험 평가 측면에서 그 반응들을 논할 것이다.

1) 영역 1: 현재와 과거의 자살사고와 자살행동

다음은 자살사고와 자살행동에 적절한 7가지 평가 영역이다. ① 자살사고의 심각성, 빈도 및 강도, ② 살아야 하는 이유, ③ 자살의도, ④ 치명성, ⑤ 동기, ⑥ 촉발요인 그리고 ⑦ 자살행동에 대한 주변의 반응(environmental response)이다.

(1) 자살사고의 심각성, 빈도 및 강도

• 정의

자살사고의 심각성(severity)은 구체적인 자살행동에 초점을 맞춘 자살사고를 경험하는 정도를 말한다. 다시 말하면, 의도와 구체적인 계획에 대한 생각이다. 빈도(frequency)는 하루 중 환자가 자살에 대해 생각하는 비율을 말한다. 강도(intensity)

1. 현재와 과거의 자살사고와 자살행동의 특징
2. 정신장애
3. 심리적 특성
4. 가족/환경적 스트레스 요인과 지지 요인
5. 치명적 수단의 이용 가능성

그림 2-3 자살위험이 있는 청소년 평가의 5가지 핵심 영역

는 자살생각에 몰두해서 그 생각에서 벗어날 수 없는 정도를 말한다.

• 이유

자살위험이 있는 사람을 평가할 때 흔한 오해 중의 하나는 자살에 대해 말하는 사람들은 실제로 행동은 하지 않는다고 생각하는 것이다. 실은 자살로 사망하는 청소년들이 자살시도자나 통제집단에 비해 자살생각을 훨씬 더 많이 표현하는 것 같다. 자살계획을 밖으로 표현하는 것은 자살사고 강도의 지표가 된다.

구체적인 계획과 계획을 실행하려는 의도가 있는 자살사고를 가진 환자는 1년 안에 실제로 시도할 가능성이 가장 높은 것 같다. 자살사고가 잦고 강도가 강한 환자는 자살충동대로 행동할 가능성이 아주 높다. 자살사고의 높은 빈도와 강도는 종종 높은 계획 및 의도와 함께 나타난다. 대부분의 사람이 어느 시점에 죽음에 대해 소극적으로 순간적인 생각을 하는 것은 임상적으로 크게 중요하지 않다. 대개 자살사고가 자주 일어나며 아주 강하고, 계획 및 의도와 함께 가는 경우가 아주 염려스러운 것이다.

이는 이전에 자살사고가 있었다는 증거가 없으면 자살 또는 자살행동이 나타나지 않는다는 의미는 아니다. 실은 많은 청소년이 이전에 깊이 생각하지 않고도 자살을 시도한다. 이는 충동적인 그리고/또는 자살행위를 하는 동안 술에 취해 있던(intoxicated) 청소년에게서 흔히 나타난다.

청소년은 비밀을 지켜 달라고 하며 친구에게 자살생각을 말할 때가 있다. 청소년 자살의 영향에 대한 우리 연구에서는, 자살 희생자의 계획에 대해 알고 있었지만 아무에게도 말하지 않았던 희생자의 친구들은 애도, 우울, PTSD로 장기간 어려움을 겪은 것 같았다. 여기에는 두 가지 교훈이 있다. 첫째, 십대는 만약 친구가 자살을 생각하고 있다고 고백하면 책임질 수 있는 어른에게 가는 것을 배워야 한다. '친구보다는 우정을 잃는 것이 더 낫기' 때문이다. 둘째, 이 자살 희생자들이 죽기 전에 다른 사람들에게 고백한다는 사실은 그들의 자살을 예방할 수 있다는 것을 의미한다. 왜냐하면 적어도 부분적으로는 그들이 발견되고 구조되기를 원했기 때문이다. 이런 고위험군에게도 살고 싶은 소망과 죽고 싶은 소망이 공존하는 것이다.

• 방법

치료자는 먼저 환자가 경험하고 있는 자살사고의 유형을 탐색해야 한다(구체적이지 않은 계획이 있는 생각, 의도 등; [그림 2-4] 참조). 일단 환자가 겪고 있는 사고유형이 확인되면, 치료자는 [그림 2-5]의 주제들을 탐색하여 사고의 빈도와 강도를 명료화한다. 치료자는 "하루에 얼마나 많이 자살생각을 합니까?" 또는 "일정 시간 중 얼마나 많이 자살생각을 하고 있습니까?"라고 물어 빈도를 평가한다. 강도는 자살생각이 그 사람의 의식에 침투하거나 지배하는 몰두 정도를 의미한다. '자살충동(suicidal urges)' 도 강도를 의미한다. "10은 '완전히 몰두해 있다.' 이며 1은 '전혀 생각하지 않는다.' 인 10점 척도에서 당신은 어디에 있습니까?"라고 물어볼 수 있다. 마지막으로 의도와 계획이 있다. 구체적인 계획이 있는 자살사고를 가진 청소년은 1년 안에 실행할 가능성이 매우 높다. 의도와 계획은 "자살생각을 할 때 그것을 실행할 계획은 어느 정도나 됩니까?" 또는 "구체적인 계획이 있습니까?"라고 물어 확인할 수 있다.

- "죽는 것이 낫다고 생각해 본 적이 있습니까?"
- "자살하겠다고 생각해 본 적이 있습니까?"
- "자살계획을 세워 본 적이 있습니까?"
- "자살충동/계획을 실행하겠다는 의도를 가진 적이 있습니까?"
- "자살을 시도한 적이 있습니까?"
- 어떤 질문에 그렇다고 응답한다면, 사례를 물어보고, 현재인지 최근인지 이전인지 확인한다. 또 가장 심각한 일화에 대한 정보를 얻는다.

그림 2-4 자살사고와 자살행동 평가하기

- "하루에 얼마 동안이나 자살생각을 합니까?"
- "자살생각을 할 때 얼마나 오랫동안 생각합니까?"
- "자살생각을 떨쳐 내고 다른 것에 대해 생각할 수 있는 것은 어느 정도입니까 (1~10점 척도에서 떨쳐 내는 것이 쉬우면 1점, 완전히 골몰해 있으면 10점)?"
- "자살충동에 어느 정도 저항할 수 있습니까(1~10점 척도에서 1점은 '완전히 저항할 수 있다', 10점은 '전혀 저항할 수 없다')?"

그림 2-5 자살사고의 빈도와 강도 평가하기

사례

13세 소년 그렉이 교사에게 꾸지람을 듣고 있었다. 그렉은 교사에게 만약 벌을 받는다면 죽어 버리겠다고 했다. 학교는 그렉에게 심리평가를 받게 했다. 그렉의 부모는 아들이 벌을 피하려고 했을 뿐이라고 생각했다. 치료자는 이것이 그저 '말해 본 것' 인지, 아니면 정말로 자살위험이 증가한 것인지를 어떻게 판단할 수 있을까?

답

치료자는 그렉에게 "죽어 버리겠다." 고 했을 때 무슨 뜻이었는지 물어볼 수 있다. 계획과 의도를 가지고 있었는가? 과거에 자살을 생각한 적이 있는가? 만약 있다면, 얼마나 자주 그랬는가? 만약 그렉이 전에는 그런 생각을 한 적도, 계획이나 의도를 가진 적도 없다고 대답한다면, 집과 학교에서 잘 수행했다고 한다면 그리고 그저 '말해 본 것' 이라고 대답한다면, 그런 말이 지닌 심각성에 대해 그렉과 부모에게 가르쳐 주어야 한다. 우리는 놓친 것이 없는지 확인하기 위해 이후에 그렉과 가족을 2~4회 더 만나기를 권한다. 이 회기들은 훈육을 하는 상황이 어떻게 그렉의 자살위협이라는 결과를 야기했는지를 이해하는 데도 도움이 된다.

(2) 살아야 하는 이유

• 정의

살아야 하는 이유(reasons for living)는 자살사고를 가지고 있지만 시행하지 않도록 그를 막아 준 이유들이다. 대부분 환자들은 '용기 부족', 부모나 다른 사랑하는 사람들에게 상처를 주기 싫어서, 종교적 이유, 장래에 대한 희망 또는 치료가 도움이 될 수 있다는 가능성에 대한 희망과 같은 이유를 댄다.

• 이유

자살사고가 있더라도 살아야 할 구체적인 이유를 가진 환자들은 자살시도를 덜 하는 것 같다. 무망감 또는 장래에 대한 비관(예: "일이 잘 안 될 거야." "기대할 것이 아무것도 없어." "더 이상 나아질 게 없어.")은 치료 중단, 자살시도, 결국은 자살할 것을 예측하게 한다. 살아야 할 강한 이유를 갖고 있는 자살시도자들은 자살시도에서 살아남은 것을 감사한다. 그 사람을 살아있게 하는 것을 이해하는 것은 최소한 왜 그 사람이 죽고 싶은지를 아는 것만큼이나 치료계획을 세우는 데 중요하다. 이는 자살위험이 있는 사람을 대할 때의 아주 중요한 원리로서 살고 싶은 마음이 죽고 싶은 마음과 공존한다는 것이다. 정신건강 전문가인 우리의 일은 죽음에서 벗어나 삶 쪽으로 향하도록 돕는 것이다.

• 방법

치료자는 환자의 자살사고의 강도, 심각성 및 빈도를 확인하고 나서 "무엇이 그런 생각 · 충동을 실행하지 못하게 했습니까?"라고 묻는다. 치료자는 환자가 장래에 기대하는 것이 있다면 무엇인지, 치료에 대해 어떤 희망이 있는지에 대해서도 물어봐야 한다. 어떤 것이 그 사람이 죽지 않고 살아있게 하는 동기가 되는지를 이해하는 것은 아주 중요하다. 가능하면 이런 살아야 하는 이유들을 치료계획에 통합시킨다([그림 2-6] 참조).

- "당신은 자살생각이 아주 강하다고 했습니다. 이런 자살충동을 시행하지 않게 한 것은 무엇입니까?"
- "당신은 자살시도를 생각하는 이유를 몇 가지 이야기했습니다. 계속 살아있게 하는 이유는 무엇입니까? 우리가 그것을 좀 더 강하게 만들 수 있는 어떤 방법이 있습니까?"
- "치료를 통해 도움을 받을 수 있다는 것에 어느 정도 희망을 가지고 있습니까? 무엇 때문에 좀 더/좀 덜 희망적이 될 것 같습니까?"
- (이미 시도했던 사람에게) "살아난 것에 대해 어느 정도 유감으로 생각합니까? 시도했던 것에 대해 어느 정도 후회합니까?"

그림 2-6 살아야 하는 이유

사례

13세 소녀 한나는 우울증과 강하고 빈번하며 심각한 자살사고를 가지고 있었다. 그녀는 가족에게 상처를 주고 싶지 않았고 음악가와 예술가에 대한 열망을 갖고 있었기 때문에 자살생각을 시행하지 않았다고 했다. 한나의 부모와의 면담에서 한나가 재능있고 숙달된 예술가이며 음악가이지만 재능을 살릴 기회가 거의 없었음이 확인되었다. 이 특별한 '살아야 하는 이유' 를 강화하도록 도울 수 있는 개입은 무엇인가?

답

치료자는 한나가 참여할 수 있는 방과 후 무료 미술 프로그램과 지역사회 오케스트라를 찾아냈다. 한나의 우울증이 나아졌을 때 지역의 예술 고등학교에 지원하도록 격려했다.

만약 실제로 자살을 시도했다면, 죽지 않은 것이 유감스러운지를 물어보는 것이 중요하다. 만약 환자가 살아있는 것에 대해 감사하다고 답한다면, 그다음은 무엇이 그의 살고자 하는 의지를 지탱하고 있는지를 이해하는 것이 중요하다.

다음에 논의할 자살의도, 치명성, 동기, 촉발요인 및 주위의 반응 영역은 이전에 자살시도를 했던 청소년을 평가하는 데 가장 적합하다. 하지만 환자에게 불연속적인 자살사고 일화들이 있을 때 적절한 치료목표를 확인하는 데도 유용하다.

(3) 자살의도

• 정의

자살의도(suicidal intent)는 자살시도자가 죽고 싶어 하는 정도로 정의된다. 자살의도는 환자에게 직접 물어서 평가할 수도 있고 시도 전 환자의 행동으로부터 추론할 수도 있다. 자살시도 계획의 정도와 자살시도가 발견되기 쉽거나 어려운 때였는지 같은 것들은 시도자의 자살의도에 대한 중요한 정보를 더해 준다.

• 이유

자살로 사망한 청소년들은 자살시도 청소년들보다 훨씬 더 큰 자살의도를 보인다. 자살의도가 높은 자살시도자들은 재시도할 가능성이 더 높고, 결국 자살로 사망할 가능성도 높다. 성인의 경우 자살의도는 우울의 심각성보다 무망감과 훨씬 밀접한 관련이 있다. 자살을 시도했을 때 자살의도의 정도뿐만 아니라 자살시도 후의 자살생각의 빈도와 심각성도 평가해야 한다. 성인의 자살 재시도와 자살사망을 예측하는 중요한 질문은 “자살시도에서 살아남은 것이 유감스럽습니까?”다. 살아남은 것에 대해 유감을 표현하는 사람들은 자살로 사망할 위험이 매우 높고, 살아야 할 이유를 전혀 대지 못한다면 특히 더 위험하다.

자살시도와 사망률은 나이 든 청소년보다 아동이나 어린 청소년이 훨씬 낮다. 그 이유는 부분적으로는 어린아이들이 인지능력의 수준 때문에 대개는 치명적인 자살시도를 계획하고 시행하지 못하기 때문이다. 자살사망자들 중에 16세 이상의 청소년들이, 더 충동적으로 시도하는 경향이 있는 16세 이하의 청소년보다 더 높은 자살의도를 가지고 계획했다는 증거가 더 많다.

• 방법

"자살시도로 이끈 사건에 대해 말해 주세요."와 같이 개방형 질문으로 시작하는 것이 가장 좋다(자살의도 평가는 [그림 2-7] 참조). 그다음 이어서 자살시도 계획과 환경에 대해 구체적인 질문을 할 수 있다. 때때로 청소년들은 시도할 당시 죽고 싶었다는 것을 부인하지만 그들의 행동은 죽을 수 있는 방법으로 시도를 계획했다는 것을 보여 준다. 만약 환자가 치명성이 높은 방법에 대해 오해하고 있다면[예: 십대들은 진통제인 아드빌(Advil) 5개 복용은 치명적이라고 믿고 있다.], 잘못된 정보라 하더라도 그 방법을 선택한 것은 높은 의도를 말해 주는 것이다. "예/아니요"로 답할 수 있는 질문은 묻지 않는 것이 좋다. 다시 말해 "이 자살시도를 계획했습니까?"라고 묻는 것보다는 "이 자살시도를 위해 어떤 계획을 세웠습니까?"라고 묻는 것이 더 많은 정보를 얻을 수 있다. 앞서 설명한 것처럼, 치료자는 자살시도자가 지금 그 결정을 후회하는지 아니면 화가 나는지 물어봐야 한다. 종종 자살행동은 잠시 가족의 지지를 얻게 해주어 자살욕구를 일시적으로 가라앉힐 수 있다.

- 계획: "어떤 계획을 했습니까?"
- 이전의 의사소통: "당신이 자살할 의도가 있다는 것을 누군가에게 말했습니까?"
- 유서: "유서를 남겼습니까?"
- 구조 가능성: "시도할 때와 장소는 어떻게 선택했습니까?"
- 치명적인 결과 가능성: "왜 이 방법을 선택했습니까?"
- 죽고 싶은 마음: "죽고 싶은 마음은 어느 정도입니까?"
- 후회: "살아나서 다행입니까?"

그림 2-7 자살의도 평가하기

사례

간질을 앓은 적이 있는 16세 소녀 줄리는 경련장애(seizure disorder)에 대한 치료를 시작하고 나서 우울해졌다. 그녀는 항경련제(antiseizure medication)를 끊고 몇 주 동안 모아 두었다가, 그 약을 모두 먹고 결국 중환자실에 들어가곤 했다. 자살시도에 대해 묻자 줄리는 사고였다고 주장했다. 줄리의 자살의도 가능성에 대해 어떤 결론을 내릴 것인가, 그 상황을 명료화하기 위해 무엇을 더 물어보겠는가?

답

줄리가 먹은 약의 양과 약을 모아 둔 것과 같은 장기적인 계획은 약물 과용이 우연이 아닌, 높은 자살의도를 의미하는 높은 정도의 계획임을 나타낸다. 다음과 같이 더 물어볼 수 있다. "살아남은 것이 좋습니까?" "누군가 이 약을 그만큼 먹는다면 그는 어떻게 될 거라고 생각할까요?" "몇 시에 어디에서 이 일이 일어났습니까?" 만약 환자가 발견되지 않을 시간에 시도한 것 같으면, 이는 높은 자살의도라는 추론을 지지할 만한 추가적인 정보가 될 것이다. 이는 환자의 말뿐만 아니라 그의 실제 행동에 근거한, 자살의도의 구성요소를 활용해야 한다는 것을 보여준다.

(4) 치명성

• 정의

치명성(lethality)은 자살시도와 관련된 실제 신체적 손상을 말한다. 또한 어떤 방법과 관련된 **잠재적인**(potential) 의학적 손상을 의미하는데, 운이 좋아야 심한 의학적 손상을 입지 않는 총기 자살시도 같은 것을 말한다.

• 이유

매우 치명적인 방법(예: 총기, 목매달기, 질식, 뛰어내리기)을 선택한 자살시도는 종종 사망으로 이어진다. 치명적인 방법을 선택하였지만 살아난 시도자들은 의도가 강하기 때문에 결국 자살사망으로 갈 위험이 크다. 치명성이 의도와 완전한 상관이 있는 것은 아니지만 말이다. 그렇기 때문에 '자살 제스처' 라는 말은 사용하지 말아야 한다. 치명성이 의도와 완전한 상관을 보이지 않는 이유가 세 가지 있다. ① 더 어린 시도자들은 (그리고 가끔은 십대 후반도) 어떤 방법의 치명성에 대해 잘못된 정보를 가지고 있어, 의도는 아주 높아도 치명성은 그다지 높지 않은 시도가 될 수 있다. ② 자살시도자는 잠재적으로 치명성이 높은 방법을 사용했는데 비교적 해가 없을 수도 있다(예: 총을 쏘았지만 거의 상처가 없는 경우). ③ 충동적인 자살시도자는 단순히 그 방법의 잠재적 치명성을 오판하거나 가장 쉽게 접할 수 있기 때문에 치명성이 높은 시도를 할 수도 있다. 예를 들어, 인지적으로 미숙한 12세 아동이 욕조에 빠지려고 하는 것과 같이, 치명성은 낮지만 자살의도는 높은 행동을 할 수 있다. 반대로 16세 청소년이 죽으려는 의도 없이 다량의 아세트아미노펜[1)]을 복용하였다가 간 독성(liver toxicity)으로 죽을 수도 있다.

• 방법

치료자는 방법, 실제 의학적인 피해, 그 방법을 사용할 때의 추정 사망률(the likelihood of death)을 알아야 한다. 방법의 치명성에 대한 환자의 지각도 확인해야 한다([그림 2-8] 참조).

• 이 방법의 치명성은 어느 정도인가?
• 치명성이 높은 방법에는 총기, 목매달기, 뛰어내리기, 질식, 약물 과용이 있다.
• 환자는 이 방법을 사용한 결과가 어떨 것이라고 생각했는가?

그림 2-8 자살행동의 치명성 평가하기

1) 역주: 진통해열제

사례

11세의 마리아는 약 상자에서 알약을 몇 개 삼키고 아무에게도 말하지 않은 채 잠이 들었다. 밤늦게 마리아가 욕실에서 토하고 있는 것을 어머니가 발견하였고, 약을 과다 복용한 것을 알고 근처 소아과 응급실로 데리고 가 검사를 하고 의학적 조치를 받은 후 집에 왔다. 치료자는 마리아가 자살 '제스처'를 하고 있는지 평가해야 했다. 의료팀은 "마리아의 시도는 의학적인 손상이 거의 없으므로 그리 심각한 것이 아니다."라고 하며 퇴원시키려고 하였다. 치료자는 어떤 질문을 하고 어떻게 의료팀과 의사소통해야 할까?

답

치료자는 마리아에게 이 약을 먹었을 때 어떻게 될 것이라고 생각했는지, 어느 정도 죽고 싶어 했는지, 살아난 것이 다행이라고 생각하는지를 물어야 한다. 치료자는 이러한 질문들을 통해 마리아가 죽고 싶어 하고, 어머니에게 발견된 것을 유감스러워하는지를 알 수 있다. 치료자는 의료팀에게 마리아가 계속 죽고 싶어 한다는 것이 염려스럽고, 자살시도의 치명성은 어린아이의 자살시도의 심각성을 평가하는 데는 적당한 지침이 아니라고 설명해야 한다.

(5) 동기

• 정의

동기(motivation)는 자살시도자가 시도를 통해 얻고 싶은 최종 결과로 정의된다. 시도자는 종종 한 가지 이상의 동기를 표현한다. 자살시도를 하는 가장 흔한 이유는 죽는 것, 고통스러운 정서나 참을 수 없는 상황을 피하는 것 또는 다른 사람의 행동이나 감정에 영향을 미치는 것이다. 예를 들어, 청소년은 누군가의 관심을 얻기 위해서 또는 적대감을 표현하기 위해서 자살을 시도하기도 한다. 죽고 싶은 소망을 주로 또는 유일하게 표현하는 환자들은 다른 이유 때문에 자살행동을 하는 사람들보다 더 우울하고 희망이 없어 보인다(〈표 2-1〉 참조).

표 2-1 청소년 자살시도의 동기

동기	주요 이유	기타 이유
죽음	28%	56%
정신적 고통을 피하기 위해	18%	57%
어려운 상황을 피하기 위해	13%	55%
절망감을 알리기 위해	9%	28%
사랑을 시험하거나 전달하려고	7%	48%
후회하거나 놀라게 하려고	4%	29%
누군가에게 영향을 주거나 도움을 받기 위해	3%	31%

출처: Boergers, Spirito, & Donaldson(1998).

• 이유

모든 행동에는 이유가 있다. 자살행동은 어떤 요구를 충족시키는 수단이다(예: 다른 사람에게 영향 미치기, 강한 감정 표현하기, 고통스러운 정서 피하기). 이러한 요구들이 충족되지 못하면 자살행동은 반복될 것이다. 동기가 다양하기 때문에 다양한 치료전략들이 필요하다. 우리는 환자들에게 요구를 충족시키는 데 자살을 시도하는 것보다 더 안전하고 효과적인 방법이 있다는 것을 알려 주려고 한다. 가족들은 화를 내거나, 특히 표현된 요구가 관계적일 때 그런 자살행동을 '조종하는 것(manipulative)' 이라고 낙인찍을 수 있다. '조종하는' 이라는 말은 환자가 '통제하고' 있다는 의미인데, 자살시도는 환자가 통제하지 못하고 있다는 것을 나타낸다. 환자가 자살시도 같은 생명을 위협하는 행동 대신에 자신의 요구를 더 잘 확인하고, 치료에서 배울 기술을 적용하여 그 요구들을 해결할 수 있도록 치료계획을 세울 것이라고 가족에게 알려 주어야 한다.

• 방법

치료자는 환자에게 "자살시도 결과 무엇이 달라지기를 원했습니까?" 또는 "자살시도를 하여 무엇을 얻고 싶었습니까?" 라고 물어야 한다. 환자에게 동기 탐색의 원리를 설명해 주는 것이 중요하다. 그 원리는 "우리가 함께 당신이 얻고 싶었던 것을 이해하고, 그러한 요구를 충족할 수 있는 다른 더 안전하고 효과적인 방법을 찾을 수 있다면, 자살행동은 그렇게 매력적인 대안은 아닐 수 있다."는 것이다. 환자들은 흔히 하나 이상의 동기를 말하지만, 대개는 가장 두드러진 한 가지 이유가 있다. 청소년들은 대개 자살행동의 동기에 대답하는 것을 어려워하는데, 이는 자기 동기를 인식하지 못하거나 동기가 당혹스럽거나 수치심을 느끼게 하는 것이기 때문이다. 이런 경우 치료자는 환자에게서 한 걸음 물러서서 자살시도로 이끌었던 것으로 기억나는 것은 무엇이든 이야기해 보게 해야 한다(제5장 참조). 자살을 시도하게 했던 사건과 이와 관련된 생각과 감정을 재구성하면서, 환자와 치료자는 동기를 추론해 볼 수 있다. "약을 먹었을 때 남자친구가 얼마나 죄책감을 느끼기를 원했습니까?"와 같이 물어볼 수 있다. 환자에게 다른 사람들이 자살행동을 할 때의 동기에 대해 구체적인 개방형 질문을 해 보는 것도 도움이 된다. 환자는 다른 사람들도 비슷한 경험을 한다는 것을 깨닫게 될 것이다.

동기가 무엇이건 치료자는 환자가 달성하고자 하는 목표의 중요성을 타당화하고, 동일한 목표를 달성하는 더 안전하고 효과적인 방법이 있다는 것을 상기시켜 주어야 한다. 죽고 싶어 하는 환자들은 희망이 없기 때문에 살아야 하는 이유와 희망감을 증진해야 하는 이유가 평가와 치료의 대상이 된다. 고통스러운 정서를 피하고 싶은 소망을 표현하는 환자들에게는, 환자의 정서적 경험에서 어떤 측면이 가장 고통스러운지를—불안, 초조, 끊임없는 슬픔—가능한 한 정확하게 확인하는 것이 중요하다. 자살시도를 한 환자는 반응이 광범위하기 때문에 그 정서적 고통의 본질이 무엇인지를 최대한 정확히 안다면, 좀 더 정확한 치료 대상을 찾을 수 있을 것이다. 치료는 기술 개선(예: 정서조절, 고통 감내)과 심리치료와 약물치료를 통해 정신과적인 증상을 완화하는 데 초점을 맞춘다. 환자의 주 동기가 고통스러운 사회적 상황을 피하는 것이라면 그 상황, 그것의 위험, 환자의 대처방식을 탐색해야 한다. 가정 학대나 학교에서의 괴롭힘 같은 견딜 수 없는 상황도 말할 수 있는데, 이는 집에서 떼어놓거나 괴롭힘을 멈추도록 학교에 개입하는 등의 조치가 필요한 것이다. 이따금 그 '견딜 수 없는' 상황이, 가령 남자친구가 없다

등의 환자의 지각에 근거한 경우, 남자친구가 없는 것의 어떤 측면이 견딜 수 없는 것인지를 추적평가해야 한다. 치료는 그 견딜 수 없는 상황을 바라보고 대처하는 대안적 방식에 초점을 맞출 것이다. 청소년 자살행동의 또 다른 동기는 감정을 표현하거나 주위에 있는 중요한 사람의 반응을 끌어내기 위한 것(즉, 관심 받기, 복수하기, 적대감 표현하기 또는 누군가에게 어떤 것에 대한 마음을 바꾸게 하는 것)이다. 대인관계 동기를 보이는 청소년에게는 환자가 어느 정도 감정과 욕구를 확인하고 문제를 해결하고 분노나 실망감을 직접 표현하며, 다른 사람에게 효과적으로 요구와 원하는 것을 전달할 수 있는지 탐색해야 한다(〈표 2-2〉 참조).

표 2-2 자살시도의 동기 평가

동기	평가 질문
죽음	무망감, 삶의 이유, 살아난 것을 유감스러워함
고통스러운 정동(affect)	정동 유형 확인, 심리치료 연결, 고통 감내
고통스러운 상황	안전(학대) · 괴롭힘 평가, 무엇을 · 왜 견딜 수 없는지 확인
감정 표현	정동 확인, 주장성, 의사소통 기술
타인에게 영향 미치기	요구 확인 능력, 주장성, 의사소통 기술

사례

9세 소년 아담이 매우 치명적인 자살시도를 하였다. 그는 아주 우울했지만 정신병적 증상은 보이지 않았다. 아담은 정신병원에 입원했고 죽고 싶었다고 했다. "여기서 벗어나고 싶었다."고 했지만 그 이상은 말하지 않았다. 아담의 사례에서 치료자는 어떤 평가 전략을 더 사용해 볼 수 있을까?

답

정신병적 증상은 없는 매우 치명적인 자살시도를 한 9세 아동이라면, 학대나 괴롭힘과 관련되었을 가능성이 높다. 치료자는 학대나 폭행의 징후를 찾아보고 부모에게도 물어보았다. 의학적인 검사에서 항문성교의 증거가 나타났다. 치료자가 아담의 엄마에게 이를 직접 알려 주자 그녀는 집에 있는 계부가 아담을 학대하고 있는지를 의심하였다.

(6) 촉발요인

• 정의

촉발요인(precipitant)은 환자를 자살시도로 이끌어간 사건 또는 일련의 사건들이다. 촉발요인은 대개 자살시도 24~48시간 전에 일어난다(학대 같은 지속적인 스트레스 요인은 예외다). 어린 청소년의 자살행동을 촉발할 가능성이 가장 높은 상황은 부모와의 갈등이다. 더 나이 든 청소년들은 또래와의 갈등이 더 많다. 또 다른 요인에는 학업 실패, 훈육이나 법적 문제, 대인관계의 중단이나 상실이 있다. 그 밖에 가능한 요인으로는 가정에서의 학대, 신체적 또는 성적 폭력, 학교에서의 괴롭힘, 동성애(same-sex attraction) 또는 성적지향성 인식과 관련된 사건이나 감정 등이다([그림 2-9] 참조).

- "자살시도를 하게 만든 사건들을, 당신 말로 이야기해 주세요."
- "최근에 자살시도를 하고 싶을 정도로 당신을 힘들게 한 일은 무엇입니까?"
- "자살시도를 통해 얻고 싶었던(피하고 싶어서, 관심을 얻고 싶어서 등) 것이 있다고 했습니다. 이번에는 무엇 때문에 자살시도를 결심했습니까?"

그림 2-9 자살시도의 촉발요인 평가

• 이유

자살위험이 있는 환자 모두 '살고 싶다'와 '죽고 싶다'를 동시에 경험한다. 평가의 목표는 자살 시도에서 벗어나 사는 방향으로 균형을 잡아 줄 개인적 · 환경적 요인들을 찾아내는 것이다. 환자가 찾아낸 촉발요인들이 처음 자살시도 및 재발 동기와 밀접한 관련이 있다면, 치료 초기의 초점은 그 촉발요인의 빈도와 강도를 완화시키거나 그에 대한 환자의 반응을 변화시키는 것이다. 환자의 동기가 학대나 괴롭힘같이 견딜 수 없는 상황을 피하는 것이라면, 치료 초기의 초점은 이 특정 환경적 촉발요인을 제거하는 것이어야 한다. 어떤 사례에서는 촉발요인이 반복될 가능성을 낮추고 그 요인에 대한 환자와 가족의 반응을 바꾸는 것이 최상의 접근일 수 있다. 특정 주제(예: 집안일이나 숙제)에 대한 부모-자녀 불화가 촉발요인으로 확인되면, 치료자는 이러한 '뜨거운 주제(hot topics)'에 관한 잠깐의 휴전을 제안하여, 논의가 가열되어 갈등이 최고조가 되게 하기보다 양쪽 모두에게 방을 나가 잠시 식히고 오라고 할 수 있다(제4장 참조). 치료 후반에 부모와 환자가 효과적인 의사소통과 문제해결 기술을 배운 후에 이 주제들을 다시 다루는 것이 더 생산적일 것이다.

• 방법

촉발요인을 탐색할 때 환자에게 자살시도로 이끌어 간 사건을 설명해 달라고 요청한 다음, 좀 더 구체적으로 "자살시도까지 가는 데 가장 중요한 것은 무엇이었습니까?"라고 묻는다. 환자들은 촉발요인을 하나 이상 말하기도 한다. 자살시도의 동기가 촉발요인에 관한 단서가 될 수도 있고 반대일 수도 있다. 고통스러운 정서를 피하고 싶은 환자들은 분명한 사건은 찾지 못하지만, 대신에 이 끝이 없는 정서적 고통을 참을 수 없다고 말할 수 있다. 그 사람이 일정 기간 동안 고통을 겪고 있었다면, 왜 이 특정 시점에 자살시도를 하였는지를 이해하기 위해 더 탐색해야 한다. '불가능한' 상황을 벗어나고 싶었던 환자들의 경우, 그런 상황(학대나 괴롭힘)의 어떤 측면이 촉발요인이 될 수 있다. 대인관계 동기를 가진 환자라면 종종 대인관계의 불화, 실망 또는 상실이 촉발요인이 될 수 있다([그림 2-10] 참조).

사례

자살시도를 한 16세 소녀가 "문제를 피하고 싶어서" 시도했다고 하는데 더 탐색해도 구체적인 내용은 말하지 않는다. 무엇 때문에 자살을 시도하는 방향으로

- 부모와의 갈등
- 또래와의 갈등
- 대인관계의 상실 또는 실망
- 학교에서의 어려움
- 법적 또는 훈육 문제
- 학대, 폭력, 가정 폭력 목격
- 괴롭힘 피해
- 성적 지향성에 대한 염려

그림 2-10 청소년 자살행동의 촉발요인

기울어졌던 것인지 물어도 한 가지 사건도 말하지 못했다. 치료자가 어떻게 질문해야 자살시도를 촉발시킨 것이 무엇인지 더 잘 이해할 수 있을까?

답

치료자는 한 발 뒤로 물러서서 환자에게 자살시도를 했던 그 주간이 어땠는지 설명해 달라고 할 수 있다. 또 이런 문제를 얼마나 오래 가지고 있었는지 그리고 그것에 대한 어떤 것이 바로 그때 시도하게 만들었는지 물어볼 수 있다.

(7) 자살행동에 대한 주변의 반응

• 정의

자살시도에 대한 주변의 반응에는 부모, 다른 친척들, 친구, 치료자, 교사들의 반응이 포함된다. 부모의 반응은 거부와 '조종당하는 것' 에 대한 분노에서부터 지지와 염려까지 다양하다.

• 이유

자살행동은 주변의 반응에 따라 부적 또는 정적으로 강화될 수 있다는 의미에서 다른 행동과 같다. 만약 자살시도의 동기가 부모로 하여금 무엇인가를 하도록 영향을 미치려는 것(예: 마음 바꾸기, 환자에게 더 많은 관심 기울이기)이라면, 그리고 시도가 성공적이라면, 청소년은 자살행동이 요구를 만족시키는 데 효과적이라고 생각해 다시 시도할 수 있다. 자살행동을 반복하는 환자는 입원을 통해 불화가 있고 비지지적인 가정을 피하려고 그런 행동에 몰두하는 것일 수 있다. 반대로 자살행동의 결과 환자에 대한 부모의 거부가 지속되거나 강화될 수 있다. 부모는 자기가 조종당하고 있다고 생각하거나, 우울한 청소년들이 '스스로의 힘으로 벗어나야' 한다고 생각한다. 이렇게 타당화하지 않는 경우(invalidation), 환자의 낙담과 재시도 가능성이 증가할 수 있다. 또한 자살을 시도하는 자녀에 대한 부모의 적대감으로 인해 치료에 참여하지 않을 수도 있다. 따라서 주변의 반응에 주의해야 하는 이유는 다음 세 가지다. 주변의 반응은 자살행동의 동기를 밝혀주고, 자살행동을 정적으로 강화할 수 있으며 치료의 비순응에 대한 경고 사인이 될 수 있기 때문이다.

• 방법

치료자는 직접 질문과 관찰을 통해 주변의 반응을 평가해야 한다. 우선 자살시도의 동기를 확인하고 그 목표를 어느 정도 달성했는지를 물어본다. 시도한 후에 어떤 다른 변화가 있었는가? 만약 있었다면, 다른 사람의 태도나 행동의 변화가 앞으로 자살을 시도하게 하는 데 얼마나 영향을 미칠 것 같은가? 유사한 질문을 부모에게도 한다. 치료자는 방문 빈도, 가족구성원 간의 상호작용의 특징, 부모에 대한 염려 그리고/또는 적대감의 표현을 관찰한다([그림 2-11] 참조).

사례

조안나는 14세의 소녀로 우울증 진단을 받았다. 부모가 그녀의 도움 요청에 관심을 보여 주기를 바랐기 때문에 자살을 시도했다고 했다. 조안나의 부모는 그 일

- "목표 달성에 어느 정도 성공했습니까?"(자살시도의 동기에 대해 물은 후에)
- "자살시도 후에 가족이나 또래에게서 달라진 점이 있습니까?"
- "이것들(반응들)이 앞으로 자살시도를 어느 정도 더/덜 하게 만들 것 같습니까?"
- (부모에게) "이 자살시도가 (환자의 이름)에 대한 당신의 느낌 또는 행동에 어느 정도 영향을 주었습니까?"

그림 2-11 자살시도에 대한 주변의 반응

후에 심한 죄책감을 느끼고 아이에게 과도한 관심을 보이고 있었다. 조안나에 대한 주변 반응의 영향을 더 평가하기 위해 치료자는 무엇을 해야 하며, 가족에게 바로 줄 수 있는 피드백은 무엇인가?

답

치료자는 조안나에게 부모의 행동에 어떤 차이가 있었는지, 그것이 앞으로 자살시도를 고려할 때 어떤 영향을 줄 것 같은지 물어보았다. 조안나는 "해 볼 만했어요. 결국 부모님이 나에게 관심을 보여 주었으니까." 라고 대답했다. 치료자는 조안나에게 목숨을 걸지 않고도 부모가 그녀의 고통에 관심을 기울이게 하는 방법을 찾는 것이 둘이 함께할 수 있는 일이라고 제안할 수 있다. 그다음 퇴원하기 전에 조안나가 이 목표를 가족에게 이야기하도록 도와줄 수 있다.

사례

이 사례에서 조안나의 부모가 분노와 거부로 반응한다면 치료자는 무엇을 해야 할까?

답

치료자는 부모를 그렇게 화나게 하는 환자의 행동이 무엇인지에 대해 더 잘 이해해야 한다. 종종 우울증의 의학적 모델을 설명해 주는 것이 부모와 환자에게 도움이 된다. 의학적 모델은 어느 쪽도 비난하지 않고 환자의 행동과 감정을 설명해 줄 수 있기 때문이다.

2) 영역 2: 정신장애

• 정의

정신장애(psychiatric disorder)는 기분, 사고 및 행동에 영향을 미치는 질환이다. 정신장애는 분명한 임상적 증상, 가족력, 정의된 경과(defined course)와 공통 원인이 있다.

• 이유

거의 모든 정신장애가 자살사고 및 자살행동의 위험 증가와 관련된다. 기분장애는 자살사고 및 자살시도와 가장 관련이 큰데, 기분장애가 대개 자살시도의 위험을 증가시키는 자살사고 같은 것을 증가시키기 때문이다. 제한적인 섭식장애와 조현병은 모두 자살위험이 높고, 대개 청소년보다는 성인기 초기에 나타난다. 정서적 혼란(불안장애, 특히 PTSD)과 충동 통제(품행장애, 알코올 · 물질 남용)가 특히 기분장애와 같이 나타날 때, 계획이 있는 자살사고를 가진 사람은 자살시도로까지 갈 것이다.

단극성 우울장애가 있는 사람들 가운데 기분 불안정, 과민 및 수면 문제는 자살시도 또는 자살사망의 위험을 증가시킨다. 수면 문제는 자살시도나 자살로 사망하는 기분장애가 있는 사람들에게 더 흔하고 심각한데, 아마도 잠을 못 자는 사람들이 더 과민하고 충동적이며 문제해결을 잘 못하기 때문인 것 같다. 우울한 청소년들의 또 다른 자살위험 지표는 고통스러운 정서("참을 수 없다.")와 병리적인 죄의식("모두에게 짐이 되고 있다.")이다. 환자들은 첫 번째 우울삽화 중에 자살로 사망하는 경향이 있기 때문에 조기 진단과 치료는 매우 중요하다.

청소년(young) 양극성장애 환자는 단극성 장애 환자보다 자살시도와 사망 위험이 훨씬 높다. 순환이 빠르거나 혼재성 양상(mixed states)일 때, 특히 혼재성 양상과 알코올 및 물질 남용이 공존할 때 가장 위험하다. 혼재성 양상은 우울증의 불쾌감(dysphoria), 무망감과 조증의 충동성, 과민을 모두 경험하기 때문에 청소년들이 자살행동을 할 위험이 특히 높아진다.

불안과 자살행동의 연관은 불안장애가 기분장애와 공존할 때 가장 강해진다. 하지만 공황장애, 사회불안장애, PTSD는 우울증이 없더라도 자살행동의 위험을 증가시키는 것 같다. 자살행동은 불안장애와 관련된 고통스러운 정서를 피하고 싶은 마음에서, 특히 불안을 유발하는 상황에서 생기는 부정적인 정서를 피하려는 마음에서 나타난다. 복합적 애도(고인에게 집착함, 비통함, '떠나보내지' 못하는 것이 특징인) 또한 다른 정신병리 이상으로 자살사고의 수준을 높인다.

충동조절장애는—구체적으로 품행장애와 알코올 및 물질 남용—아마도 탈억제와 충동적인 행동 경향 때문에 자살사고를 더 실행하게 되는 것 같다. 술에 취한 청소년에게 총이 있다면 자살을 시도할 가능성이 높다. 알코올 및 약물 사용 또한 우울한 정서를 증가시킨다. 이러한 문제가 있는 청소년은 자살행동의 촉발요인이 되는 법적·규율적 상황에 더 많이 빠질 것이다. 품행과 물질 문제가 함께 있으면 하나만 있는 것보다 자살위험이 더 높아진다. 폭식 환자는 물질남용 및 충동성 문제와 관련이 높고, 이런 특징 때문에 자살시도의 위험도 높아진다.

• 방법

자살위험이 있는 청소년들은 세심하게 진단평가를 해야 한다. 심각한 현재 증상은 자기보고 척도로 평가할 수 있지만, 정신장애와 자살행동의 진행 과정은 면담을 통해서만 평가할 수 있을 것이다. 우리는 환자가 치료자에게 자기의 기분 변화, 알코올 남용이나 불안장애 같은 동반문제의 경과 그리고 자살사고 및 자살행동의 시기를 알려 주는 타임라인 사용을 권한다. 환자가 어떤 정신장애를 가지고 있는지 아는 것도 중요하지만, 초기 평가 단계에서 치료자의 역할은 이러한 장애의 어떤 측면들이 어떤 시점에서 환자의 자살사고와 자살행동에 가장 크게 영향을 미치는지를 알아내는 것이다.

사례

15세의 소녀가 새 학교로 전학 간 후 바로 자살을 시도했다. 그녀는 작년부터 소극적 자살사고가 있는 우울증을 앓았고 지금은 사회불안장애 증상도 나타났다. 치료자는 어떤 조건이 자살행동과 가장 큰 관계가 있는지를 어떻게 측정할 수 있을까?

답

치료자는 우울 및 사회불안 증상의 경과를 그려 보고 사회불안이 발병한 후 대략 1개월 만에 자살시도가 있었다는 것에 주목한다([그림 2-12] 참조).

치료자는 우울증과 불안을 고려하여 무엇 때문에 자살하고 싶었는지를 물어보았다. 그녀는 학교에서 사회불안이 너무 고통스러워서 낯선 사람들로 가득한 학교로 가느니 차라리 죽는 게 낫겠다고 대답하였다.

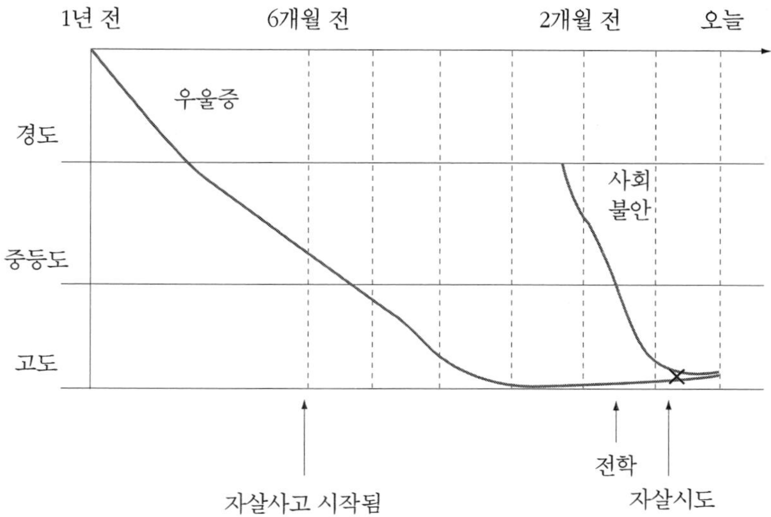

그림 2-12 우울증과 불안 증상의 타임라인 예시

3) 영역 3: 심리적 특성

• 정의

자살행동을 예측할 수 있는 심리적 특성들이 있다. 특성(traits)은 심리적인 상태와 상관없이 꽤 안정적인 사고, 감정 및 행동의 특징적인 패턴을 의미한다. 이러한 경향성은 우울증이 있으면 악화될 수 있는데, 특성을 고려하려면 이것이 우울 삽화보다 먼저 나타나야 한다. 자살행동과 관련하여 고려해야 할 특성 네 가지는 ① 무망감(hopelessness), ② 긍정적인 감정에 접근하거나 유지하는 능력 부족, ③ 충동성, ④ 정서조절의 어려움(emotional dysregulation)이다(〈표 2-3〉 참조).

표 2-3 심리학적 특성과 자살행동

	무망감	긍정적 기억 접근 능력 부족	충동성	충동적 공격성/정서 조절
사고	자기, 미래, 세상에 대한 부정적 관점	긍정적 기억에 접근 또는/그리고 유지하는 능력 부족	의사결정에 중요한 폭넓은 정보를 받아들이지 않음	모호한 상황을 위험하거나 적대적으로 받아들이는 경향
감정	슬픔, 절망, 분노	행복하지 않음 (lack of happiness)	분노	분노, 슬픔, 과민함, 정서 반응이 크고, 빠르고, 깊
행동	활동하지 않음, 또는 의도가 높은 시도	이전 경험을 사용하지 않고 행동함	생각 없이 행동함	도발이나 좌절에 대한 반응으로 생각 없이 행동함

(1) 무망감

• 정의

희망이 없는 환자는 미래, 자기 능력, 일을 해결하는 능력에 대해 비관적이다. 두 사람이 똑같은 정보를 갖고 있을 때, 희망이 없는 사람은 왜곡된 정보에 무게를 두어 자신의 비관적인 세계관을 확인하는 반면, 낙관적인 사람은 똑같은 정보에서 희망적인 관점을 확인하는 방향으로 무게를 둘 것이다. 희망이 없는 사람은 자신의 희망 없는 상황을 확인하고 부정적인 정서를 경험할 것이고 그 결과 아무 행동도 하지 않거나(시도하는 것조차 무의미하므로) 희망 없는 세계관에 일치하는 행동을 한다(자살을 시도하는 것 같은). 가끔 환자들은 어떤 상황에 대해, 가령 학대하는 가정 상황이나 학교에서의 괴롭힘으로 갇혔다고 느끼는 청소년처럼 현실적으로 희망이 없다고 느낀다. 이 경우 치료자의 과제는 이런 상황을 확인하고 환자와 적절한 어른이 힘을 합해 해결하도록 조치를 취할 수 있다는 것을 환자에게 보여 주는 것이다.

• 이유

무망감은 자살사고, 자살시도 및 자살사망의 강력한 예언변인이다. 희망이 없는 사람은 치료에 대해 비관적이어서 종종 치료가 중단된다. 그래서 치료에 대해 희망이 없는지를 확인해야 한다. 그러지 않으면 환자가 다음 치료에 오지 않을 수도 있다.

• 방법

치료에 대해 희망이 없는지는 "1~10점 척도에서 희망이 없으면 1이고 희망이 있으면 10이라고 할 때, 우리가 도울 수 있는 희망이 어느 정도 있다고 생각합니까?"라는 질문으로 평가할 수 있다. 환자가 낮은 숫자를 말하면 치료자는 더 낮지 않은 이유는 무엇인지, 어떻게 높일 수 있는지, 훨씬 더 희망 없게 만드는 것은 무엇인지 물어볼 수 있다. 그의 다른 생활환경에 대해 희망이 없는지를 물어볼 수도 있다. 환자가 전에 치료를 받은 적이 있다면 치료의 어떤 측면이 도움이 되었는지, 아니면 도움이 안 되었는지 확인한다. 환자는 이전 치료에서 나아지지 않았기 때문에 희망이 없다고 느낄 수 있다. 치료자는 자신이 제안할 치료가 무엇이 다른지, 현재의 치료계획이 왜 더 도움이 될 것인지를 설명해 준다(이전 치료자나 치료에 대해 판단하지 않고)([그림 2-13] 참조).

- "1~10점 척도에서, 치료를 받으면 나아지는 것에 대해 1이 가장 희망이 없고 10이 가장 희망이 있는 것이라면, 몇 점을 주겠습니까?"
- "왜 점수가 더 낮지/높지 않은 걸까요?"
- "어떻게 하면 점수가 더 낮아질까요/높아질까요?"
- 이전의 치료 경험을 확인한다.

그림 2-13 무망감 평가하기

사례

만성 우울증과 자살사고 및 계획을 갖고 있는 17세 소년이 치료를 받으러 왔다. 그는 2년간 지지치료를 받았고 "도움이 되지 않았다."고 했다. 치료에 대해 얼마나 희망이 있는지 또는 희망이 없는지를 물었을 때 무망감에 4점을 매겼다. 치료자는 어떻게 반응해야 하는가?

답

한 가지 반응은 "좋아요, 1점보다는 훨씬 높네요. 더 낮지 않은 이유는 무엇일까요? 더 높아지려면 어떻게 해야 할까요?"다. 소년은 계속 말했다. "이전 치료자는 아주 친절하고 정말 잘 들어줬어요. 나는 말하고 또 말했죠. 그런데 얼마 후 내가 얼마나 기분이 나쁜지를 너무 많이 말했더니 마지막에는 기분이 더 나빠졌어요." 치료자는 "이전 치료자는 좋은 치료의 중요한 요소들을 많이 가지고 있었네요. 치료자가 판단하지 않고 잘 들어주어 안전하다고 느꼈네요. 우리도 그렇게 할 겁니다. 많은 우울한 청소년들에게는 그런 치료로 충분하지만, 어떤 사람은 당신처럼 좀 더 많은 지도와 지시, 가령 지금 삶을 지배하고 있는 부정적인 정서에 대처할 방법들을 배우는 것이 필요하지요. 우리는 이런 접근을 합니다. 어떨 것 같아요?"

(2) 긍정적인 감정에 접근하거나 유지하는 능력 부족

• 정의

어떤 환자는 긍정적인 정서를 경험하고 유지하는 데 어려움을 겪는다. 이는 보상을 받아야 하는 활동에 대한 낮은 반응, 부정적 사고의 방해 또는 긍정적 기억에 접근하지 못함 때문일 수 있다.

• 이유

긍정적 정서를 경험하는 능력의 제한은 무망감, 우울증, 살아야 하는 이유를 찾는 능력 감소에 영향을 줄 수 있다. 스트레스가 많은 사람들은 어려움에 잘 대처했던, 비슷한 상황에 대한 긍정적인 정서나 기억을 떠올리려고 할 것이다. 긍정적인 정서를 끌어내거나 유지하지 못하는 사람들은 이러한 대처법을 사용하는 데 어려움이 있다. 그런 사람은 이전에 학습한 적응적 대처방식을 회상하지 못해 스트레스에 효과적으로 대응하는 데 방해를 받는다. 이런 인지 양식을 가진 사람은 스트레스를 받으면 자기 자신을 위로하지 못하고 당면한 문제에 적절한 해결책을 찾아내고 선택하지 못한다. 이런 어려움 모두 자살행동에 기여한다.

• 방법

치료자는 환자가 기쁨을 경험하는 능력을 평가하여 감소된 능력이 현재의 우울 장애 때문인지 아니면 긴 세월 동안의 패턴인지 결정해야 한다. 구체적으로 물을수록 좋다. 가령, "마지막으로 아주 좋은 시간을 보낸 게 언제인가요? 무엇이 재미있었어요? 즐겁다고 느끼지 못하게 만드는 것이 있어요?" 다. 긍정적인 기분을 유지하는 환자의 능력을 평가하기 위해 치료자는 "마지막으로 아주 기분이 좋았던 때에 대해 말해 주세요. 얼마나 지속되었나요?" 라고 물을 수 있다. 환자는 타임라인을 그려 자기 기분을 도표로 볼 수 있다. 긍정적인 기분이 얼마나 지속되었는지, 기분이 나빠지는 속도, 긍정적 기분의 감소와 관련된 감정과 사고는 무엇인지를 알 수 있다. 긍정적이고 적응적인 기억에 접촉하는 능력을 평가하기 위해 치료자는 환자에게 얼마나 자주 그렇게 하는지, 스트레스나 부정적인 정서가 어떻게 이 능력에 영향을 주는지를 물어볼 수 있다.

(3) 충동성과 빈약한 문제해결 능력

• 정의

충동성(impulsivity)은 장래에 대한 충분한 생각 없이 행동하는 것을 말한다. 이러한 특성은 종종 빈약한 문제해결 기술과 함께 나타나는데, 원래 문제해결 능력이 있어도 누군가 실행가능한 해결책을 제시하기 전에 앞서서 행동하는 경우에도 그럴 수 있다. 자살을 시도하는 많은 사람들은 충동성 문제뿐만 아니라, 실행 가능한 문제해결 목록을 만들고 이를 평가하고 행동과정을 선택하는 능력이 부족하다.

• 이유

자살을 시도하는 청소년 대다수는 충동적이다. 충동성과 문제해결 간의 상관은 양방향적이다. 충동적인 행동은 문제해결을 방해한다. 반대로 실행 가능한 해결책을 만들어 내는 능력 부족도 자살시도자가 충동적인 행동을 하게 만든다. 이 두 가지 어려움, 충동성과 적절한 문제해결책을 만들고 선택하는 것의 어려움은 청소년 자살시도자에게 흔하게 나타난다.

• 방법

충동성 특성을 평가하기 위해 치료자는 "종종 생각하지 않고 행동하나요? 그런 예를 들어줄 수 있어요? 그것이 당신의 전형적인 모습이라고 할 수 있어요?"라고 물어볼 수 있다. 자살시도로 돌아가서 자살에 대해 처음 생각한 때와 시도한 때 사이에 무슨 일이 있었는지 물어볼 수도 있다. 치료자는 또 "그 당시에 어떤 다른 대안을 생각해 보았나요? 스트레스를 받으면 문제해결책들을 생각해 내는 것이 어려운가요?"라고 물어봄으로써 문제해결 능력을 평가할 수 있다.

(4) 정서조절의 어려움

• 정의

정서조절의 어려움은 충동적 공격성(impulsive aggression)을 포함한 넓은 범주로서 어떤 상황에서 일반적인 것과 다른 정서 반응을 말한다. 여기에는 반응 역치(아주 작은 일에 정서 반응 폭발), 강도(정서 반응의 강도가 크다), 그리고 지속기간(기대보다 더 긴 반응)이 포함된다. 가령 정서조절의 어려움이 없는 사람이 주차딱지를 받는다면, 약간은 당황하겠지만 벌금을 내고 갈 것이다. 정서조절의 어려움이 있는 사람이라면 경찰을 보고 분노를 폭발하고(낮은 정서반응 역치와 큰 강도) 이후 며칠 동안 화를 낼 것이다(긴 지속기간). **충동적 공격성**은 도발이나 좌절에 대해 적대감이나 공격성으로 반응하는 경향성이다. 충동적 공격성은 **반응적 공격성**(reactive aggression)이라고도 하는데, 이는 계획적인 공격적 행동[도구적(instrumental) 공격성이라고도 함]과는 다른 것이다.

• 이유

어떤 촉발요인이 '조절이 안 되는' 정서 반응을 유도하여, 청소년들이 정서적 문제 유발 상황 처리 기술을 사용하지 못하거나 실행 가능한 대안을 만들어 내지 못하는 경우가 있다. 만성 우울증, 양극성장애, 수면박탈, 알코올 · 물질 남용은 모두 정서조절의 어려움에 기여한다. 하지만 병이나 수면박탈 또는 물질 남용 때문에 일시적으로 정서조절에 손상이 오는 것과 평생의 성격 특성으로서의 정서조절 어려움은 구분해야 한다.

특히 청소년과 청년 자살사망자와 자살시도자에게 충동적 공격성은 우울증 이상으로 자살위험을 높인다. 충동적 공격성이 있는 환자는 흔히 모호한 상황을 적대적으로 해석하여 반응하기 때문에 불필요한 갈등을 만들어 낸다. 어떤 갈등 상황은 자살시도의 촉발요인이 될 수 있다. 게다가 이런 환자는 지각된 적대감에 대해 정서조절이 안 되기 때문에 합리적인 문제해결을 못하는 것 같다. 자살을 시도하는 부모의 자녀가 더 많이 자살을 시도하는 이유 중 하나는 충동적 공격성이 유전되기 때문이다. 이 특성이 부모에게서 자녀에게로 전해질 때 자살행동의 위험도 전해진다. 뇌-촬영, 자살사망자들의 뇌 물질 사후부검(postmortem) 연구, 여러 유형의 생물학적 연구들은 자살행동과 충동적 공격성의 생물학적인 변화가 아주 유사하다는 것을 보여 주었다. 그래서 자살위험이 있는 환자에게 타살에 관한 생각도 평가해야 한다.

• 방법

종종 자살시도를 설명하는 중에 정서조절 어려움의 정도나 충동적 공격성 경향이 확인될 수 있다. 그러면 치료자는 그것이 정말로 환자의 패턴(lifelong pattern)인지 아니면 평소와 다른 것인지를 결정할 수 있다. 정서조절의 어려움과 충동적 공격성을 평가하는 질문은 [그림 2-14]에 제시하였다.

- "기분이 안정적입니까, 아니면 기복이 많습니까?"
- "최근에 무엇 때문에 기분 변화가 많이 있었는지 말해 줄 수 있어요?"
- "얼마나 화가 났나요, 그리고 얼마 동안 화가 나 있었나요?"
- "화가 날 때, 어느 정도 문제해결을 하거나 자신을 진정시킬 수 있나요?"
- "화가 날 때, 얼마나 그리고 어떤 경솔한 일을 할 것 같나요?"

그림 2-14 정서조절과 충동적 공격성 평가하기

사례

6개월 전에 16세 소년 조는 심각한 자살시도를 하였다. 당시에 그는 우울증 때문에 고전적인 CBT를 받기 시작했다. 우울 증상이 의미 있게 감소하여 진전이 있는 것처럼 보였었다. 하지만 치료 5주 만에 여자친구과 싸운 뒤 면도칼로 손목을 그어 치료가 필요했다. 이 행동을 어떻게 개념화할 수 있을까?

답

치료자는 조가 우울증 치료를 받아 CBT에서 배운 기술을 사용할 수 있어 재시도를 예방했다고 믿었을 것이다. 하지만 조에게는 스트레스를 받지 않으면 드러나지 않는, 충동적 공격성 문제가 있었던 것 같다. 치료자는 다시 정서조절 기술을 학습하는 치료에 초점을 두었고, 그는 스트레스를 받을 때 그 기술을 사용하여 진정할 수 있었다.

4) 영역 4: 가족/환경의 스트레스 요인과 지지

• 정의

자살위험에 가장 흔한 가족 및 환경 요인은 부모-자녀 불화, 부모의 정신질환, 학대, 학교에서의 괴롭힘, 동성애다. 이러한 스트레스 요인은 종종 상호 관련성이 있다. 부모-자녀 불화는 한 부모가 우울하고 예민할 때 일어나기 쉽고, 부모의 정신장애도 자녀 학대 등을 증가시킨다. 동성애 성향의 청소년은 학교와 집에서 자주 괴롭힘과 거부를 당한다.

• 이유

부모-자녀 불화는 어린 청소년의 자살행동에 가장 흔한 촉발요인이다. 똑같은 수준의 불화라도 자살행동을 유발하지 않는 가정이 많으므로, 부모-자녀 간의 싸움이 곧 자살시도의 원인이라는 의미는 아니다. 하지만 가족의 갈등은 취약한 청소년의 자살행동에 영향을 미친다. 가정의 불화는 청소년의 우울증 회복을 더디게 하고, 재발을 증가시킨다.

반대로 환자에게 우울증같이 자살행동 가능성을 높이는 조건이 있다 하더라도, 가족과 환경적 특징이 자살행동 위험에 대한 보호요인이 될 수도 있다. 여기에는 최소한 한 부모와 긍정적이고 신뢰하는 관계를 맺고 있음, 가족구성원이 함께하는 것(식사와 여가를 함께하는 것처럼), 청소년의 활동에 대해 부모가 적극적으로 관찰하고 감독하는 것 등이 포함된다. 친사회적인 활동과 또래집단에 관여하기, 학교와 긍정적인 연계가 있는 것도 보호적이다.

부모의 정신장애는 두 가지 면에서 자녀의 자살위험을 높인다. 첫째, 정신장애와 자살행동의 가족력이 있을 수 있기 때문에 그러한 부모의 자녀는 우울증과 자살행동의 위험이 높아진다. 둘째, 부모의 우울증은 자녀의 고통 및 증상 증가와 관련이 있고 자녀가 우울증 치료를 받을 때 회복에 방해가 된다. 가장 중요한 것은 어머니의 우울증 치료는 자녀의 치료성과를 높이는 것으로 나타났다는 것이다. 따라서 부모의 정신장애 평가와 의뢰는 자녀의 완전한 회복에 매우 중요하다.

학대, 즉 방임이나 신체적 또는 성적 학대는 여러 면에서 자살시도의 위험을 증가시킨다. 학대는 우울증과 PTSD의 위험도 증가시키며 둘 다 자살행동이 많이 나타난다. 또한 학대를 받은 적이 있는 청소년은 충동적 공격성 수준이 높고 모호한 사회적 상황에 처할 때 중립적인 상황을 적대적으로 해석하는 경향이 있다. 현재 가정에서 학대를 받고 있다면 아이를 집에서 떼어 놓아야 하는 응급상황이다. 괴롭힘도 자살위험에 중요한 요인으로 또래에 의한 학대로 볼 수 있다. 동성애는 청소년이 그렇게 행동하지 않는다 해도 자살시도, 우울증 및 물질남용의 위험을 크게 증가시킨다. 동성애 성향의 청소년은 실제 또는 지각된 사회적 지지의 부족 때문에, 흔히 학교에서는 괴롭힘의 대상이 되고 집에서는 거부당하며 성적인 착취에 취약하다. 게다가 특히 동성애를 부정적으로 보는 가정에서 자란 청소년에게는 동성애 경험은 굉장한 고통이 될 수 있다. 반면에 괴롭힘과 또래 거부가 자살위험을 높이는 것만큼, 친구 및 학교와의 유대감과 학교 활동 참여는 자살행동의 보호요인이 될 수 있다.

• 방법

[그림 2-15]는 환경의 스트레스 요인과 지지원을 평가하는 질문의 몇 가지 예다. 자살시도의 촉발요인과 동기는 환자에게 스트레스 요인이 무엇인지에 관한 실마리가 되기도 한다. 부모가 자기 문제에 초점을 맞추는 것에 저항할 수 있으므로, 치료자는 이 주제를 첫 만남에서 끄집어낼지 아니면 관계가 형성될 때까지 기다릴지를 스스로 판단해야 한다. 부모의 우울증을 선별하는 간략한 질문지를 항

상 사용하면, 그러한 논의를 시작하기가 좋다. 치료자는 부모의 회복이 자녀가 회복되는 데 굉장한 영향을 미칠 수 있음을 설명해 줄 수 있다. 만약 환자가 학대를 받았고 지금도 지속되고 있다고 한다면, 대부분의 법규(local regulations)에서는 이를 보고하도록 되어 있다. 또한 치료자는 환자가 집으로 돌아가는 것이 안전한지도 결정해야 한다. 법적인 보고 요구와 환자와 다른 사람들에 대한 현재의 위험에 따라, 과거의 학대 내용도 보고될 필요가 있다. 괴롭힘은 늘 응급상황은 아니고, 대부분의 학교에서는 폭력예방(antibullying) 정책을 가지고 있다. 치료자는 환자 및 가족과 함께 학교 정책이 환자의 필요를 반영하여 적절하게 수행되고 있는지 확인해야 한다.

동성애에 대해 묻는 것이 치료자와 환자 둘 다에게 거북할 수 있다. 가능하면 사무적으로 평가하는 것이 좋다. 성적 과거력에 대해 다음과 같은 질문을 먼저 하는 것도 도움이 된다. "성적 생각과 행동 관련해서 몇 가지 질문을 할 거예요. 약간 거북할 수 있어요. 하지만 우리가 이야기하고 있는 다른 것들만큼이나 인생의 중요한 부분이지요. 괜찮겠어요? 우리가 이야기하는 것은 다른 것과 마찬가지로, 당신의 생명이 위험에 처하는 상황에 대한 이야기가 아닌 한, 우리 둘만 알 거예요." 환자가 거절하면 간단히 "그것에 대해 좀 더 편안하게 느낄 때 다시 이야기해도 돼요."라고 할 수 있다.

- **부모-자녀 관계**
  - "부모님과 얼마나 잘 지내나요?"
  - "얼마나 자주, 무엇 때문에 싸우나요?"
  - "부모님에게 무엇 때문에 비난을 받나요?"
  - "부모님은 어떻게 지지해주시나요?"
  - "무엇을 함께하나요?"
  - "당신이 무엇을 하는지 대개 부모님이 아시나요?"
- **부모의 정신 건강**
  - (부모에게) "최소 2주 동안 기능이 어려울 정도로 슬픈 기분이었던 적이 있습니

까?" 또는 부모에게 우울 척도(CES-D)를 시킨다. 또 불안과 물질사용에 대해 질문한다.

• 학대와 가정폭력
- "당신을 반복적으로 때리거나 신체적으로 위협한 사람이 있습니까?"
- "허락 없이 성적으로 당신을 건드린 사람이 있습니까?"
- "집에서 안전에 대해 두려움을 느낍니까?"
- "집에서 신체적인 싸움을 본 적이 있습니까?"
- "어떤 가족의 안전에 대해 두려움을 느낍니까?"

• 학교
- "학교가 얼마나 좋습니까?"
- "학교와 아이들, 선생님과 어떤 종류의 유대가 있습니까?"
- "특별한 관계를 맺고 있는 선생님이 있습니까?"

• 또래
- "친구집단과 연결되어 있다고 느낍니까?"
- "어떤 것을 함께합니까? 어떤 동아리나 활동 조직에 참여합니까?"
- "친구들이 약물과 알코올 문제가 있거나 사용하는 경향이 있습니까?"

• 괴롭힘
- "학교에서 반복적으로 놀림이나 괴롭힘을 당한 적이 있습니까?"
- "다니는 학교에 소속감이 없는 것 같이 생각됩니까?"

• 성적 지향성
- "주로 소년에게, 소녀에게 또는 둘 다에게 끌립니까?"

그림 2-15 환경적 스트레스 요인과 지지 평가하기

사례

15세 소녀와 어머니의 첫 번째 면담에서 그 어머니는 아주 슬퍼 보였다. 환자의 어머니는 자기보고식 선별검사에서도 현재 우울 증상이 많은 것으로 나타났다. 치료자는 그다음에 무엇을 해야 할까?

답

치료자는 어머니에게 개인적으로 만나자고 해서 질문지의 점수가 우울증을 시사한다는 것을 알려 주어야 한다. 이 결과에 대한 그녀의 반응도 물어본다. 어머니가 말하고 싶지 않다고 하면 어머니의 의견을 존중한다고 말해 준다. 계속해서 선별검사를 한 이유는 우울증이 종종 유전되어 부모의 우울증이 자녀의 치료를 어렵게 할 수 있기 때문이라고 설명해 준다. 치료자는 그 주제를 다시 이야기하자고 하며, 어머니의 마음이 바뀌면 개인면담을 받을 수 있도록 전화번호를 줄 수 있다.

5) 영역 5: 치명적 수단의 이용 가능성

• 정의

치명적 수단(lethal methods)은 총과 약물, 가정용 화학용품 같은 치사율이 높은 자살 방법이다.

• 이유

청소년의 자살행동은 종종 충동적이어서 치명적인 방법 유무가 낮은 의도의 자살시도와 죽음을 가르는 차이를 만든다. 자살한 청소년의 약 10%는 정신장애의 증거가 없었고, 16세 이하에서는 자살한 청소년의 40%까지가 정신장애의 증거를 보이지 않았다. 분명한 장애가 없이 자살한 청소년과 건강하게 살고 있는 청소년 간의 유일한 차이는 장전된 총이나 다른 치명적인 도구가 집에 있느냐다. 여러 연구들에서 치명적인 방법(아세트아미노펜 정, 농약, 난방용 가스나 자동차의 유독가스)의 근접성과 이용 가능성이 자살률, 특히 청소년과 청년의 자살률에 큰 차이를 만드는 것으로 나타났다. 미국에서 총은 자살사망의 가장 흔한 방법이기 때문에 우리는 총의 이용 가능성과 보관을 평가하는 데 초점을 맞추고 [그림 2-16]에서 가족들을 위해 몇 가지 사실을 알려 주려고 한다.

- 총기 자살은 청소년 남녀 모두의 자살사망에 가장 흔한 방법이다.
- 자살로 사망한 사람들은 통제집단에 비해 집에 총을 가지고 있는 경우가 4~10배 더 많다.
- 자살로 사망하였지만 뚜렷한 정신장애가 없는 청소년은 살아있는 통제군보다 집에 장전된 총을 가지고 있는 경우가 31배 더 많았다.
- 안전장치를 한 총이 장전된 것보다 낫기는 하지만 잠긴 총도 자살위험은 있다.

그림 2-16 가족을 위한 총기와 자살에 관한 사실

- 방법

치료자는 총, 약물, 가정용 화학용품 및 칼의 이용 가능성과 보관에 대해 질문하고, 없애거나 안전하게 보관하라고 조언해야 한다. 하지만 단지 치명적인 수단 제거의 중요성에 대해 가족들과 논의했다고 해서 그들이 총을 없앨 것이라고 짐작해서는 안 된다. 많은 사람들이 자기 보호를 위해 총을 집에 둔다. 그들은 정당방위에 의한 살인만큼 집에 총이 있어서 일어난 자살이 많다는 증거에도 불구하고, 총기 제거는 가족을 위험에 빠뜨리는 것이나 다름없다고 생각한다. 한 연구에서 우리는 집에서 총을 없애겠다고 한 부모 네 명 중 한 사람만이 실제로 그렇게 한다는 것을 발견했다. 가장 많이 총을 없앤 사람들은 한부모들이었는데(single parents), 아마도 우리가 총의 소유자인 어머니에게 직접 말했기 때문일 것이다. 반대로 가장 적게 총을 없앤 사람들은 결혼했으며 알코올이나 약물 남용으로 배우자와 불화가 있는 사람들이다. 총기 소유자가 아내와 불화가 있고 물질을 남용하는 남편이라면 왜 아내가 남편과 이런 대화를 하고 싶지 않은지 이해할 만하다. 그래서 안전 문제에 대해 총기 소유자와 직접 말하는 것이 중요한 것이다([그림 2-17] 참조). 나아가 치료자는 때로는 완벽한 해법보다 덜 완벽한, 즉 총기를 없애는 대신 안전장치를 해 놓는 것과 같은 방법을 기꺼이 수용해야 한다.

- "집에 총이 있습니까?"
- (그렇다고 하면) "어떤 종류입니까? 어떻게 보관하고 있습니까?"
- "누구 총입니까?"
- 그런 다음 총기 소유자에게 다음 질문을 한다.
  "총을 갖고 있는 이유는 무엇입니까?"
  "이번에 그것들을 집에서 없애는 것을 고려해 보시겠습니까?"
  "아니면, 안전장치를 해 놓으시겠습니까?"

그림 2-17 자살위험이 있는 청소년의 집에서 총기를 없애는 것에 대해 협상하는 방법

4. 긴박한 자살위험 평가하기

앞에서 우리는 우울하고 자살위험이 있는 청소년을 위한 포괄적인 치료계획에 정보가 되는 평가 영역들을 설명하였다. 이 평가 영역 중 어떤 것은 긴박한 자살위험(imminent suicidal risk)과 개입(care)의 수준을 결정하는 데 도움이 될 것이다. 입원이나 부분 입원 같은 좀 더 집중적인 치료는 ① 환자가 안전계획을 지킬 수 없고 낮은 강도의 치료를 받을 위험이 있을 때, ② 환자가 낮은 수준의 개입으로 진전이 없을 때, 또는 ③ 기능 수준이 외래 환자 개입 정도로는 불충분할 때(예: 학교에 가기에는 너무 불안하고 우울한 환자) 하게 된다.

어떤 사람이 만약 안전계획을 지키지 못하거나 임상적으로 그렇게 할 수 없을 것 같아 보인다면, 그는 급성의 또는 긴박한 자살위험에 처한 것이다. 안전계획(safety plan)은(제4장 참조) 치료자와 환자, 부모가 협력적으로 개발한 전략들로서 환자와 가족이 잦은 자살사고와 충동에 어떻게 대처할 것인지에 대한 개요다. 우리는 환자가 안전계획을 지킬 수 없게 하는 1차적 위험요인(proximal risk factors)을 검토할 것이다. 기억을 돕기 위해 AID, ILL, SAD, DADS를 사용할 것이다. AID와 ILL은 1차적 위험요인을, SAD와 DADS는 2차적 위험요인(distal risk factors)을 말한다.

1) 1차적 위험요인

자살행동에서 1차적 위험요인은 안전계획을 지키는 능력에 방해가 되는 현재의 임상적 상태 및 사회적 맥락과 관련된 요인들이다. 이 위험요인들은 대처능력을 감소시키거나 자살충동의 강도를 악화시켜 안전을 방해한다.

- **A**gitation(초조): 초조는 급성의(acute) 불편함, 각성, 불안한 상태로서 불면, 불안(특히 공황장애나 PTSD), 초조성 우울(agitated depression) 또는 약물로 인한 불안이 특징이다. 환자는 이러한 급성의 불편함과 고통(distress)을 피하고 싶어 자살을 생각하게 된다.
- **I**ntent(의도): 죽고 싶어 하는 사람은 자살을 시도하거나 사망할 위험이 아주 높다. 그들은 미래에 대해 희망이 없고 자살사고와 자살계획이 있고, 만약 이미 시도했다면 살아난 것을 후회한다.
- **D**espair(절망): 절망은 고통스럽고 견딜 수 없을 정도까지 아주 슬픈 감정을 경험하는 것이다. 초조한 사람처럼 자살위험이 있는 사람의 동기는 고통스러운 우울과 관련된 괴로움을 피하는 것이다. 고통을 견디거나 고통스러운 정서를 조절하는 능력이 제한적인 사람들에게 절망은 아주 위험한 지표다.
- **I**nstability(불안정 상태): 뇌 손상, 단극성 우울증, 혼재성 또는 빠르게 순환하는 양극성장애의 불안정한 기분, 물질사용 직후, 높은 충동적 공격성, 정신병 등으로 기분이나 판단력 또는 자살에 의존하지 않겠다는 약속이 수시로 변하는 환자는 안전계획을 지키지 못하는 것 같다.
- **L**oss(상실): 관계나 역할(예: 직업이나 축구팀 감독 같은 중요한 위치의 상실), 건강이나 기능의 상실은 자살사고와 행동을 촉발시키는 급성 요인이다.
- **L**ethal method(치명적 방법): 총 등의 치명적인 자살 방법을 쉽게 이용할 수 있는 경우 치명적인 자살시도를 증가시킨다.

2) 2차적 위험요인

자살행동의 2차적 위험요인은 치료계획을 세우는 데는 중요하지만, 긴박한 위험을 평가하는 데는 그만큼 중요하지 않다. 기억해야 할 요인들은 다음과 같다.

- Suicide history(자살 과거력): 자살행동의 개인력과 가족력. 최근에 시도했을수록 더 위험하고, 특히 환자의 자살사고와 우울이 지속된다면, 첫 자살시도 후 3개월 이내에 재시도할 위험이 가장 높다. 또한 자살행동의 개인력 및 가족력은 자살행동의 위험을 높인다. 하지만 확실한 개인력 및/또는 가족력도 위험한 때(timing)에 대한 정보를 주지는 못한다.
- Anhedonia(무쾌감증): 긍정적인 감정을 경험하거나 유지하지 못하는 경우 계속 우울하고 자살을 생각할 수 있지만, 위험이 임박한 것은 아니다.
- Difficult course(어려운 경과): 다양한 약물치료, 심리치료, 프로그램을 시도했지만 나아지지 않는 환자는 회복에 대해 절망하기 시작한다. 환자가 자기 미래와 치료에 대해 심각하게 희망이 없어지면, 긴박한 위험이 높아질 것이다.
- Difficult treatment history(어려운 치료 이력): 치료법들을 잘 따르지 못한 경험이 있고 치료자를 자주 바꾸고, 치료 제공자들과 관계를 맺는 데 어려움이 있는 환자들도 치료에 대해 희망이 없어지고 위험이 증가한다.
- Abuse and trauma(학대와 외상): 학대와 여러 유형의 폭력에 노출된 경험은 자살행동의 위험을 증가시키지만, 어느 때 특정 시점에서 그런 것은 아니다(but not at any particular point in time). 학대받은 적이 있는 사람은 참여하기가 더 어렵고, PTSD 증상이 있을 수 있고 만성적인 자기존중감 문제가 있을 수 있는데, 이 모든 것이 치료에 영향을 미친다. 하지만 현재 학대를 받고 있고 갇혔다고 느끼는 환자라면, 불가능하다고 지각되는 사회적 상황에서 탈출하기 위해 자살을 시도할 위험이 현저하게 높아진다.
- Disconnection(단절): 사회적으로 고립된(또래, 가족, 학교 또는 일에 참여하지 않는) 환자는 자살로 사망할 위험이 매우 높다. 하지만 단절은 환자의 사회적

네트워크에서 갑자기 주요 지지원이 떠나가지 않는 한 긴박한 위험은 아니다(예: 가장 친한 친구가 멀리 이사했다).

- Substance abuse(물질남용): 알코올과 약물 남용은 자살시도와 사망을 증가시키긴 하지만, 긴박한 위험은 중독일 때만 높아진다. 또한 알코올이나 그 밖의 물질 문제가 있는 청소년과 성인은 관계나 직업 상실 같이 스트레스가 되는 생활사건에 훨씬 더 민감하다.

사례

한 청소년이 자해 행동, 계획과 의도를 가진 자살사고, 알코올 중독, 혼재성 양극성장애로 응급실에 들어왔다. 이 환자는 정서조절의 어려움이 있고(자해 행동), 물질남용과 양극성장애로 인해 정서적으로 불안정하다. 이 환자는 긴박한 자살 위험 상태인가? 만약 그렇다면 이유는?

답

이 환자는 임상적으로 불안정하고 높은 자살의도를 보이기 때문에 자살행동을 할 위험이 매우 높다. 이상적인 것은 환자를 입원시켜서 양극성장애를 진정시키고, 양극성장애와 알코올 사용을 치료하도록 의뢰하는 것이다.

5. 배 치

치료자는 위험 평가에 근거해서 정신건강 서비스의 강도에 대해 결정한다. 자살위험이 높거나 자살시도에 대해 후회하지 않거나, 자살의도가 높거나 안전계획을 만들고 지키기에는 너무 불안정한 환자는 그들의 안전을 위해 입원시켜야 한다. 가족이 거절한다면 낮 병원이나 집중적인 외래 치료 등 치료계획을 수정하여 가족들이 따르게 하는 것이 더 좋다. 기존의 자료들은 자살행동 관리를 위한 입원의 효과성을 지지하지 않으므로, 치료자가 융통성을 갖는 것이 중요하다. 입원에서 외래로 옮기는 동안에 자살시도 및 사망률이 가장 높아지기 때문에, 이동 계획을 확실히 세우는 것이 중요하다. 우리는 환자를 외래에서 만나게 될 치료자가, 퇴원시키기 전에 가능할 때마다 환자와 가족을 만나기를 권한다. 그렇게 하면 첫 번째 외래 진료에 올 가능성이 높아진다는 자료가 있기 때문이다. 첫 번째 외래 진료는 퇴원일과 되도록 가깝게 잡아야 한다.

사례

치료를 꽤 잘 받은 청소년이 약물치료와 심리치료를 계속 잘 받았는데도, 계획이 있는 자살사고와 우울 증상의 증가를 보였다. 치료자가 어떤 변화가 있었던 거냐고 묻자, 그는 동성애에 대해 자각하게 되었고 그것이 굉장히 스트레스가 된다고 고백했다. 치료자와 환자는 안전계획을 검토한 후, 자살사고가 있긴 하지만 그 생각을 다루는 대처 기술을 사용할 수 있다는 것을 확인하고 그 주에 다시 만날 약속을 하였다. 이 환자는 긴박한 자살위험이 높은 상태였나? 왜 그런가? 왜 그렇지 않은가?

답

이 환자는 계획이 있는 자살사고를 보이긴 했지만, 치료자와의 강한 치료적 관계 안에 있고 안전계획을 지키고 실행한 성과가 있었다. 또한 분명한 촉발요인도 있었다. 개입 수준을 더 높인다면 오히려 치료자와 환자 간의 작업 관계에 방해가 되었을 것이다.

사례

기분부전장애, 품행장애, 물질남용이 있는 십대 소년이 치료의 초기 단계에서 어머니와 싸우던 중에 죽겠다고 위협하였다. 이전에는 자살위험은 없었다. 어머니가 당황하며 전화를 걸어 아들을 응급실로 데려가 평가를 받아야 하는지를 알고 싶어 했다. 이 환자는 긴박한 자살행동 위험 상태였나?

답

남자 청소년의 품행장애, 물질남용, 기분장애 동반이환 패턴은 자살사망에서 흔하게 볼 수 있다. 그럼에도 불구하고, 이 환자의 위협이 죽겠다는 의도를 반영하는 것인지 아니면 단순히 화가 나서 한 말인지는 분명하지 않다. 치료자는 환자와의 면담을 요청했다. 이 경우 그는 자살생각은 없었고 자살시도를 할 의도도 없었으며 단지 화가 나서 한 말이라고 했다. 치료자는 환자에게 그런 말이 얼마나 심각하게 받아들여지는지를, 그래서 정말 그런 감정일 때만 사용해야 하는 말이라는 것을 설명해 주었다. 그리고 다음 날로 다시 약속을 잡아 환자를 재평가하여 초기 인상(impressions)을 확인하고 자살 위협과 행동에 대해 환자와 어머니에게 심리교육을 시키기로 하였다.

요점

- 위험 수준을 결정하고(determine) 적절한 치료계획을 수립하기 위해 자살행동을 평가하는 5가지 핵심 영역
  - 현재와 과거의 자살사고 및 자살행동 특징
  - 정신장애
  - 심리적 특성
  - 가족/환경적 스트레스 요인
  - 치명적 수단의 이용 가능성

- 다음과 같은 경우는 입원 또는 부분 입원의 지표가 된다.
  - 환자가 안전계획을 지킬 수 없고 낮은 강도의 치료를 받을 위험이 있다.
  - 환자가 낮은 수준의 개입에서 진전이 없었다.
  - 기능 수준이 외래 환자 개입으로는 충분치 않다(예: 너무 불안하고 우울해서 학교에 갈 수 없는 환자).

제3장

효과적인 치료의 요소

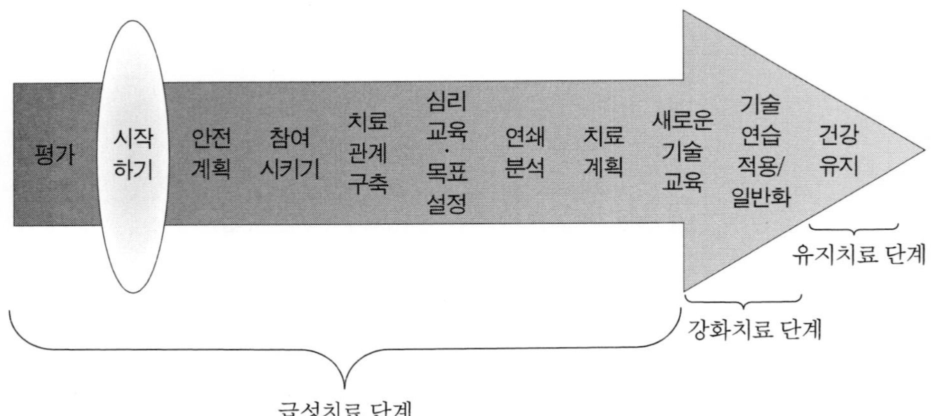

학 습 내 용

- 자살위험이 있고 우울한 청소년의 효과적인 치료에 필요한 요소
  - 치료팀의 중요성
  - 슈퍼비전의 기능
  - 24시간 보호 지침
  - 팀이 없는 경우 어떻게 하는가
- 도움이 되는 치료자의 특징
- 치료관계의 본질

이 장에서는 자살위험이 있고 우울한 청소년을 효과적으로 치료하기 위해 치료자에게 필요한 핵심적인 요소들을 논할 것이다. [그림 3-1]에서 보는 것처럼 이 구성요소에는 조직의 환경, 치료자로서의 개인 그리고 궁극적으로 치료자와 십대 간의 치료관계가 포함된다.

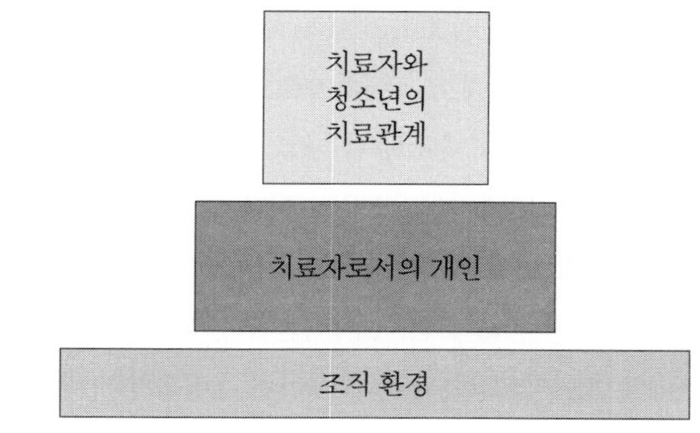

그림 3-1 우울하고 자살위험이 있는 청소년의 치료를 위한 3층 구조

1. 조직 환경

자살위험이 있는 십대를 치료하는 데 적절한 조직 환경은 팀 접근을 촉진하고 정기적인 슈퍼비전과 자문을 제공하고, 관심과 자원을 바쳐 지속적으로 개입하며 24시간 지원이 가능해야 한다.

1) 팀 접근

자살위험이 있고 우울한 십대는 치료자에게 다양한 도전을 준다. 우리가 지지하는 치료 문화의 기반은 치료자가 도전이 되는 이 집단과 작업할 때 함께 의사결정을 하고 지지적 환경을 제공해 주는 팀 접근이다.

치료팀(treatment team)은 다학제적으로 치료자(therapists), 임상 간호사(nurse clinicians; 심리치료도 할 수 있다), 소아정신과 의사로 구성한다. 이 구성은 환자들에게 포괄적인 서비스를 제공하게 해 준다. 서문에서 논의한 것처럼 STAR 클리닉 치료팀은 정신질환의 의학적 모델을 준수하며, 우울증과 동반이환 정신과적 상태(comorbid psychiatric conditions)를 생물학적 기반의 뇌 장애(brain disorders)로 간주한다. 그래서 이 책에서 우리는 청소년을 환자(patient)라고 부른다. 어떤 치료자는 협력적인 관계의 본질을 강조하기 위해 내담자(client)라는 용어를 선호한다. 우리도 이 용어에 동의하며 청소년을 환자라고 부르기는 하지만 내담자로 대한다. 다학제적 접근은 청소년의 우울증과 자살경향성에 수반되는 다양한 의학적 · 심리사회적 문제를 관리하는 데도 도움이 된다.

이러한 청소년들과 작업하는 치료자(clinicians)는 자주 긴박한 위험과 적절한 개입 수준에 대해 의사결정을 해야 한다. 이러한 임상적 결정은 복잡하고 불안을 유발할 수 있어 우리는 아무리 경험이 많아도 이런 결정을 혼자 해서는 안 된다고 생각한다. 오히려 전문가팀에게 자문을 받음으로써 안전을 관찰하는 능력이 극대화될 수 있다.

팀 구성원의 다양한 관점을 결합함으로써 사례개념화 과정도 최적화된다. STAR 클리닉에서는 팀 구성원이 모두 참여하는 주간 치료팀 미팅에서 사례를 검토한다. 팀 구성원들은 임상적 개념화를 공유하고 서로서로 대안적 접근을 고려하도록 격려한다. 치료팀 미팅에서 우리는 각각의 청소년을 위해 약물치료, 심리치료(개인 그리고/또는 가족), 사례관리 및 학교 자문을 결합한 개별화된 치료계획을 검토한다. 다학제적 접근의 치료팀 미팅에서 각 전문가의 피드백을 통해 사례를 개념화한다.

2) 슈퍼비전

자살위험이 있고 우울한 십대의 치료에는 여러 가지가 요구된다. 최고의 치료자라도 주간 치료팀 미팅 외에 지속적인 슈퍼비전이 필요하다. STAR 클리닉의 치료자들은 매주 세 가지 필수 요소, 즉 치료자의 기술을 향상하기, 치료자 자신의 인간적인 특징을 효과적으로 사용하기, 지지와 격려 제공하기에 초점을 맞추는 개인 슈퍼비전에 참가한다([그림 3-2] 참조).

슈퍼비전은 주로 치료자의 기술 향상과 치료 이행을 조정(fine-tuning the delivery of treatment)하는 데 초점을 맞춘다. 녹화된 회기를 자주 검토하면 사례개념화와 치료계획 과정에 대한 정보를 얻을 수 있다. 녹화는 회기의 사건들에 대한 치료자의 주관적인 회상을 넘어서서, 처음에는 분명하지 않았던 사례개념화의 중요 요소들을 확인할 수 있게 해 준다. 예를 들면, 처음에는 고통 감내 기술 부족에 근거해 사례개념화를 했지만 테이프를 검토하자 십대의 절망감이 초점화된 개입(focused intervention)의 중요한 영역에 추가되기도 한다. 비디오 테이프는 슈퍼비전에 중요한 주제가 될 수 있는 환자와 치료자의 비언어적 행동도 보여 준다. 비디오 테이프를 검토하는 동안 개입의 속도(pace)와 시기(timing)가 확실히 드러나고, 이는 자각을 증진시켜 속도와 시기를 조정할 수 있게 해 준다.

녹화된 회기를 검토하는 1대1 슈퍼비전은 치료자 자신의 특징이 치료 과정에 기여하는 방식을 확인하는 유일한 기회이기도 하다. 녹화된 회기를 보면서, 치료자는 십대와의 상호작용이 어떻게 회기의 진행에 영향을 미치는지 관찰할 수 있다. 예를 들면, 비디오 테이프에서 치료자는 십대가 그 주제를 더 말하고 싶지 않을 만큼 '불편하다' 또는 '인정하지 않는다' 는 인상을 주었다. 슈퍼비전 동안 우리는 치료자가 십대와의 치료 과정에 대한 자신의 정서반응을 이야기하도록 격려해주었다. 특히 치료자 자신의 감정이나 반응이 치료 과정에 효과적으로 참여하는 능력을 제한하는 경우에 대해 논의하는 것이 중요하다.

- 치료자의 기술 향상
- 치료자의 개인적 특징 사용 최적화
- 지지와 격려 제공

그림 3-2 슈퍼비전의 주 요소

사례

안나는 15세의 환자로 4주 전 약물을 과용하여 자살을 시도하였다. 안정을 시킨 후 안나는 정신과 병동으로 옮겨졌고 4일 후 퇴원하였다. 이어서 3주간의 부분 입원 프로그램에 참여하였다. 우리 중 한 명이 외래에서 안나와 작업하였고 다른 한 명은 개인 슈퍼비전을 해 주었다. 안나의 자살시도는 매우 높은 의도(몇 주 동안 자살을 계획하고 유서를 쓰고, 집에 아무도 없어 발견해 줄 사람이 없을 때 약을 먹었다.)와 높은 치명성[아세트아미노펜(타이레놀)을 거의 100정이나 먹었다.]을 보였다. 게다가 그녀는 "죽지 못했어."라고 강한 실망감을 드러냈다. 뜻밖에 어머니가 집에 와서 그녀를 발견했던 것이다. 매우 가까운 관계였던 안나의 아버지는 몇 년 전에 자살로 사망했다. 안나의 현재 가족 상황은 혼란스럽고 갈등이 많았다. 자살시도의 동기는 "아빠랑 같이 있고 싶고, 삶의 고통에서 벗어나고 싶어서" 였다. 안나는 안전계획을 지키겠다고 했지만, 계속 높은 의도를 가진 자살사고와 죽지 못한 것에 대한 후회를 가지고 있었다. 게다가 그녀는 살아야 하는 이유를 찾지 못했고, 바로 즉시는 아니더라도 결국 자살로 죽을 것이라는 생각을 강하게 가지고 있었다.

테이프를 보는 동안 치료자와 슈퍼바이저 모두 치료자가 안나에 대한 기대에 있어 이상하게 조심스러워한다는 것을 알았다. 치료동맹이 견고해 보임에도 불구하고, 치료자는 안나를 변화시키기를 주저하고 있었다. 슈퍼비전 동안 치료자와 슈퍼바이저는 안나의 안전에 관한 치료자 자신의 두려움이 어떻게 치료 과정에 영향을 주고 있는지를 함께 확인하고 논의하였다. 제일 먼저 슈퍼바이저는 치료자의 염려를 타당화해 주었다. 안나는 확실히 아주 높은 자살위험의 지표들을 다양하게 보이고 있었다. 슈퍼바이저는 치료자에게 안나의 어려운 생활 상황을 인정해 주면서도 안나와 함께 압도되지 않도록, 어떻게 균형을 잡을 수 있을지 생각해 보게 했다. 안나가 삶과 치료에 관여하도록 돕기 위해서는 치료자가 변화를 요구할 필요가 있다는 것이 명백해졌다. 이 논의는 치료자의 잠정적인 태도를 확인하는 데 도움이 되었고 환자에 대한 치료자의 염려를 정당화해 주었으며, 안나에게 좀 더 단호하게 시도할 수 있는 힘을 주었다.

이 사례에서 만약 치료자가 슈퍼비전을 받지 않고 안나를 치료했다면 결과가 어떠했을지 상상해 보자. 무엇보다도 그녀는 안나가 자살할 것이라는 자기의 두려움이 어떻게 치료에 영향을 미치고 있는지를 잘 알지 못했을 것이다. 안나가 자기 삶에서 통제할 수 있는 것들을 찾도록 돕는 방향으로 작업하지 못하고, 그녀의 어려운 삶의 상황을 계속 정당화해 주었을지도 모른다. 슈퍼바이저가 안나에게 부드럽게 압력을 가하도록 격려해 주지 않았다면 치료자는 안나와 함께 희망이 없다는 두려움으로 마비되었을지도 모른다. 그 결과 아마도 치료계획에 따라 협력하며 진행하지 못했을 것이다.

우리는 치료자가 맡고 있는 사례에서 자살위험이 높은 환자들(actively suicidal patients)의 수를 제한하는 것이 이런 환자를 잘 관리하는 데 필요하기는 하겠지만, 충분한 것은 아니라고 본다. 효과적으로 자살위험이 있는 환자를 관리하는 데는, 자문이건 공동 관리(shared management)건 확실히 팀이 필요하다. 자살위험이 있는 우울한 청소년 치료에 도전하는 치료자는 지속적인 지지와 격려가 필요하다. 슈퍼비전은 치료자로 하여금 십대의 목표를 향한 전반적인 진전에 대한 조망을 유지하면서, 당장의 세부사항에도 집중하게 해 준다. 또한 슈퍼바이저와 치료자는 각 치료자에게 적절한 사례 수의 한계를 고려해야 하며, 특별히 급성치료 단계에 있는 환자의 수에 관심을 가져야 한다.

3) 개입의 연속성에 대한 관심

자살위험은 개입의 변화가 있을 때 가장 높다. 특히 환자가 입원에서 외래로 전환하는 것처럼 좀 더 강도 높은 수준의 치료를 받다가 옮길 때가 위험하다. 위험을 증가시키는 데 기여하는 것들은 다음과 같다. 입원이라는 결과를 초래했던 것과 유사한 스트레스 요인으로의 복귀, 입원팀과 외래팀 간의 협동 부족, 환자와 가족이 권고된 퇴원 계획을 실행하는 데 방해가 되는 것들이다. 그래서 우리는 개입의 연속성과 철저한 의뢰를 보장하는 조치를 취한다. 특히 환자가 개입의 한 수준에서 다른 수준으로 이동할 때 그렇게 한다. 우리는 우리에게 의뢰하는 다른 프로그램 담당자를 정기적으로 만나 환자(shared patients)와 의뢰 가능성(potential referrals)에 대해 논의한다. 새로 의뢰된 환자가 여전히 높은 수준의 개입을 받고 있으면, 우리 프로그램에서 약속을 잡기 전에 거기서 환자와 부모를 만난다. 이렇게 하면 환자와 부모가 치료자를 만나 라포를 형성할 수 있기 때문에, 치료를 잘 준수한다. 또한 치료자는 이 기회에 개입의 변화에 대한 환자와 가족의 염려를 확인할 수 있다. 이 전략은 어떤 서비스에서 다른 서비스로 이동하는 것을 용이하게 해 준다. 좀 더 구체적이고 중요한 것은, 환자가 다른 프로그램을 마친 후 바로 첫 번째 만남을 제안한다는 것이다.

4) 24시간 지원

자살위험이 있는 환자를 치료하는 치료자는 지역 정신과 응급실과 입원 병원에 접촉해 24시간 지원을 할 수 있어야 한다. 어떤 지역사회는 환자의 집으로 찾아가 위기를 해결하고 위험을 평가하고, 그리고/또는 입원을 시키는(divert hospitalization) 24시간 찾아가는 정신과 위기팀(24-hour psychiatric mobile crisis teams)도 있다. 우리는 정기적으로 우리에게 개인적으로 연락할 수 있는 정보에 지역 응급실과 위기팀의 전화번호를 포함시킨다. 그리고 이들에게 위기 시 우리 환자의 성향에 대한 자문이 필요할 때 연락해 달라고 한다. 이것은 제4장에 기술한 안전계획의 필수요소이며, 치료자는 환자 및 가족과 함께 언제 그리고 어떻게 이런 서비스에 접촉할지에 대해 구체적인 내용을 논의해야 한다. 개입의 연속성을 유지하고 치료계획에 충실하기 위해 치료자와 응급 서비스 제공자 간의 대화가 필요하다.

우리는 퇴근 후에 응급 서비스를 하기도 하지만 환자에게 일상적으로 집전화나 휴대폰 번호를 알려 주지는 않는다. 이렇게 하는 이유는 다음과 같다. 첫째, 자살위험이 있는 십대의 치료는 노력이 많이 드는 강도 높은 일이다. 우리는 치료자들이 직업 환경에서 벗어나 자기 자신을 돌볼 수 있는 시간과 공간이 필요하다고 믿는다. 고위험 환자를 치료하는 치료자에게는 충전하고 개인적인 삶을 유지하고 소진을 피할 수 있는 시간이 필요하다. 둘째, 많은 환자가 효과적으로 자신의 개인적인 경계를 유지하는 성인을 본 적이 별로 없다. 그래서 우리는 치료자에게 이런 점에서 자기 자신의 경계를 존중하는 모델이 되어 주기를 권한다. 셋째, 우리의 목표는 환자들이 자신의 문제를 해결하는 데 필요한 기술을 갖도록 우리가 협력적으로 일하고 있다는 메시지를 보내는 것이다("나는 당신이 자신의 치료자가 되어서, 인생에 어떤 일이 생기건 다룰 수 있게 하고 싶습니다."). 이렇게 우리 환자들이 자기효능감을 개발하도록 우리는 자기의존성과 독립성을 격려한다.

5) 팀 구축

우리는 치료자들이 모두 치료팀이 있는 현장에서 일하는 것은 아님을 알고 있다. 우리는 치료팀 접근이 자살위험이 있는 청소년과 작업하는 데 이상적이라고 믿지만 이것이 항상 가능한 것이 아님을 알고 있다. 치료팀에 접촉할 수 없다면 우리는 치료자가 슈퍼비전과 지속적인 자문을 받을 수 있는 전문가 네트워크를 만들라고 권한다. 이 네트워크는 비슷한 환자를 치료하는 지역사회의 다른 치료자, 임상의(clinicians), 정신과 의사들을 포함한다. 면대면 모임이 가능치 않으면 전화나 화상회의로 슈퍼비전과 자문을 할 수도 있다.

2. 치료자로서의 개인

치료를 할 때, 치료자는 두 가지 범주의 기술—기법적 기술과 대인관계 기술—을 끌어낸다. 효과적인 치료자는 유연하게 두 가지 기술을 결합하고 통합한다. 우리는 이 두 가지 기법 및 대인관계 기술을 공부해서 배우고, 슈퍼비전과 자각 증진을 통해 개선할 수 있다고 믿기 때문에 자질(qualities)이 아니라 기술(skills) 이라고 말한다.

1) 기법적 기술

기법적 기술(technical skills)에는 구체적인 치료기법만이 아니라 평가 기술도 포함된다. 우리는 이미 우울증과 자살위험의 평가와 관찰에 필요한 주요 기술들을 제1장과 제2장에서 소개하였다. 구체적인 치료기법(therapy-specific techniques)에는 지지와 격려 제공, 인지 재구성, 정서조절, 문제해결 및 가족 개입이 포함된다. 이러한 기법의 시행이 이 책 나머지 부분의 초점이다.

이 책에 기술된 치료 모델로 자살위험이 있는 십대와 효과적으로 작업할 수 있도록, 우리는 치료자가 최소한 정신건강 관련 분야의 석사 수준의 학위를 가지고 있기를 권한다. 또한 치료자는 CBT와 가족치료의 임상경험뿐만 아니라 청소년 발달에 대한 기본 지식을 갖고 있어야 한다. 종종 이러한 구체적인 치료기법이 전문가 훈련과 지속적인 슈퍼비전의 초점이 된다. 새로운 정보를 자주 접할 수 있으므로 치료자는 계속해서 자신의 기법적 기술의 범위를 확장해야 한다. 이는 CBT가 우울하고 자살위험이 있는 십대를 조력하는 유일한 심리치료법이라는 의미는 아니지만, 이 분야의 경험적 연구 대부분이 CBT에 초점을 맞추고 있고 우리 치료 작업의 기반이기도 하다. 우리의 치료 방향(therapeutic orientation)이 CBT에 기초하고 있기 때문에 이 책에서는 이 치료 유형을 강조한다.

앞에서도 논의하였지만, 녹화 회기 검토는 구체적인 치료기법과 기법적 기술의 질을 평가하는 데 좋은 방법이다. 슈퍼바이저와의 역할연습은 환자에게 할 치료 접근을 연습하고 개선하고 강화하는 방법이 된다. 슈퍼바이지(supervisee)가 어떤 기법을 시행하기 어렵다고 생각하면 슈퍼바이저는 그 치료자에게 환자의 역할을 해 보게 해서 슈퍼바이저가 가능한 접근의 모델을 보여 줄 수 있다.

2) 대인관계 기술

좋은 치료는 치료자의 기법적 기술뿐만 아니라 그의 대인관계 기술에도 달려 있다. 대인관계 기술에는 주장성, 유연성, 적절한 '자기의 사용(use of self)' 뿐만 아니라, 협력하고 판단을 보류하고 자기확신을 투사(project)하는 능력이 포함된다([그림 3-3] 참조). 이러한 자질은 어떤 사람에게는 다른 사람보다 더 자연스러울 수 있지만 우리는 이 대인관계 기술을 모두 배우고 향상시킬 수 있는 것임을 강조하고 싶다. 자각(awareness)과 의지(willingness)가 있다면 치료자는 슈퍼비전과 임상 경험을 통해 이 대인관계 기술을 개선시킬 수 있다.

- 기꺼이 협력할 수 있다.
- 비판단적으로 함께 한다.
- 자기확신을 전한다.
- 자기를 표현한다.
- 유연하다.
- 적절하게 '자기의 사용'을 한다.

그림 3-3 **우울하고 자살위험이 있는 청소년에게 도움이 되는 대인관계 기술**

먼저 치료자는 십대와 치료의 파트너로서 협력적으로 작업해야 한다. 이러한 협력적 접근이 CBT의 기본 요소이긴 하지만, 청소년과 작업할 때는 그들의 발달적 요구 때문에 특히 중요하다. 청소년의 주요 발달 과제는 더 많은 자율성과 책임을 향해 가는 것이다. 그렇기 때문에 십대가 자기 치료에서 적극적인 역할을 맡도록 격려하는 협력적 치료 모델은 발달적으로 적절하다. 대부분의 십대에게 집 밖에서 익숙한 성인과 십대의 관계는 대부분 교사와 학생 관계—위계가 필수적인—이기 때문에 이 접근을 신선하게 생각한다. 또한 건강전문가들은 청소년에게 정보를 얻기보다는 그들을 건너뛰어 주로 부모와 이야기하였을 수 있다. 이런 경험은 십대를 좌절시키고, 치료 제공자를 자기의 필요를 위해 작업하는 사람이 아니라 부모의 대변인으로 보게 할 수 있다. 치료가 잘 되려면 청소년이 치료의 방향에 대해 발언권이 있다고 느끼는 것이 중요하다. 근본적으로 치료가 잘 되기 위해서는 청소년이 그 치료의 '주인이 되어야' 한다. 이것은 오직 그가 처음부터 치료받는 내내 치료의 목표와 방법에 참여할 때만 가능한 일이다.

아마 치료자는 청소년을 치료할 때 다른 임상집단보다 더 비판단적인 입장을 취할 필요가 있다. 비판단적인 접근이 승인이나 동의를 의미하는 것은 아니다. 오히려 비판단적인 접근은 모든 행동이나 선택에는 타당한(valid) 목적이 있고, 타당한 필요에서 발생한다는 전제에 기초한다. 치료자의 목표는 환자가 동일한 필요에 더 효과적으로 부응하도록 행동하고 기능하는 다른 방법이 있다는 것을 알게 돕는 것이다. 리네한(Linehan, 1993)은 환자의 수용의 욕구(the need to be accepted)와 변화의 욕구(the need to change) 간의 변증법을 효과적으로 연결하였다. 환자는 승인되었다고(feel validated) 느끼지 않으면, 문제행동들에 대항할 수 있는 힘을 갖기가 어렵다. 또한 치료자가 자기를 판단하고 있다고 느끼면 자기개방을 하기 어려울 것이다. 그래서 비판단적인 입장이 변화에 필요한 환경을 만드는 데 도움이 되는 것이다.

청소년의 주요 발달 과제가 자기정체성 발달임을 고려한다면 비판단적인 접근은 특히 청소년과 작업하는 데 적용할 만하다. 이 발달 과정 동안에 다양하게 자기를 표현하는 실험이 필요하다. 십대는 종종 성인들에게 자기표현 수단에 대해 판단을 받게 된다(예: 머리, 옷, 피어싱, 문신). 그렇기 때문에 안전하고 수용적인 치료 환경을 만들고, 그 안에서 청소년이 편하게 이러한 자기표현 측면들을 탐색할 수 있게 해주어야 한다.

환자: 혀에 피어싱을 했는데 아무 말도 하지 않으시네요.

치료자: 내가 무슨 말을 할 거라고 생각했니?

환자: 미친 것 같이 보인다고요.

치료자: 사람들이 무슨 생각을 하는지 알고 싶니?

환자: 나는 그저 사람들이 나를 있는 그대로 받아 주면 좋겠어요.

치료자: 그래. 나는 네가 혀에 피어싱한 것만 본다고 생각하지 않았으면 해서, 그래서 아무 말도 안 한 거야. 내가 알고 싶은 것은 너거든.

환자: 그러면 무슨 생각을 하고 있는지 말하지 않으실 거예요?

치료자: 글쎄, 내가 하고 있는 생각을 말하라고 한다면, 첫 번째 든 생각은 "그걸 넣을 때 굉장히 아팠겠다!"였어.

여기서 치료자는 비판단적인 것과 진솔한 것의 균형을 맞추고 있다.

치료자가 청소년을 도울 수 있는 능력에 대한 자기 확신을 투사하는 것이 중요하다. 우리는 많은 청소년들이 치료자가 그들의 심각한 문제에—특히 그들의 자살경향성— 압도될 때를 쉽게 알아차린다는 것을 경험으로 배웠다. 청소년이 치료자의 걱정(apprehension)이나 불편함을 감지하면 도움을 받을 수 없다는 믿음이 증가할 것이다. 그다음에는 치료자가 '그걸 다룰 수 없을' 거라고 믿고, 치료자에게 덜 개방적이 될 수 있다. 이는 십대의 모든 문제를 해결하는 것이 치료자만의 책임이라는 의미는 아니다. 오히려 치료자가 십대에게 그의 문제를 해결하도록 함께 작업할 것이라고 알려주는 것이 제일 중요하다.

자기 확신에는 치료자가 다음 단계에 대해 확신할 수 없을 때 이를 환자나 가족과 공유할 수 있을 만큼 안전하다는 느낌도 포함된다. 치료자는 그들이 함께 다음 단계에 할 일을 찾아낼 수 있을 것이라는 확신을 전해 주어야 한다.

사례

조지는 우울증, 자살생각 및 자살행동으로 1년 동안 치료를 받고 있는 16세 소년이다. 약 2개월 전에 우울증이 악화되었다. 4일간 입원하고 3주간 부분 입원 프로그램에 참여했으며 그동안 적극적으로 치료에 참여하여 기분이 나아졌다. 그는 외래 치료자에게 돌아와, 외국으로 2주간의 수학여행을 갈 준비를 하고 있었다. 부모와 학교는 그가 여행을 가는 것이 안전할지 알고 싶어 했다. 치료자는 그들에게 함께 생각해 보자고 제안했다. 치료자는 십대와 부모에게 수학여행을 가는 것과 가지 않는 것의 장점과 위험을 평가하게 했다. 치료자는 가족에게 이것은 쉬운 결정이 아니며 분명하거나 완전한 정답은 없다고 직접적으로 말해 주었다. 치료자는 환자의 욕구와 치료 목표에 일치하는 결정을 내리도록 가족과 십대를 도와주었다. 이 사례는 치료자가 자기 자신과 치료 과정에 대한 확신을 전달하는 것이 중요하다는 것을 보여 준다.

치료에서 청소년에게 솔직하고 직접적으로 확신에 차서(assertive) 표현할 수 있으면 생산적으로 의사소통할 수 있다. 예를 들면, 회기 중에 환자가 무심코 치료자에 관한 정보를 나누다가 바로 다른 주제로 옮겨 가려고 한다면 치료자는 환자에 대한 염려를 이야기해 줄 책임이 있다. 가령 "이건 중요한 주제인 것 같아. 내 생각에는 오늘 이 주제에 초점을 맞춰야 할 거 같은데. 그래서는 안 되는 이유라도 있니?"라고 할 수 있다. 치료자가 청소년에게 직접적으로 말하면 청소년도 다음에는 치료자에게 직접 말할 것이다. 게다가 우울하고 자살위험이 있는 많은 청소년들은 적절하게 표현하는 기술이 부족하다. 치료자가 회기 중에 하는 행동은 십대가 좀 더 직접적으로 의사소통하는 것을 배우는 데 모델이 되어 준다.

유연성(flexibility)도 임상적인 상태가 자주 변하는 환자를 대하는 데 중요하다. 유연성은 치료자가 십대의 요동치는 욕구와 우선순위에 맞추어 적절하게 반응할 수 있게 해 준다. 유연성 능력은 치료자가 설정된 주제를 밀어붙이기보다 청소년의 현재의 관심사를 인정할 수 있게 해 준다. 치료자와 십대는 함께 방향을 결정할 수 있다. 자살위험이 있고 우울한 많은 환자들이 '전부 아니면 무(all or nothing)'라는 사고에 빠져 있으므로, 유연성의 모델을 보이는 것도 도움이 된다.

마지막으로 적절한 '자기의 사용(use of self)'은 십대와 작업할 때 강력한 전략이 된다. 자기의 사용은 치료자가 자신의 개인적인 강점(assets)을 치료에 결합하는 것이다. 예를 들어, 강한 유머 감각, 은유 사용 기술, 십대에게 특별히 중요한 주제에 대한 개인적인 지식(예: 음악, 영화, 스키) 등이 모두 효과적으로 치료에 결합될 수 있다. 이는 우울하고 자살위험이 있는 십대의 치료에 최적인 성격 유형이 있다는 의미가 아니다. 오히려 치료자가 자기 자신에게 편안해야 한다는 의미다. 자기 성격의 주요 측면을 불편해하는 치료자는 위기에 직면할 때 진솔하고 침착하기가 어려울 것이다. 종종 전문가 훈련이 자신의 진짜(authentic) 성격 유형으로 치료관계에 들어가는 것을 방해하는 경우가 있다. 아마도 효과적인 치료자가 되기 위해서는 우리의 진짜 성격을 허용하거나 여지를 주지 않는 전문가의 페르소

나를 만들어야 한다고 배웠을지도 모른다. 우리 경험으로 보면 청소년은 진솔한 자신으로 관계를 맺는(bring genuineness) 치료자에게 가장 잘 반응한다. 십대는 우리가 우리 자신이 아닌 때를 알고 그들도 그대로 반응한다. 치료자가 진짜가 아니라고 느껴지면 그들은 자기를 드러내지 않거나 치료 과정에 완전히 참여하지 않는다. 우리 치료의 협력적 특징은 십대와 치료자 간에 진짜 파트너십을 만드는 데 아주 적합하다. 우리가 제시한 역할연습은 모두 우리 자신의 방식을 반영한 것이다. 이 책의 예를 모방만 하지 말고, 이 정보를 결합하여 치료자 자신의(own) 진정한 방식을 만드는 것이 중요하다.

이 대인관계 기술 모두가 배우고 개발될 수 있다고 믿지만 우울하고 자살위험이 있는 청소년과의 작업은 모든 치료자에게 가능한 것이 아니라는 것도 사실이다. 치료자 각자가 이러한 대인관계 기술을 더 개발할 필요가 있을 때와 단순히 이 집단과의 작업이 맞지 않아서일 때를 구분하는 것이 중요하다. 좋은 치료자가 되는 데는 자신의 치료의 강점과 약점을 인식하는 능력도 포함된다. 그렇게 할 때 치료자는 어떤 집단이 자기 방식에 가장 잘 맞는지를 정할 수 있다. 결국 모든 유형의 환자를 치료하는 데 가장 적합한 치료자는 없는 것이다.

3. 치료자와 청소년의 치료관계

치료자가 청소년과의 협력적 치료에서 기법적 기술과 대인관계 기술을 결합시킬 때 치료관계(therapeutic relationship)가 발달한다. 공고한 치료관계가 형성되기 위해서는, 환자가 안전하게 느끼고 승인되고 치료자가 관심을 갖고 있다는 것을 신뢰할 수 있어야 한다. 대부분의 심리치료 연구는 치료관계가 치료성과의 가장 강력한 예언변인 중 하나임을 보여 준다. 좋은 치료관계 구축에는 앞에서 기술한 대인관계 기술이 포함된다. 또한 비밀보장, 치료에서 부모의 역할, 치료자와 환자의 기대에 대한 분명한 규칙도 필요하다. 치료자와 환자가 상황이 안 좋으면 어떤 일이 생기는지 확인하고, 관계를 회복시키거나 향상시킬 방법도 필요하다. 이렇게 치료관계는 전 치료 과정의 기초가 된다는 것이 분명하다. 치료자와 십대의 관계에 주의를 기울이는 것의 중요성은 아무리 강조해도 부족하다. 제4장에서 치료관계를 구축하고 향상시키는 기법들을 설명하겠다.

치료자로서 실수를 할 때가 있다. 예를 들면, 예상 밖의 상황이 생기면 아주 조직적이고 시간을 잘 지키는 치료자조차도 약속된 회기에 늦을 수 있다. 이런 일이 생길 때 우리는 십대에게 솔직히 말하라고 권한다. 이는 환자와 가족에게 실수했을 때 적절하게 책임을 지는 방법 그리고 그의 행동이 환자와 가족에게 미친 영향에 대해 정중하게 사과하고 인정하는 방법의 본을 보여 줄 좋은 기회다.

요약하면, 우울하고 자살위험이 있는 청소년의 성공적인 치료에 중요한 요소는 조직 환경, 치료자로서의 개인, 치료자와 십대 간의 긍정적인 치료관계 개발이다. 치료성과를 극대화하기 위해서는 각 요소에 관심을 가져야 한다. 다음 장들에서 치료관계를 구축하고 유지하는 데 필요한 기술들과 사용하는 방법을 설명할 것이다.

요점

- 치료팀
  - 다학제적 접근
  - 지지적인 환경
  - 위기관리에 관한 자문

- 슈퍼비전의 주 기능
  - 치료자의 기술 향상
  - 치료자 자신의 특징 사용 최적화
  - 지지와 격려 제공

- 24시간 지원
  - 조직의(내부의) 자원 활용
  - 지역사회의 자원 활용

- 기본적인 치료자의 특징
  - 원래 협력적
  - 진솔하고 비판단적
  - 유연성
  - 확신이 있고 표현적

- 치료관계는 치료의 기반이다.

제4장

시작하기

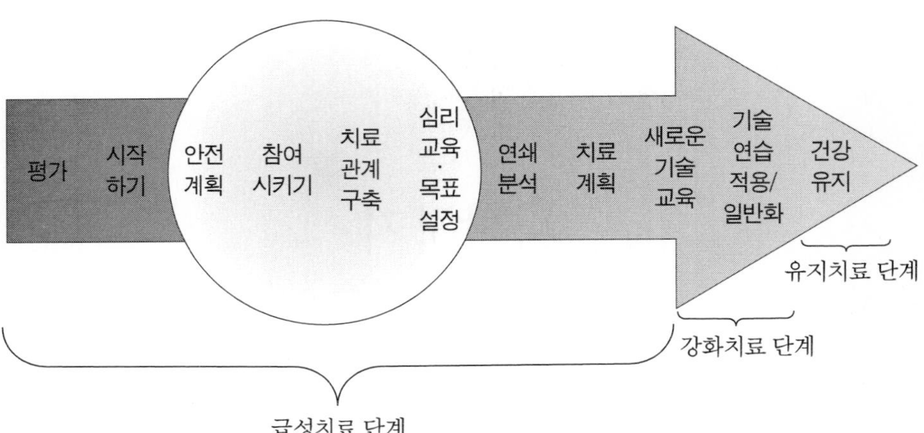

학 습 내 용

- 회기를 구조화하는 방법
- 안전계획 세우기
- 적절한 개입 수준 정하기
- 비밀보장 논의 지침
- 십대를 치료에 참여시키기
- 치료관계 구축하기
- 환자와 가족 심리교육
- 목표 설정하기

치료자가 철저한 평가를 하고 치료를 위한 장(場)을 만들었으므로, 이제 우울하고 자살위험이 있는 청소년과의 급성치료 단계를 본격적으로 시작할 수 있다. 이 장에서는 특히 회기를 구조화하며 안전계획을 협상하고 적절한 개입의 수준을 결정하고 비밀보장을 논의하고 십대를 치료에 참여시키며 치료관계를 구축하고 십대와 가족에게 심리교육을 시행하는 것에 초점을 맞춘다.

1. 회기를 구조화하는 방법

1) 주제 정하기

CBT는 협력적 경험주의에 기반을 두고 있으므로, 십대에게 치료의 각 측면에 대해 피드백과 생각을 물어보는 것이 중요하다. 각 회기마다 함께 주제(agenda)를 정하는 것이 협력적 파트너십을 수립하는 데 중요한 방법이다. 치료자와 십대는 각 회기의 우선순위를 함께 정하는데 이것이 십대가 치료에 참여하는 데 도움이 될 것이다. 처음에는 주제 정하기에서 무엇을 하는지 모를 수 있으므로 치료자는 어떤 내용들이 주제로 적절한지 본을 보이고 가르쳐 줄 준비를 해야 한다. 치료가 진행되면 지난 회기 이후의 경험을 요약하는 것도 주제에 포함될 것이다. 즉, 지난 회기의 요약이나 간략한 검토, 과제 검토, 현재의 기분 검토, 자살경향성 검토, 안전계획 검토 등이 포함된다.

다음은 주제를 정하는 방법에 관한 몇 가지 제안이다.

- "오늘 초점을 맞추고 싶은 이야기가 있어요?"
- "오늘 회기에서 주제로 다루었으면 하는 것이 있어요?"
- "지난주에 오늘 이야기해 보고 싶은 어떤 경험이 있었어요?"

주제에는 그 주 동안 일어난 성공적인 일 또는 사무적인 문제(예: 일정 잡기, 보험 문제)도 포함할 수 있다. 우리는 우선 주제를 정하고 그다음에 주어진 시간 안에 다룰 수 있는 우선순위를 협력해서 결정하는 것이 가장 좋다고 생각한다.

2) 회기 요약하고 피드백 받기

회기를 시작할 때마다 십대에게 지난 회기를 회상하여 요약하게 하는 것이 도움이 된다. 그리고 치료자는 지난 회기에 대해 생각과 감정을 포함한 피드백을 받는 것이 좋다.

아주 우울한 십대는 집중력에 손상이 있을 수 있기 때문에 회기 중에도 그때까지 논의한 것을 요약하는 것이 좋다. 때때로 정서적 부담이 큰 논의도 그 정보를 처리하고 받아들이는 능력에 방해가 될 수 있다. 그래서 길게 논의하거나 중요한 점을 이야기한 후에는 십대에게 논의한 것들을 이해한대로 요약하거나 강조해 보라고 할 수 있다. 이렇게 하면 치료자가 십대와 같은 이야기를 하고 있는지도 확인할 수 있다.

회기가 끝날 때마다 회기에 대한 피드백을 해 보게 한다. 치료자도 그 회기가 어떻게 진행되었는지 본인 생각을 말해 줄 수 있다. 피드백 교환(exchanging feedback)은 이 치료의 협력적인 본질을 보여 주는 효과적인 방법이다. 가끔씩 치료자와 십대가 함께 되돌아가서 치료의 전반적인 진행에 대해 논의할 수도 있다.

2. 안전계획 협상하기

우울하고 자살위험이 있는 청소년의 치료는 안전계획으로 시작한다. 안전계획 세우기(safety planning)는 장기적으로 자살위험에 기여할 가능성이 있는 위험요인을 예방하고 관리하는 것을 말한다.

새로운 기술을 가르칠 수 있는 지점으로 가기 위해 치료자는 먼저 환자와 즉각적인 안전을 확보하는 작업을 해야 한다. 우리의 치료모델에서는 안전을 확보하기 위해 안전계획을 협상한다. 이것이 긴박한(imminent) 자살위험을 감소시키는 안전계획 구성이다.

1) 안전계획이란

안전계획은 환자가 자살 위기 상황에서 하겠다고 동의한 전략들을 위계적으로 배열한 목록이다. 안전계획 개발은 자살위험이 있는 청소년의 평가와 치료에서 가장 중요한 부분 중의 하나로서, 치료자, 환자, 가족 간의 협력을 포함한다. 우리는 치료자와 십대가 함께 계획을 세울 때 안전계획의 단계를 써 보라고 한다([그림 4-1] 참조). 안전계획은 환자가 자살사고와 충동을 행동으로 옮기지 않고 지나갈 수 있음을 증명함으로써 통제감을 높여 준다.

2) 안전계획을 어떻게 협상하는가

안전계획은 각 청소년의 독특한 상황을 기반으로 각자에게 맞춘다. 안전계획을 협상하면 적절한 개입 수준을 결정하는 데 도움이 된다. 안전계획에 협력하지 못한다면 이는 외래 치료보다 더 높은 수준의 개입이 필요하다는 지표다. 청소년과 안전계획을 협상할 때 청소년이 자살위험을 감추지 않도록 강압적이 되지 않도록 주의해야 한다.

사례를 보면 15세의 케이시는 두 번의 자살시도로 정신과에 입원한 병력이 있었다. 세 번째는 이전 치료자에게 계획이 있는 자살생각을 말한 후에 바로 입원조치되었다. 케이시는 "병원에 가기 싫다. 피할 수 있다면 무슨 일이라도 할 것이다."라고 했다. 케이시는 오늘 아침 치료 회기에서 우울 증상이 악화되었다고 보고했다. 케이시의 사례에서 현재의 자살위험을 탐색하는 예를 강압적인 접근으로 먼저 제시하고 다음에 협력적인 접근으로 제시하겠다.

준비: 환경을 안전하게 만들기	경고신호 알아차리기	내적 전략: 나 스스로 할 수 있는 것들	외적 전략: 주의분산을 도와줄 수 있는 사람들	외적 전략: 도움을 청할 수 있는 어른들
1.	1.	1.	1.	1.
2.	2.	2.	2.	2.
3.	3.	3.	3.	3.

도움을 청할 수 있는 전문가:

치료자: ______________________ 전화: ______________________

병원 응급실: ______________________ 전화: ______________________

위기 전화/기타: ______________________

그림 4-1 안전계획 양식 예시

출처: Brent, Poling, & Goldstein(2011). *Treating Depressed and Suicidal Adolescents.* Copyright 2011 by The Guilford Press. 원저 구매자의 개인적 사용을 위해 이 그림의 복사를 허용함(세부 사항은 저작권 페이지 참조). The Guilford Press 홈페이지에서 큰 그림을 다운로드할 수 있음.

(1) 강압적 접근

치료자: 이번 주에 기분이 더 나빠진 것 같은데, 다시 자살생각이 떠오르는 건 아닌지 걱정되는구나.

케이시: 왜요, 병원에 보내려고요?

치료자: 그야 네가 어떻게 말하느냐에 달렸지.

케이시: 그래요, 그렇다면, 아니에요!

치료자: 그래, 그런 "아니에요"를 들으면, 정말은 네가 자살위험이 있는데 그렇다고 하면 내가 병원으로 보낼까 봐 그러는 거라고 짐작하게 되는데… 네가 병원을 싫어하니까 말야.

케이시: 아니요, 절대 아니에요!

치료자: 그러면 집에 가기 전에 네가 안전하다는 것을 나에게 확신시켜 주어야겠구나.

케이시: 좋아요. 나는 괜찮아요. 나는 여기 안전계획을 가지고 있고, 필요하면 누구에게 전화해야 하는지도 알아요.

치료자: 좋아, 그러면 다 된 건가?

케이시: 네.

(2) 협력적 접근

치료자: 이번 주에 기분이 더 나빠진 것 같은데, 다시 자살생각이 떠오르는 건 아닌지 걱정되는구나.

케이시: 왜요, 병원에 보내려고요?

치료자: 나는 네가 병원을 좋아하지 않는다는 걸 알고 있고, 너와 나는 네가 병원에 가지 않도록 함께 열심히 해 보자고 약속했어. 이 계획에 대해 오늘은 뭔가 다른 생각이 있는 거니?

케이시: 아니요, 그렇지 않아요. 그저 제가 생각하고 있는 것을 말하면, 선생님이 엄마에게 응급실로 데려가라고 할까 봐 걱정했어요.

치료자: 아, 그랬구나. 그러면 어느 정도는 내가 그 결정을 할 사람이라고 생

각하고 있었다는 거네. 케이시, 사실은 말이지, 나는 너와 함께 그 결정을 내리고 싶어.

케이시: 아, 그러면 선생님은 제가 병원에 갈 필요가 없다고 생각하는 거예요?

치료자: 글쎄, 우리 그걸 함께 생각해 보자. 만약 네가 병원에 가야 한다면, 우리는 그걸 어떻게 알 수 있을까?

3) 안전계획 개발 전략은 무엇인가

안전계획 개발의 첫 번째 전략은 환자의 주변에 있는 치명적인 수단을 제거하는 것이다. 총기, 무기, 약, 뾰족한 물건(예: 칼) 등이 포함된다. 다음은 청소년, 부모, 치료자 간에 해로운 행동은 하지 않겠다는 약속(no-harm agreement), 즉 청소년이 자살충동을 느끼는 사건이 있을 때 일정 기간 동안 자살사고와 충동을 행동으로 옮기지 않겠다는 협상을 하고 그동안 다른 해결책들을 시도하기로 합의한다. 다음에 치료자는 환자와 함께 자살사고와 자살충동에 대처할 계획을 세운다. 환자에게 자살위기의 경고신호를 확인하게 한다. 경고신호에는 구체적인 생각(예: "나는 내 인생이 싫다."), 정서(예: 좌절) 그리고/또는 행동(예: 사회적 고립) 등이 있다.

청소년의 자살경향성 한계치를 낮추는 취약성 요소도 확인한다. 취약성 요소에는 특정한 사회 상황들, 사건, 인생 문제, 물질 사용 또는 수면 문제 등이 있다. 치료자는 십대와 자살위험을 높이는 활동 그리고/또는 상황을 (가능하면) 피하도록 협상한다.

안전계획은 내적 대처전략으로부터 외적 대처전략까지 개입 수준을 단계적으로 증가시킨다. 제일 먼저 환자에게 내적 전략, 즉 다른 사람의 도움 없이 할 수 있는 대처 기술들을 생각해 보게 한다. 치료를 시작하면서 하나의 치료전략으로 십대가 짧은 시간이라도 자살생각에 스스로 대처해 보게 하는 것이 중요하다. 치료자는 "다시 자살위험에 처한다면 충동적으로 행동하지 않게, 너 스스로 해 볼 수 있는 게 뭘까?" 라고 물어본다. 전형적인 청소년의 내적 대처전략에는 음악 듣기, 조깅하기, TV 보기(예: 만화, 코미디), 샤워하기와 같은 주의분산 활동(distractions)이 있다. 안전계획을 세울 때 치료자는 환자가 순서대로(가장 쉬운 것 그리고/또는 가장 효과적인 것부터 시작한다.) 사용하기로 동의한 전략 중에서 몇 가지를 찾도록 도와야 한다. 환자가 치료 중에 새로운 기술을 배우면서 더 많은 대처전략들을 안전계획에 포함시킨다. 치료를 받으면서 환자가 점점 더 많은 대처 기술들을 이용할 수 있게 되는 것처럼, 안전계획도 치료를 시작할 때 만들지만 이후 회기에서 계속 검토하고 수정한다. 그런 다음 치료자와 환자가 내적 대처전략을 사용할 때 장벽이 될 수 있는 것들을 탐색하여 해결한다. 예를 들어, 치료자는 "네가 이런 활동을 생각하거나 행동하는 데 방해가 될 수 있는 것은 무엇이라고 생각하니? 우리가 어떻게 하면 이런 장애물을 제거할 수 있을까?" 라고 물어볼 수 있다.

치료자는 십대에게 만약 안전계획의 어떤 단계가 불가능하더라도 중단하지 말고 가능해질 때까지 기다려야 한다고 알려 준다. 마찬가지로 어떤 전략이 도움이 되지 않았다고 포기하게 해서는 안 된다. 환자는 내적 전략들이 자살 위기를 피하게 해 주지 못하는 경우, 포기하지 말고 안전계획에서 도움을 줄 수 있는 연락할 사람들을 확인해야 한다. 연락할 사람들 중에 십대의 부모를 적어도 한 사람은 포함시키는 것이 이상적이다. 십대가 부모를 포함시키지 않으려고 하는 경우, 치료자는 십대 및 부모와 협력하여 다른 책임감 있는 성인을 찾아야 한다. 연락할 사람에게 알리는 것에 대해 함께 계획하고 자세한 계획을 그 사람에게 알려주어야 한다. 연락할 사람에게 연락이 되지 않는 경우에 대비해 십대에게 많은 사람의 목록을 만들도록 격려한다. 십대들은 대개 또래를 첫 번째로 연락할 사람으로 찾을 것이다. 신뢰할 만한 사람은 누구라도 포함시킬 수 있지만, 연락할 사람이 된다는 것은 십대로서는 압도적일 수 있는 큰 책임이 요구된다는 것을 이해시켜야 한다. 따라서 안전계획에는 책임감과 분별력 있는 성인도 포함시켜야 한다.

연락할 사람들의 이름과 전화번호를 확인한다. 이 목록에는 청소년의 치료에 관여하는 치료자와 다른 정신건강 전문가의 연락처도 포함된다. 가장 가까운 정신과 응급실의 이름, 주소, 전화번호가 들어가야 한다. 가끔 십대들은 전문가가 바로 입원시킬까 봐, 아니면 만나지 못할까 봐 두려워서 전문가에게 연락하기를 싫어한다. 환자가 치료자에게 전화를 걸고 치료자가 환자의 염려에 반응해 보는 역할연습을 하는 경우도 있다. 역할연습 후에 치료자는 환자에게 역할연습이 환자의 염려를 얼마나 잘 다루었는지를 평가해 보게 한다.

환자는 안전계획에 있는 연락할 사람들을 다양하게 활용할 수 있다. 처음에 주의를 분산시키기 위해 또래에게 연락할 수 있다. 하지만 그것이 자살충동을 다루는 데 충분하지 않았다면 다음은 안전계획에 있는 책임감 있는 성인의 도움을 받아야 한다. 십대의 기분에 대해 알리는 것부터 자살경향성을 알리는 것까지 그 범위는 다양하다. 가까운 지지집단(예: 부모)의 사람들부터 전문가까지 점진적으로 옮겨갈 수 있다.

4) 조정하기

치료자와 환자는 안전계획의 각 단계를 검토하고, 실행하는 데 걸림돌이 될 만한 것들을 협력하여 해결해야 한다. 치료자는 각 단계의 효과에 대한 환자의 기대를 측정하는 질문을 할 수 있다. 예를 들면, "1점(전혀 효과가 없을 것이다.)부터 10점(매우 효과적일 것이다.) 척도에서 위기 때에 이 단계가 어느 정도 효과적일 거라고 생각하니?"라고 물어볼 수 있다. 환자가 전혀 효과가 없을 것이라거나, 안전계획에 있는 활동을 할 수 있을지 확신이 가지 않는다고 한다면, 그때 실행할 수 있는 몇 가지 전략은 다음과 같다. ① 특정 단계의 근거를 환자가 이해하고 있는지 알아보고, 필요하다면 분명하게 알려 준다. ② 어떤 기술을 사용하는 데 걸림돌이 될 수 있는 것들을 논의하고, 그것들을 처리하는 문제해결 기술을 사용한다. ③ 사용할 수 있고 환자가 하겠다고 동의할 수 있는 대안 전략을 협력하여 만든다(안전계획을 확장한다.).

이 안전계획은 치료자와 환자가 생각하기에 적합한 방식으로 다시 만들거나 수정할 수 있다. 치료자와 환자는 안전계획을 쓴 것을 어디에 보관할지, 위기 시에 어떻게 꺼내올지도 논의해야 한다. 환자에게 이 정보가 있다는 것을 확인시키는 한 가지 방법은 가지고 다닐 수 있는 작은 대처카드(coping cards)를 주는 것이다. 대처카드는 안전계획에 써 놓은 구체적인 단계들을 기억나게 하는 아주 짧은 문장들로 구성한다([그림 4-2] 참조).

시도해 볼 것:
1. 심호흡을 한다.
2. 음악을 듣는다.
3. 잡지를 읽는다.
4. 브리아나 또는 줄리에게 전화한다.
5. 엄마나 아빠에게 전화한다.

그림 4-2 대처카드 예시

5) 안전계획의 지속적인 발달

안전계획을 환자의 자살행동 및 자살행동의 전조(precursors)와 연관짓는 것이 중요하다. 환자는 그 계획이 유연하다는 것, 그리고 치료를 통해 기술과 전략들을 더 많이 배우고 계획에 추가할 수 있다는 것을 알아야 한다. 치료 초기의 안전계획은 단순히 비상연락망에 전화하는 것 그리고/또는 아주 기본적인 대처전략으로 구성될 수 있다. 치료자는 청소년에게 무엇이 효과적이고 무엇이 그렇지 않은지에 근거해서 계속 검토하고, 이 경험에 근거해서 수정한다.

6) 안전계획에서 가족의 역할

먼저 환자와 함께 개인적으로 안전계획을 만드는 것이 이상적이다. 다음에 치료자와 환자가 안전계획을 시행할 때 가족이 얼마나 도움이 될지에 대해 협의한다. 가족과 공유하고 싶은 것과 공유하고 싶지 않은 것을 십대와 함께 의논하는 것이 도움이 된다. 환자와 함께 안전계획을 가족에게 어떻게 알릴지를 합의한다.

안전계획을 만들 때 가족의 협조는 매우 중요하다. 첫째, 가족구성원은 종종 안전계획의 자원이 된다. 둘째, 성인은 자살위험이 있는 청소년에게 최대한 안전한 환경을 만들어 주어야 한다. 한 연구에서는 위험을 감소시키기 위한 총기 접근에 관한 심리교육의 구체적인 요소를 강조하고 있다. 즉, 총기 소유자에게 직접 말하기, 총기 소유자가 집에 총을 갖고 있는 이유 이해하기 그리고 총을 없애라고 강요하기보다 좀 더 안전하게 보관하는 방법을 협상하기(없애는 것이 이상적이기는 하지만)다.

마지막으로 안전계획에서 또 하나의 중요한 가족 요소는 '뜨거운 주제' 또는 자살경향성을 촉발할 가능성이 있는 것들에 대해 휴전(truce)을 협상하는 것이다. 휴전은 환자와 부모가 의견이 같지 않더라도 자살행동은 하지 않는 것을 배우기 전까지는 갈등을 촉발하는 이슈들을 그대로 두는 것이다. 일단 가족이 휴전에 동의하면, 다음은 휴전이 깨질 경우 가족들이 무엇을 할 것인지 연습해 보는 것이 중요하다(예: 논쟁이 지속되지 않도록 방을 나가는 것에 동의하거나 허용하기). 이후 회기에서 치료자는 가족의 휴전 상태에 대해 확인해야 한다.

사례

치료자: 조와 데이트하는 문제가 너와 가족 간에 큰 갈등의 원인이 된 것 같구나. 오늘 이야기하면서 네가 이 갈등 때문에 자주 자살생각을 하게 된다는 것을 확인했어. 그래서 나는 우리가 이 문제를 어떻게 다룰 것인지를 합의하면 좋겠어. 우리가 이 문제를 해결해야 한다는 말은 아니고, 최소한 네가 치료에 참여하고 기분이 덜 우울해질 때까지 너와 부모님이 이 문제를 잠정적으로 그대로 두는 데 동의할 수 있을까? 내 말은, 잠시 뒤로 미루고 휴전하는 것에 동의한다는 뜻이야. 어떻게 생각해?

타메카: 좋아요. 하지만 정확히 무슨 뜻이죠?

부모: 네, 휴전이 좋겠네요. 그런데 어떻게 하는 거죠?

치료자: 좋습니다. 그러면 휴전에 대해 의논해 보도록 하지요. 어머니, 아버지, 타협안을 제안해 보시겠어요?

부모: 글쎄요, 우리는 타메카가 조를 전혀 보지 않으면 좋겠지만, 그가 우리 아이에게 중요하다는 건 알고 있어요. 그러니 매일 방과 후에 한 시간 동안 통화하고, 주말에만 우리 집에서 만나는 건 어떨까요?

치료자: 타메카, 어떻게 생각하니?

타메카: 그러면 좋아요, 적어도 지금은요.

치료자: 훌륭해. 너와 부모님이 이 문제를 함께 해결하기 위해 노력하고 있는 것이 분명하구나. 힘든 문제라는 거 알고 있어. 그래서 우리는 '휴전'을 유지하는 데 방해가 될 수 있는 것들과 만약 휴전이 깨지면 어떻게 대응할 수 있을 지를 함께 생각해 보아야 해.

타메카: 나를 화나게 하는 것이 있으면, 그러면 참지 못할 거예요.

치료자: 그래, 그러면 휴전을 유지하기가 어려울 것 같아. 어머니, 아버지, 어떻게 생각하세요?

부모: 네, 어려울 거예요. 하지만 합의한 것을 잘 지키도록 최선을 다할 수 있어요. 우리는 네가 이 협상의 목표를 잘 지켜 줬으면 해. 그 말은 몰래 나가서 그를 만나지 말고, 통화 시간 제한도 존중해 달라는 거야.

타메카: 그건 할 수 있어요.

3. 적절한 개입 수준 결정하기

치료자의 우선 과제 중 하나는 청소년이 외래 환자일 때 안전하게 관리될 수 있는지를 결정하는 것이다. 분명한 자살방법을 가진 적극적인 자살사고가 있고 안전계획에 동의하지 못하는 환자는 좀 더 집중적인 환경에서 관리되어야 한다. 급성 정신병적, 조증, 혼재성 양상, 물질의존 환자도 좀 더 집중적인 환경에서 관리되는 것이 최선이다. 현재 학대당하고 있거나 상당히 지속적인 학대의 위험에 있는 환자들은 반드시 입원시킬 필요는 없지만 집에서 데리고 나와야 한다. 만약 환자와 가족이 더 높은 수준의 개입을 거부하면 환자의 요구와 치료자가 가족의 의지에 반하여 환자를 입원시킬 경우 발생할 수 있는 치료관계의 손상을 비교해 볼 필요가 있다. 이런 조치는 치료자가 환자의 (또는 다른 사람의) 생명이 긴박한 위험에 처해 있다고 느끼는 경우에 한해 취해야 한다.

현재의 정신건강 개입에서 입원은 대개 단기적으로 환자의 기본 안전을 확보하는 데 초점이 맞춰져 있다. 입원치료의 한계에도 불구하고, 입원은 급성 정신병, 조증 그리고/또는 자신이나 타인을 해칠 위험이 높은 급성 자살위험 환자를 위한 표준화된 개입(standard of care)으로 추천되고 있다. 자살위험이 있는 청소년은 정신과 병원에서 퇴원한 직후가 자살행동을 할 위험이 특히 높은 것으로 나타났다. 청소년들에게는 종종 병원에 있는 동안 심리사회적 스트레스로부터 유예되어 있다가 퇴원해서 일상으로 돌아가는 전환기가 어려운 시기다. 그래서 우리는 퇴원할 때 외래치료를 하기 전 또는 전통적인 주 1회 치료를 시작하기 전에 중간 수준의 개입(intermediate level of care)을 고려하도록 권한다.

여러 지역에서 십대들은 집중적인 외래 치료와 부분 입원 프로그램 같은 중간 수준의 개입을 받고 있다. 이러한 치료들은 주 1회 외래 치료보다는 집중적이며 입원보다는 덜 집중적인 개입이다. 이런 유형의 프로그램은 전통적인 외래 치료에 반응하지 않고, 계속 자살경향성 그리고/또는 중요한 기능의 손상(예: 학교에 정기적으로 출석하지 못함)을 보이는 환자를 위해서도 고려해야 한다.

또한 십대와 가족을 지원할 부가적인 심리사회 서비스도 가능하다. 우리는 종종 사례관리와 가족-기반 치료 같은 서비스와도 협력한다.

4. 첫 회기에서 라포 구축하기

많은 십대들이 치료자를 좋아할지 다음 회기에 올지 안 올지 등을 치료 초반에 결정한다. 그래서 첫 회기에서 십대의 마음을 잡는 것(hook)이 필수적이다.

십대들은 종종 첫 회기에서 '뜨거운 의자에' 앉아 있거나 '현미경 밑에' 있는 것처럼 느낀다. 치료자가 회기에서 어떤 일이 일어날지 방향을 잡아 주면 십대가 샅샅이 조사당한다는 느낌을 덜 받을 수 있다. 첫 회기의 처음 부분은 다음과 같을 수 있다.

> **치료자:** 지니, 안녕. 내 이름은 킴이에요. 만나서 반가워요. 오늘 우리가 할 것에 대해 잠시 설명해 주려고 하는데 괜찮을까요?
>
> **지니:** 네, 물론이죠. 괜찮아요….
>
> **치료자:** 시작하면서 우리가 서로에 대해 좀 알게 되기를 바라요. 지니가 여기 오게 된 계기와 어떤 것이 도움이 될 거라고 생각하는지 듣고 싶은데요.

이제 치료자는 환자의 삶에 대해 말하는 데 시간을 사용해야 한다. 환자를 알기 위해서 학교는 어디서 다니는지 어떤 음악을 좋아하는지 활동과 관심사, 친구, 그밖에 그에게 중요한 것은 무엇이든 물어볼 수 있다. 이렇게 하면 그는 치료자가 단지 그의 문제가 아니라 한 개인으로서의 그에게 관심이 있다는 것을 알게 될 것이다.

치료자가 새 환자와 작업할 때 해야 할 첫 번째 논의에는 치료를 시작하는 것에 대한 환자의 느낌이 포함된다. 환자가 이번에 어떻게 의뢰되었는지를 이해하는 것이 중요하다. 우리는 종종 다른 누군가가 "그들을 치료받게 했다."는 말을 듣는다. 치료자는 십대의 이해 수준을 존중하면서 질문하고 관심을 표현해야 한다. 이러한 치료자의 입장은 자율성과 통제력 증진이라는 십대의 중요한 발달적 욕구를 인정해 주는 것이다.

5. 비밀보장

십대가 효과적으로 치료받는 데는 치료자와 신뢰할 만한 관계를 수립하는 것이 절대적으로 중요하다. 많은 십대들이 이전에 성인과 신뢰할 만한 관계를 경험한 적이 없어서 모든 성인과의 관계는 권위적일 것이라고 기대한다. 이런 기대는 아니더라도, 십대가 협력적인 파트너십을 기대하고 치료에 오지는 않을 것이다. 치료관계 구축은 필수적인 요소다. 신뢰 구축을 위해서는 비밀보장이라는 기반이 굳게 다져져야 한다.

치료자는 첫 회기부터 비밀보장에 관한 기본적인 규칙을 논의한다. 이렇게 하면 십대가 신뢰감과 사생활 보장을 느끼는 데 도움이 된다. 하지만 우리는 비현실적이거나 도움이 되지 않는 정도의 비밀보장은 약속하지 않는다. 다음은 유용한 몇 가지 지침이다. 첫째, 우리는 십대에게 비밀보장에 대해 알거나 이해하고 있는 것이 무엇인지 묻는 것부터 시작한다. 그러고 나서 치료에서 이야기한 것 대부분은 우리(즉, 치료자와 팀의 다른 구성원들)와 십대만 알고 있을 거라고 설명한다. 치료자는 다음과 같이 시작할 수 있다. "만약 네가 친구나 가족에 대한 강한 감정을 말한다면, 가령 '나는 엄마가 미워서 다시는 엄마랑 말하지 않을 거예요.' 같은 것, 그러면 그건 분명히 너와 나만 아는 일이 될 거야." 하지만 십대에게 절대적인 비밀보장을 약속하지 않는다. 오히려 우리의 목표는 치료계획을 바꿔야 하는 생명을 위협하는 문제는 부모에게 알려야 한다는 것을 십대가 이해하도록 돕는 것이다. 예를 들면, "네가 나에게 자살할 거라거나 학대당하고 있다고 말하면, 나는 비밀을 지켜 줄 수 없어. 하지만 부모님에게 이야기하기 전에, 어떻게 말해야 할지는 의논할 수 있을 거야." 요점은 환자와 치료자가 협력하여 이 정보를 부모에게 가장 잘 알리는 방법을 생각하게 될 것이라는 것이다.

사례

치료자: 알렉스, 타이레놀 과용에 대한 자살생각을 솔직하게 말해 주어서 정

말로 고마워요. 그렇게 힘든 한 주였다니 안타깝네요. 지금 바로 다른 지원이 좀 더 필요한지를 생각해 봐야 할 것 같은데요. 지금 알렉스가 얼마나 기분이 안 좋은지를 엄마는 알고 계신가요?

알렉스: 아니요. 엄마는 지금 일이 아주 바빠요. 이번 주에는 거의 보지도 못했어요. 엄마는 도울 수 없어요.

치료자: 엄마가 아주 바쁘다는 건 나도 알아요. 하지만 나는 엄마가 무슨 일이 일어나고 있는지, 엄마가 어떻게 도울 수 있는지에 대해서 듣고 싶어 한다고 생각해요. 이 점에 대해서는 어떻게 생각해요?

알렉스: 엄마가 도와줄 수 있으면 좋지요. 하지만 엄마가 나에게 화낼까 봐 두려워요.

치료자: 그래요. 그럴 수도 있겠네요. 그런데 나는 우리가 함께 엄마에게 말해 볼 수 있을지, 그러면 다르지 않을까 궁금해요. 알렉스와 내가 엄마와 만날 수 있는 좋은 방법을 생각해 보고, 그다음에 안전과 관련된 염려에 대해 이야기하는 방법을 함께 연습해 볼 수 있을 거 같아요. 이건 어떻게 생각해요?

알렉스: 좋아요.

1) 십대가 "아니요"라고 한다면

십대가 현재의 안전에 대한 염려를 부모에게 말하고 싶어 하지 않을 경우, 치료자가 환자에게 직접적으로 솔직하게 염려를 표현하는 것이 중요하다. 부모에게 현재의 자살경향성을 폭로하려는 것이 아니기 때문에 치료자는 기꺼이 십대의 반응을 모두 듣고 이런 걱정들이 타당하다는 것을 입증해 주어야 한다. 대부분의 경우 십대의 이유는 꽤 타당한 것들이다. 동시에 치료자는 비밀보장의 한계에 대한 합의를 일관되게 '끝까지 지킬(stay the course)' 필요가 있다. 이때 십대에게 합의한 것을 상기시켜 주는 것도 도움이 된다.

사례

치료자: 나는 이렇게 레아와 함께 있어요. 나는 레아 편이에요. 하지만 레아가 살아있지 않으면 도와줄 수가 없어요. 그래서 첫 번째 우선순위는 언제나 레아가 살아있게 하는 거예요. 그러면 지금 걱정하고 있는 것을 어떻게 엄마에게 알릴 수 있을까요? [치료자가 그 정보를 공유할 것인지(if)가 아니라, **어떻게**(how) 그 정보를 공유할지에 초점을 맞추고 있다는 것에 주목하라.]

레아: 엄마가 몰랐으면 좋겠어요. 언제나처럼 기겁해서 토요일 밤에 춤추러 나가지 못하게 할 걸요.

치료자: 그럼 엄마의 반응에 대해 걱정하고 있는 거네요. 왜 걱정하는지 알겠어요. 우리가 함께 어젯밤 자살생각이 심했었다는 것을 엄마에게 알리고, 동시에 자신을 해치지 않고 안전계획을 계속 지켰다는 것을 확신시킬 수 있는 방법이 있을까요? 이렇게 하면 우리는 엄마에게 두 가지를 알려 줄 수 있어요. 첫째는 레아가 자살생각을 하게 될 때 우리에게 알려준다는 것, 둘째는 자기 자신을 안전하게 지킬 수 있다는 것. 여러모로 이것은 엄마에게 레아가 정말로 열심히 치료를 받고 있으며, 걸림돌에 부딪친다고 처음 치료를 시작하던 데로 후퇴했다는 의미가 아니라는 것을 알려 줄 좋은 기회가 될 거예요. 이번에는 과거와는 아주 다르게 처리했잖아요. 어떻게 생각해요?

레아: 네, 그러네요. 하지만 여전히 엄마가 이번 주말에 집에 있으라고 할까 봐 걱정이 돼요.

치료자: 우리가 엄마에게 어떻게 말하느냐에 따라 달라질 수 있다고 생각해요?

레아: 아마도요. 시작할 때 선생님이 엄마에게 제가 전보다 더 나아졌다고 말해 줄 수 있으세요?

치료자: 물론이죠, 긍정적으로 시작한다는 건 좋은 생각 같아요.

레아: 엄마가 나한테 듣는 것보다 선생님에게 듣는 게 더 나을 거예요.

치료자: 할 수 있어요. 엄마를 함께 만나서 내가 긍정적인 면을 강조하면서 시작할게요. 그다음에 우리가 함께 어젯밤의 걸림돌에 대해 말씀드릴 수 있겠네요.

이 과정은 지루하고 시간이 많이 들 수 있지만 서둘러서는 안 된다. 안전계획의 구체적인 내용과 그 정보를 어떻게 가족과 공유할 것인지, 그 두 가지를 십대와 협상하는 것은 중요하다. 십대의 참여(buy-in) 없이(최소한 부분 참여라도) 돌진하는 것은 신뢰에 영구적인 손상을 끼치고, 이후의 치료를 비협력적인 분위기로 만들 위험이 있다. 십대의 현재 자살경향성 관리에 대해 협력적으로 잘 협상하면, 견고한 치료관계를 만드는 데 도움이 된다.

6. 십대를 참여시키기

대부분의 십대가 자발적으로 오지 않는다는 사실에도 불구하고, 치료자는 궁극적으로 십대의 자율성과 통제감을 높여 줄, 치료에서 초점을 맞춰야 할 영역을 확인하도록 도와야 한다. 우리는 이것을 **십대를 참여시키기**(getting the teen's buy-in)라고 부른다. 예를 들면, 치료자는 "너 자신과 가족에게서 어떤 변화를 보고 싶니?"라고 물어볼 수 있다. '차가 떠나기' 전에 십대가 '타는 것' 이 중요하다. 이를 위해 십대가 스스로 정한 목표를 달성하는 데 치료가 어떻게 도움이 되는지에 대한 논리적 근거를 알려 준 다음 피드백을 받는다.

사례

치료자: 그래서, 지니, 오늘 나를 만나러 온 건 누구 생각이었지요?

지니: 분명히 제 생각은 아니에요. 엄마는 내가 우울하다고 생각해요.

치료자: 지니 생각은 어때요?

지니: 엄마의 과민반응이라고 생각해요. 엄마가 뒤로 물러서서 좀 여유를

주면 더 나아질 거 같아요.

치료자: 그럴 수도 있을 거 같네요.

지니: 학교에서 엉망이었던 거 알고 있어요. 하지만 내가 알아서 할 수 있어요.

치료자: 지금은 여기 있는데, 나와 이야기하는 거는 어때요?

지니: 좋아요. 나는 정신과 의사 같은 것이 필요하다고는 생각하지 않아요. 하지만 좋네요.

치료자: 지니, 아주 중요한 점을 말했어요. 부모는 가끔 십대 자녀의 행동 변화를 보면, 걱정을 하게 돼요. 이것이 십대를 짜증나게 하고요. 하지만 가끔은 그 변화가 잠재적인 문제를 반영하는 경우도 있어요. 그래서 나는 우리가 서로를 좀 알아가면서, 실제로 무슨 일이 일어나고 있는지를 함께 알아보고 싶어요. 그다음에 그 결과를 엄마와 함께 이야기할 수 있을 거예요. 어떻게 생각해요?

십대에게 정신건강 치료에 대한 믿음과 이전의 경험에 대해 물어보는 것도 중요하다. 그렇게 하면서 치료자는 십대의 자기에 대한 지각과 변화 가능성에 대해 가치 있는 정보를 얻기 시작한다. 예를 들면, 십대는 종종 정신건강 치료에 의뢰된 것은 그들이 '엉망' 이고 역기능적인 삶을 살 운명이라는 의미라고 생각한다. 다음과 같이 물어볼 수 있다.

- "전에 치료를 받은 적이 있어요? 있다면 어땠나요?"
- "이전 경험에서 무엇이 좋았어요/안 좋았어요?"
- "어떤 것이 효과가 있어요/없어요?"
- "전에 치료를 받아본 적이 없다면, 치료에 대해 어떻게 생각하나요?"
- "치료를 받거나 받아본 사람을 알고 있나요?"
- "어떤 사람이 치료를 받으러 간다면, 그게 무슨 의미라고 생각하나요?"

7. 치료관계 구축하기

제3장에서 치료관계(therapeutic relationship)는 치료자의 기법적인 기술뿐만 아니라 대인관계 기술—특별히 협력하며 판단을 유보하고, 자기확신을 투사하는 능력 그리고 주장성, 유연성, 적절한 자기의 사용—을 요구한다고 했다. 이 대인관계 기술들이 십대와의 치료관계 구축에 사용되는 방법을 이 절에서 자세히 다룰 것이다.

십대와의 공고한 치료관계 구축은 치료자와 십대 양쪽의 협력을 통해서 이루어진다. 치료자는 십대에게 그의 목표를 향해 한 팀으로 함께 작업하는 것이 중요하다고 말해 준다("우리는 어떻게 그리고 언제 가족을 참여시킬지를 결정하는 것뿐만 아니라, 목표와 전략에 대해서도 함께 작업할 거예요."). 우리(we)라는 말은 절대적인 비밀보장을 약속하지 않고서도(비밀보장에 관한 절 참조), 치료자와 십대 간의 동맹을 전달하고 수립하게 해 준다. 궁극적으로 치료자의 목표는 치료자와 십대가 협력하며, 이것은 십대의 치료이고 그에게 책임이 있다는 것을 알려주는 것이다.

치료를 받는 것에 대해 십대의 생각을 듣는 동안, 종종 판단을 유보하는 능력이 중요한 역할을 한다. 동의하지 않더라도 청소년의 관점을 인정해 주는 것이 중요하다. 어떤 치료자들은 제안, 아이디어 또는 재확신을 줌으로써 십대를 빨리 변화시키고 싶은 욕망을 경험한다. 또 어떤 사람들은 자신의 치료 주제를 십대가 가져온 것보다 우위에 두고 싶은 강한 욕망을 발견하기도 한다. 이런 일은 치료자가 자살위험이 있는 십대를 치료할 때 특히 흔히 일어난다. 분명히 많은 치료자들이 안전 문제가 너무 뚜렷할 때 변화를 밀어붙이고 싶은 압박을 느낀다. 하지만 십대는 변화의 주제가 효과적으로 다루어지기 전에, 먼저 치료자가 그의 말을 듣고 수용한다는 것을 알아야 한다.

수용(acceptance)은 비판단적인 환경을 만들고 유지하기 위해 판단을 유보하는 기술을 사용할 때 가장 촉진된다. 치료가 가장 효과적이려면, 십대는 치료에서 어떤 생각, 감정, 경험이라도 부정적인 결과의 위험 없이[예: 벌, 수치, 무효화(invalidation)] 모두 표현할 수 있는 곳이라는 경험을 해야 한다. 많은 십대가 좋은 의도를 갖고 있는 성인조차 판단적인 성인으로 보는 데 익숙하다. 치료자가 십대의 경험에 대해 강하게 판단하거나 인정하지 않는다면, 이는 치료자가 부정적으로 판단하지 않고 십대의 경험을 이해하기 위해 더 많은 정보를 얻어야 한다는 지표가 된다. 넓은 시각에서 보고 비판단적인 입장을 유지하는 능력을 증진시키기 위해 슈퍼바이저나 동료들과 사례를 논의하는 것도 도움이 된다. 판단하지 않고 듣는 것은 십대와 이야기하고 있는 것에 대한 동의나 승인(approval) 같은 것이 아니다. 그보다는 치료자가 십대를 수용하고 미래의 변화를 촉진하겠다는 입장을 보여 주는 것이다. 이것이 종종 치료자가 최초로 걸려 넘어지는 걸림돌이 되기도 한다. 십대가 고통스러운 문제행동을 보일 때(예: 면도칼로 약간 긋는 것), 치료자가 바로 개입하여 그 문제행동을 없애고 싶은 충동에 저항하기는 어려울 것이다. 분명히 이런 문제행동에 조치를 취하지 않고 듣기만 하기는 어렵다. 하지만 십대에게 의미 있는 변화가 일어나기 위해서는, 우선 치료자가 십대를 이해하고 십대가 그 행동 때문에 부정적으로 보이지 않는다고 느껴야 한다. 면도칼로 살짝 자기 팔을 그은 15세 제나의 예를 보자. 먼저 치료자가 좀 더 판단적으로 상호작용하는 것을 보여 주고 다음에 비판단적인 상호작용을 제시하겠다.

• 판단적인

치료자: 금요일 밤에 정말 힘든 시간을 보낸 것 같네요.

제나: 예, 조와의 싸움으로 정말 화가 났어요. 참을 수가 없었어요. 기분이 나아질 수 있는 유일한 방법이 손목을 긋는 것이었어요.

치료자: 정말요? 그게 어떻게 기분을 나아지게 했나요?

제나: 모르겠어요. 그냥 그랬어요. 기분이 나아졌어요.

치료자: 하지만 이제 흉터가 하나 더 생길 거예요. 그것 말고 다른 것을 생각해 볼 수는 없었어요?

• 비판단적인

치료자: 금요일 밤에 정말 힘든 시간을 보낸 것 같네요.

제나: 네, 조와의 싸움으로 정말 화가 났어요. 참을 수가 없었어요. 기분이 나아질 수 있는 유일한 방법이 손목을 긋는 것이었어요.

치료자: 네, 그렇게 화가 나면 다른 걸 생각하기가 정말 어려울 수 있어요.

제나: 네, 정말 그랬어요. 나중에야 다른 것들이 생각났어요.

치료자: 맞아요. 적어도 잠깐 동안은 기분이 나아지기 때문에, 제나의 뇌가 바로 손목을 긋는 것으로 달려간 거지요. 불행히도 그 선택으로 결국은 기분이 나빠지고 흉터도 생겼으니 손목을 긋는 것이 장기적으로는 도움이 되지 않는다는 걸 알게 되었네요.

아마도 첫 회기의 내용(content)보다 더 중요한 것은 그 내용이 전달되는 방식(style)일 것이다. 몇 년에 걸쳐, 우리는 이러한 청소년들과 작업하는 치료자에게는 전문적인 경계를 유지하면서도 기본적인 자신의 정보를 공유할 수 있게 해 주는 방식을 개발하는 것이 특히 중요하다는 것을 알게 되었다. 치료자도 다른 사람들처럼 긍정적 · 부정적 경험을 포함한 일상을 보내는 진짜 사람이라는 것을 보여 주는 것이, 십대의 눈에 치료자가 인간으로 보이게 해 준다. 십대들은 자주 이렇게 말한다. "선생님은 모를 거예요. 선생님의 삶은 완전하니까요." 치료자의 문제를 약간이라도 나누면 십대와 진심으로 연결될 수 있다. 이는 치료자가 자신의 삶에 대한 개인적인 또는 은밀한 정보(예: 학대력, 치료, 물질 사용)를 노출해야 한다는 의미가 아니다. 치료자는 삶의 문제를 효과적으로 또는 기술적으로 관리하는 모범을 보이기 위해 자신의 사례를 활용할 수 있다는 것이다. 치료자는 십대에게 삶의 현실적인 문제를 해결하는 법을 보여 줄 수 있는 영향력 있는 위치에 있다는 것을 기억하라. 다음은 이 원리의 예시다.

치료자: 무슨 의미인지 알아요. 정말로 화가 나면 문제를 해결하기 어렵지요. 요전에 나는 상사와 아주 중요한 회의가 있었는데 회사에는 늦은 상황

이었어요. 내 차로 갔더니 타이어에 잠금장치가 채워져 있었어요. (십대가 웃는다.) 얼마나 당황했던지. 너무 화가 나고 좌절스러웠어요. 침대로 돌아가서 이불을 머리끝까지 덮어쓰고 싶었지요.

십대: 그래서 어떻게 하셨어요?

치료자: 잠시 동안 거기 서 있었어요. 머리를 흔들면서 제때 주차권 정산을 했어야 했다고 말했어요. 하지만 그때로 돌아가서 상황을 바꿀 수 없다는 것을 깨달았어요. 그래서 몇 번 심호흡을 하고 할 수 있는 일들을 생각하기 시작했어요. 먼저 사무실에 전화해서 상사에게 늦을 거라고 알려야 한다고 생각했어요. 그다음 회사에 가는 방법을 생각해 봤어요. 잠금장치를 풀기에는 시간이 너무 많이 걸릴 테니 다른 방법을 찾아야 했지요. 친구에게 전화했더니 데려다주겠다고 했어요. 그날 저녁 집에 돌아와서, 잠금장치에 있는 번호로 전화해서 초과된 주차비를 정산하고 제거하기로 했어요.

1) 함께 있기

많은 치료자들이 많은 일정과 책임 때문에 한 번에 한 가지에 온전히 초점을 맞추기가 어렵다. 예를 들어, 전화해야 할 가족들이 많을 수도 있고 다음 환자를 앞에 앉혀 놓고 여전히 이전 환자나 그날 마쳐야 할 다른 일들을 생각하고 있을 수도 있다. 환자는 우리가 산만한 것을 알아차린다. 특히 우울한 청소년이 그러한데 그는 치료자가 산만한 것을 자신을 인정하지 않는 것으로 경험할지도 모른다. 그래서 우리는 십대와 함께 있기(being present)의 중요성을 강조한다. 함께 있기는 그 순간에 일어나고 있는 내용과 과정을 정말로(really) 듣고 완전히 참여하는 것이다! 치료자가 이를 입증하는 방법은 많이 있다—말, 눈 맞추기, 신체 언어(예: 앞으로 기울이기, 개방적인 자세 유지하기).

치료자로서 우리는 언제 다른 생각을 하는지를 알아차리려고 한다. 우선, 우리는 산만하다는 것을 알아차리고 다시 초점을 맞추려고 노력한다. 가끔 몸의 위치나 자세를 바꿔준다. 계속 그 순간에 집중하는 것이 어려우면, 간단하게 잠시 산만해졌다고 말할 수 있다(예: "아, 마이크, 미안해요. 내 마음이 잠깐 다른 데 가 있었어요. 오늘 해야 할 일을 생각하고 있었네요. 정말로 어제 무슨 일이 있었는지 듣고 싶었는데 말이에요. 다시 한 번 이야기해 줄 수 있을까요?"). 십대는 사회적 관계(social referencing)에 민감하기 때문에 가끔 그들이 먼저 치료자의 부주의를 알아차리고 언급할 것이다.

사례

마이크: 오늘 좀 이상한 거 같아요. 제 이야기를 듣고는 있으세요?

치료자: 아, 마이크, 맞아요. 오늘은 내가 아닌 것 같네요. 오늘은 별로 좋지가 않아요. 헤매고 있는 것 같아요. 감기 때문에 좀 가라앉은 거 같은데, 그것 때문에 방해가 되었다면 미안해요.

마이크: 집에 가시는 것이 좋겠어요.

치료자: 고맙지만 다시 집중하도록 노력해 볼게요. 괜찮을까요?

마이크: 물론이죠. 좋아요.

만약 치료자가 100%가 아닌 상태로 회기에 들어간다면 환자와 가족에게 이를 알리는 것도 한 가지 방법이다. 예를 들면 다음과 같다.

"안녕하세요. 만나서 반갑습니다. 제가 방금 아주 심각한 응급 처치를 하고 와서 제정신이 아닌 것 같아 말씀드립니다. 회기를 진행할 텐데 제가 약간 산만해지더라도 양해해 주세요."

2) 주저함 다루기

십대를 치료에 참여시킬 때 특히 도전이 되는 경우는 십대가 변화 가능성에 대해 양가적이거나 주저할(reluctant) 때다. 분노와 과민함 때문에 종종 '저항적

(resistant)' 이라고 불리기도 한다. 하지만 십대가 주저하는 데는 타당한 이유가 있기 때문에, 우리는 치료자에게 힘겨루기는 피하라고 한다. 그럴 만한 이유가 있기 때문에 그렇게 행동하는 것이다! 치료자의 역할은(십대의 도움을 받아) 청소년의 주저함에 대해 생각하고 인정하고 이해하며, 이러한 문제를 협력해서 다루는 것이다. 주저하는 것이 완전히 타당화된 후에야 치료자는 변화를 위한 계획을 세울 수 있다.

치료자는 먼저 십대가 원하는 것이 무엇인지 알아야 한다("너와 내가 함께 작업하거나 또는 변하고 싶은 것이 있니?"). 치료자는 십대가 자기 삶에서 달라지기를 원하는 것을 찾아내서 '문 안에 발 들여놓기' 를 하게 할 수 있다. 예를 들어, 엄마가 강제로 치료를 받게 했다고 생각하며 주저하는 십대는 제일 먼저 '엄마를 떼어내는' 전략을 찾아내는 데 동의한다. 겉으로 보이는 십대의 주저함은 단순히 치료에서 어떻게 말해야 하는지 또는 무엇에 대해 말해야 하는지를 몰라서일 수도 있다. 치료자는 십대에게 통제감을 느끼고 치료 과정을 이해하도록 돕기 위해, 함께 작업할 목표를 선택하게 할 수 있다.

치료 참여에 장애가 되는 또 한 가지는 변화에 대한 희망이 없다는 것이다. 어떤 십대는 그에게 변화가 가능하다는 것을 믿지 않는다. 그는 치료자와 관계를 맺고 발달시킬 수 있지만, 아직 그가 무엇을 하든 또는 치료자가 그를 도우려고 어떤 노력을 하든, 계속 그의 삶은 여전히 똑같을 것이라는 믿음을 갖고 있다. 이렇게 말할지도 모른다. "선생님과 이야기하는 건 좋아요. 선생님은 아주 좋아요. 아마 다른 사람들에게는 치료가 도움이 될 거예요. 하지만 나한테는 효과가 없을 거예요. 우리 가족은 아주 엉망이에요. 항상 그랬어요. 그걸 고칠 수 있는 치료는 세상에 없어요." 이런 반응은 종종 청소년 환자들의 외적 통제소재(external locus of control)를 반영하는 것이다. 그들은 외적 요인에 현재 문제의 책임이 있으며 그들이 아무리 다르게 해도 이런 외부의 힘을 바꿀 수 있는 힘이 없다고 믿는다. 우리는 그런 십대의 관점에 동의할 뿐만 아니라 그것을 권하기도 한다. 치료자는 십대에게 그렇지 않다는 것을 설득해야 한다는 믿음의 함정에 빠지지 말아야 한다. 치료자는 삶이 불공정할 수 있다는 사실을 타당화해 줄 수 있고, 십대가 바꿀 수 없는 그의 삶에 영향을 미치는 외부의 힘을 인정할 수도 있다. 다음은 우울하고 자살위험이 있는 17세 청소년으로, 약물중독과 심각한 정신장애를 가진 부모에게 양육된 질과의 대화다.

치료자: 정말로 많은 일을 겪은 것 같구나. 네가 오늘 여기 있다는 것이 정말 다행이다.

질: 예, 내 인생은 정말 힘들었어요. 우리 엄마는 제가 열 살 때 우리를 버렸고, 저는 혼자서 자폐증이 있는 동생을 키웠어요. 아빠는 늘 놀러 나갔어요.

치료자: 그래서 너는 빨리 자라야 했고 많은 책임을 져야 했구나. 네가 왜 인생이 계속 힘들 거라고 생각하는지 확실히 알겠어.

질: 맞아요. 내가 무엇을 하든 상황은 안 좋을 거예요. 우리 엄마가 그랬던 것처럼요. 엄마는 열입곱 살 때 고등학교를 중퇴했어요. 그리고 지금 나는 겨우 그 나이예요. 그래서 나는 내게도 똑같을 거라고 생각해요. 내가 노력해도 너무 어려워요. 처리해야 할 게 너무 많아요.

치료자: 네 말이 맞다. 너는 많은 도전을 받으며 자랐구나. 분명한 건, 너는 17년을 살면서 대부분의 어른이 겪은 것보다 더 많이 겪었다는 거야. 공정하지 않아. 너의 삶을 다르게 만들 수 있는 방법을 배울 만한 성인 모델이 없었던 것도 사실이고. 무엇보다도 네가 우울증을 겪고 있고, 여동생을 책임져야 하고, 너 자신에 대해 책임을 지면서 이 모든 것을 하고 있다는 거구나. 이런 상황을 너보다 더 잘 다루고 있는 사람이 누가 있을지 상상할 수가 없구나.

치료자가 십대의 경험을 타당화해 줌으로써 십대가 정말로 더 많은 힘을 가질 수 있도록 내부 요인들을 확인하고 초점을 맞출 수 있는 단계로 이동하게 된다. 질과의 대화를 계속 예로 들어보겠다.

치료자: 맞아. 너의 삶에는 네가 통제하지 못하는 것들(외부 요인들)이 있어.

너는 엄마가 약물을 끊거나 아빠가 술을 끊게 할 수는 없지. 하지만 너는 지금 여기에 나와 같이 있어. 그리고 네가 통제해야 하는 것은 너 그리고 네가 지금부터 하는 것(내부 요인들)이야.

질: 네, 하지만 그것이 매일의 이 잡동사니를 처리해야 하는 걸 바꾸지는 못하죠.

치료자: 네 말이 정말 맞아. 여기서 너와 내가 할 수 있는 것이 너의 삶의 외적 요소들을 바꾸지는 못할 거야. 그럼에도 불구하고, 나는 너와 내가 너를 돌보는 것에 초점을 맞출 수 있고, 여전히 너에게 중요한 다른 것들을 돌볼 수 있는 방법을 찾을 수 있지 않을까 생각하는데.

질: 나는 항상 나를 뺀 모든 것들을 돌본 것 같아요. 변화를 위해 정말로 나 자신에 대해 염려한다면 좋을 거 같아요. 어떻게 하는 건지 모르겠지만 시도해 보는 것도 나쁘지 않겠어요.

질과 치료자와의 대화는 자기 문제를 외적 요소 때문이라고 보는 십대를 참여시키는 과정을 보여 준다. 하지만 16세의 말콤처럼 어떤 십대들은 우울증을 자기 안에 유전적으로 흐르는 좀 더 내적인 원인 때문이라고 생각한다. "내 기억에 나는 늘 우울했어요. 그게 지금의 나예요. 나는 늘 이럴 거예요." 이런 반응은 청소년 환자의 내적 통제소재(internal locus of control)를 반영하는 것이다.

치료자: 네 말이 맞아. 오랫동안 우울했던 것 같아 보인다. 당연히 그것이 네가 너 자신과 미래를 보는 방법에 영향을 주었겠구나. 너와 내가 임상적 우울증에 대한 이야기로 시작해 볼 수 있을 것 같은데. 우울증이 무엇인지, 원인이 무엇인지 그리고 중요한 것은 어떻게 나아질 수 있는지. 오랫동안 앓아온 병인데 한 번도 치료를 받지 않았다고 알고 있어.

말콤: 그게 내가 아니라 병이라는 걸 어떻게 알아요?

치료자: 좋은 질문이야. 함께 우울증의 증상에 대해 이야기해 보고 그다음에 너 스스로 결정해 보면 어떨까?

말콤: 좋아요.

우리의 경험으로는 치료를 시작하면서 바로 참여하는 십대는 거의 없다. 질과 말콤에게 치료자는 부분적으로 참여를 시켜 문 안에 발을 들여놓게 한 것이다. 전형적으로 십대는 치료 내내 왔다 갔다 할 수 있다. 십대를 치료에 참여시켜 유지시키는 것은 지속적인 과정이다.

요약하면 십대가 적절하게 치료를 경험하기 위해서는 치료가 어떻게 그들의 삶을 변화시키고 개선시키는 작업이 될 수 있을지를 알 필요가 있다. 우리의 경험에서 이것이 성공적인 성과의 가장 큰 예측요인 중의 하나라는 것이 증명되었다. 십대의 참여 없이는 가장 훌륭한 치료자가 가장 훌륭한 치료를 한다 하더라도 성공하지 못할 것이다.

8. 환자와 가족 심리교육

우울증은 종종 치료자, 환자, 가족 간의 파트너십을 요하는 만성적이고 재발이 잘 되는 장애다. 우리는 교육이 지속적인 과정이며 파트너십의 중요한 부분이라는 강한 믿음을 갖고 있다. 시간이 지나면서 환자와 가족이 이 장애의 관리에 좀 더 많은 책임을 지게 될 것이다. 첫 번째 단계는 환자와 가족이 우울증은 병이고 어떤 가족구성원의 잘못이 아니라는 것을 이해하도록 돕는 것이다. 환자와 가족은 우울증의 증상들을 알아차리는 방법을 배워서 앞으로 치료반응을 관찰하고 재발 여부를 알 수 있어야 한다. 우울증이 있는 사람에게 예측되는 경과를 알아야 하고, 여러 가지 치료 대안들의 위험과 장점에 대해 교육받아서 여러 대안 중에서 합리적으로 선택할 수 있어야 한다. 예를 들면, 어떤 사람이 이미 약물치료에 반응하지 않는다면 치료자는 다음 단계의 치료 선택이 어떤 시행착오를 포함하는지를 설명해 주어야 한다. 십대와 가족을 위한 심리교육 실행에 관해 좀 더 구체적인 내용은 브렌트와 폴링(Brent & Poling, 1998)을 참조하라.

사례

14세 소녀 린의 부모는 학교의 요구에 따라 과민함, 학교에서 자살의도가 없는 자해행동, 성적이 떨어짐, 친구 및 가족과의 불화, 전에 즐기던 활동에 관심을 잃음 등을 이유로 린을 데리고 왔다. 린의 어머니는 린이 정상적인 청소년이며 어머니 자신도 고등학교 때 비슷한 일을 겪었다고 하며, 린이 단지 관심을 추구하는 것이니 치료는 필요 없다고 한다.

답

치료자는 환자를 평가하고 우울증 진단을 확신한다면 청소년의 정상적인 기분 변동과 우울증 간의 차이를 설명해 줄 수 있다. 심장병이나 당뇨병 같은 다른 질병을 비유로 들기도 한다. 청소년의 발달적 변화가 기능 손상과 자해의 원인이 되는 것은 아니다. 다른 장애들과 마찬가지로 우울증은 가족력이 있는데 린의 어머니가 유사한 경험을 했을 가능성이 있다. 대부분의 십대가 관심을 원하고 추구하지만, 자해, 계속 싸우기, 다른 활동으로부터 철수하는 것 등에 의존하지는 않는다.

9. 목표 설정

일단 치료자가 십대와 가족에게 첫 번째 심리교육을 하고 나면 일반적인 치료 목표를 논의하는 것이 도움이 된다. 치료자는 십대와 가족에게 치료의 결과로 가장 보고 싶은 변화는 무엇인지 질문하면서 시작할 수 있다. 우리는 십대에게 먼저 물어보라고 권한다. 다음은 이런 논의의 예다.

치료자: 좋아, 그러면 지금부터 빨리 6개월 뒤로 가 보자. 치료가 도움이 되었다는 걸 어떻게 알 수 있지?

제인: 기분이 더 나아질 거예요.

치료자: 그렇구나. 네가 기분이 더 나아졌다는 걸 정확히 어떻게 알 수 있지?

제인: 글쎄요, 잠을 더 잘 자고 화를 잘 내지 않게 될 거 같아요. 또 자살을 그렇게 많이 생각하지 않을 거 같아요.

치료자: 내 생각도 그래. 모두 합리적인 기대구나. 네 생활의 다른 것, 친구, 가족, 학교 같은 것은 무엇이 달라질까?

제인: 아, 학교에서 더 잘할 거고 친구들과 극적인 사건을 많이 만들지는 않을 거예요.

이 지점에서 치료자는 부모를 끌어들일 수 있다.

치료자: 어머니, 아버지는 제인이 6개월 후에 무엇이 달라지기를 기대하세요?

어머니: 그 애가 더 이상 자살에 대해 생각하지 않으면 좋겠어요. 그게 저의 가장 큰 걱정이에요. 너무 걱정돼요.

아버지: 저도 그래요. 그 애가 다시 행복해지기를 바랍니다. 성적이 다시 올라가고 친구들과 다시 재미있게 지내면 상황이 나아지고 있는 걸 거예요.

치료자: 그러면 제인이 기분이 더 나아지면 생활이 어떨지에 대해 모두 비슷한 생각을 하고 있는 것 같네요. 가족에게는 뭐가 달라질까요?

어머니: 저는 그 애가 우리와 함께 시간을 더 많이 보내고 혼자 있는 시간이 줄었으면 좋겠어요.

제인: 네, 우리가 많이 싸우지 않으면 그렇게 될 수 있을 거 같아요.

아버지: 맞아요. 그리고 집에서 좀 더 존중해 주면 좋겠어요.

치료자: 그러면 대체로 우리가 제인이 덜 우울해지도록 돕는 방향으로 작업하고 있는 것 같네요. 그건 제인이 덜 과민하고 자살위험이 없어질 거라는 의미예요. 제인, 너도 학교에서 더 잘하고 친구들과도 잘 지내고 싶다고 했어. 마지막으로 모두가 가족 간의 갈등이 적어지면, 그것이 치료의 중

요한 성과라는 데 동의했어요. 좋습니다. 우리가 놓친 것이 있을까요?

어머니: 아니요, 가장 중요한 것들은 모두 포함했다고 생각해요. 제인, 너도 그렇게 생각하니?

제인: 네, 그런 거 같아요.

요약하면, 치료자는 십대 그리고 가족과 함께 치료목표를 정하는 논의를 촉진한다. 이를 통해 치료자는 치료의 우선순위를 이해할 뿐 아니라 가족으로부터 정보를 얻을 수 있다.

요점

- 회기 구조화에는 주제 설정, 회기 요약, 피드백 받기가 포함된다.
- 개입 수준의 증가를 수반하는 안전계획은 치료자와 환자, 가족이 협력하여 만든다.
- 안전계획은 치료 내내 계속 개발된다.
- 안전계획 협상은 적절한 개입 수준을 결정하는 데 영향을 준다.
- 비자발적인 십대를 치료에 참여시키기 위해, 처음에 십대가 기꺼이 작업할 만한 것을 찾는다.
- 관계에 대한 신뢰는 중요하다. 하지만 십대에게 절대적인 의미의 비밀보장을 약속하지 않는다.
- 발달적인 면을 고려할 때, 십대는 비판단적이고 진솔하며 개방적인 치료자를 인정해 준다.
- 환자와 가족을 위한 심리교육은 치료에서 필수적이고 지속적으로 이루어져야 한다.
- 목표 설정을 위해 처음에 십대에게, 다음에 부모에게 치료의 결과로 가장 보고 싶은 변화가 무엇인지 물어본다.

제5장

연쇄분석과 치료계획

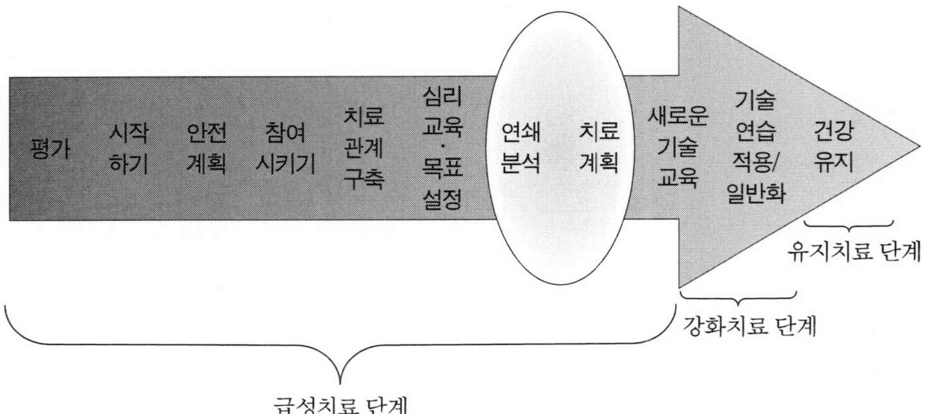

학 습 내 용

- 연쇄분석이 무엇인가
- 연쇄분석 사용 시기
- 연쇄분석 시행시 장애물을 다루는 방법
- 청소년과 연쇄분석을 시행하는 방법
- 가족을 연쇄분석에 포함시키는 방법
- 취약성 및 보호요인의 중요성
- 연쇄분석을 사용하여 치료계획을 알리는 방법

치료자와 환자, 가족이 치료목표에 동의하게 되면 치료자는 연쇄분석을 실행하는 단계로 넘어갈 수 있다. 이 장에서 우리는 연쇄분석과 그것의 근거를 기술하고 연쇄분석을 사용하여 치료계획을 알리는 방법을 설명할 것이다.

1. 연쇄분석이 무엇인가

연쇄분석(chain analysis)은 어떤(any) 행동의 상세한 기능적 분석이다. 우리의 목적에 따르면 그 행동은 보통 자살시도, 자살의도가 없는 자해행동(non-suicidal self-injury), 알코올 또는 약물 사용, 공격성 또는 다른 충동적인 행위와 같은 문제행동이다. 연쇄분석 시행 과정은 치료자와 환자가 특정 문제행동을 일으키고 유지하는 데 기여하는 다양한 요인들을 이해하는 데 도움이 된다. 이런 요인들을 확인함으로써 치료자와 환자는 구체적으로 이 요인들을 대상으로 한 치료적 개입을 확인하는 데 유리한 입장에 서게 된다.

연쇄분석은 행동주의에 기반을 두고 있다. 행동주의는 세 명의 치료자—파블로프(Ivan Pavlov), 왓슨(John Watson), 스키너(B. F. Skinner)—의 영향력 있는 작업을 통해 1900년대 초기에 형성되었다. 파블로프는 개 실험을 통해 처음으로 환경적 자극(종소리)이 조건적인 반응(종소리에 침 흘리기)을 자극하는 데 사용될 수 있음을 입증함으로써 고전적 조건형성을 설명하였다. 왓슨은 파블로프의 이론을 인간행동에 적용하여 확장시켰다. 이어서 스키너는 강화가 원하는 행동을 증가시키고 처벌이 원치 않는 행동을 감소시킨다는 조작적 조건형성 개념을 소개하였다.

이런 행동적 개념은 다양한 집단의 행동변화에 영향을 주도록 고안된 치료 기법들을 알리는 데 중요한 역할을 하였다. 예를 들어, 행동분석은 특히 발달문제가 있는 아동들이 새로운 기술을 익히는 데 도움이 되는 효과적인 도구임이 입증되었다. 행동분석은 오랫동안 기분장애가 있는 사람들의 정서 및 행동의 자기조절 문제를 대상으로 하는 치료 도구로도 사용되어 왔다. 데이비드 웩슬러(David

Wexler, 1991)는 청소년에게 적합한 청소년용 연쇄분석에 대해 설명해 준다. 그는 이 접근을 자기조절에 어려움이 있는 청소년들을 위한 정지화면 기법(freeze frame method)으로 명명하였다. 정지화면 기법은 마치 영화나 TV쇼를 느린 화면으로 보듯이 치료자와 십대가 그 사건을 느린 화면으로 기술하는 것이다. 워싱턴 대학교의 마샤 리네한(Marsha Linehan, 1993)은 자해하는 성인들을 대상으로 연쇄분석을 사용하였고, 이후에 펜실베이니아 대학교의 그렉 브라운 등(Brown et al., 2005)은 성인 자살시도자들의 인지행동 분석을 사용하였다.

청소년들은 처음에는 최근의 문제행동에 대한 촉발요인이나 기여요인들을 잘 찾아내지 못한다. 예를 들어, 십대들이 이렇게 얘기하는 것은 흔한 일이다. "약을 먹던 날 큰일이 있었던 건 아니에요. 그냥 그렇게 했어요. 하지만 또 그러지는 않을 거예요." 연쇄분석은 치료자로 하여금 십대가 처음에는 잘 모르지만 타당한 이유가 있어서 행동하는 거라는 생각에 관심을 갖도록 도와준다. 예를 들면 다음과 같다.

> "우리는 사람들이 충분한 이유가 있어서 어떤 것을 한다고 믿고 있어. 너와 내가 함께 그 특별한 날에 대해 호기심을 가지고, 이유가 무엇이었는지 찾아보았으면 해."

이렇게 이유를 찾는 과정은 치료자와 십대가 문제행동에 대해 더 잘 이해할 수 있게 해준다. 그 결과 십대는 자신의 행동에 대한 통제감을 증진시키고 궁극적으

- 십대가 특정 문제행동의 이유를 찾는 데 도움이 된다.
- 십대가 행동통제를 증진시키는 데 도움이 된다.
- 변화가 가능하다는 십대의 믿음을 향상시킨다.
- 취약성 요인과 부족한 기술을 확인하여 치료계획을 세울 수 있게 해 준다.

그림 5-1 연쇄분석을 시행하는 이유

로 변화가 가능하다는 것을 믿게 된다([그림 5-1] 참조).

2. 연쇄분석 사용 시기

우리는 치료자가 우울하고 자살위험이 있는 십대의 치료 초기단계에서 연쇄분석을 시행하기를 권한다. 이 단계에서 연쇄분석은 고위험 행동들에 초점을 맞춘다(예: 자해, 물질사용, 위험한 성관계, 자살경향성).

이후의 치료 단계에서는 일단 위험한 행동의 빈도가 낮아지면, 십대에게 고통스러운 어떤 경험(어떤 행동이나 정서일 것이다.)을 더 잘 이해하는 데 연쇄분석이 도움이 된다. 예를 들어, 16세인 줄리는 회기 중에 가장 친한 친구가 그녀의 전 남자친구와 '사귀고 있다' 는 것을 알게 되어 고통스럽다고 하였다. 줄리는 자해행동을 하지는 않았지만(과거에는 했을 수도 있지만), 이해하기 어려운 매우 강하고 고통스러운 정서를 경험했다. 연쇄분석 과정은 줄리가 자신의 정서적 반응을 이해하는 데 도움이 되었고, 궁극적으로 연쇄고리를 끊어 내어 고통 수준을 감소시키는 방법을 찾아내도록 도와주었다.

연쇄분석은 가족 회기에서, 가족들의 반응같이 문제행동과 관련된 외적 요인들을 찾아내는 데도 사용될 수 있다. 예를 들어, 리사는 통행금지령에 대해 어머니와 언쟁이 있었다. 서로에게 소리를 지르고 악을 쓰고 난 후 리사는 자기 방으로 뛰어올라가 면도날로 팔을 살짝 그었다. 그런 후 바로 아래층으로 내려와 자신이 한 행동에 대해 어머니에게 말했다. 그때 엄마가 사과하고 그다음에 리사가 사과했다. 그들 사이의 긴장이 사라지고 서로를 끌어안았으며 통행금지에 대해 더 이상 논하지 않았다. 이 사례는 문제행동이 어떻게 다른 사람의 반응에 의해 잘못 강화되는지를 보여 준다. 제6장과 제7장에서 이와 같은 임상 시나리오에 개입하기 위한 구체적인 기술들을 좀 더 자세히 다룰 것이다.

3. 연쇄분석 시행시 장애물을 다루는 방법

우리의 경험에서 보면, 많은 청소년들이 처음에는 그들의 이야기로 돌아가서 다시 확인하는 과정을 싫어한다. 다음은 십대들이 '사건의 연쇄(chain of events)'를 검토하려고 하지 않는 일반적인 이유들과 치료자가 어떻게 반응할 수 있는지에 대한 제안이다.

십대: 다시는 안 할 거예요. 그것에 대해 말하면 다시 화가 날 거예요.

치료자: 그래. 그런 화나는 상황에 대해 말하는 것이 매우 어려울 수 있지. 네가 왜 말하고 싶지 않은지 알 것 같아. 내가 너라도 원치 않을 것 같아. 그렇지만 그 당시로 돌아가서 너에게 무슨 일이 있었는지를 생각해 보면, 몇 가지 중요한 정보를 알 수 있을 거야. 내가 바라는 건, 우리가 함께 네가 화나는 감정을 견디는 능력을 키워서 미래의 화나는 상황을 정상적인 삶의 일부로 받아들일 수 있게 하는 거야.

십대: 지금은 기분이 훨씬 나아졌는데….

치료자: 때때로 기분이 더 나아졌을 때가 과거의 문제를 논하기에 가장 좋은 시점이지. 그때로 돌아가서 기여한 요인들을 확인하면, 미래의 자살시도 예방에 도움이 되는 조망을 가질 수 있다는 말이지. 네가 좋은 기분을 유지할 수 있도록 도와주는 방법이 될 거야.

십대: 알겠어요. 그러면 그 일을 다시 들춰내는 것의 요점이 뭐죠?

치료자: 그 일을 다시 들춰내는 것의 요점이 무엇이냐구? 좋은 질문이구나. 음, 중요한 점은 그날로 돌아가서 모든 것을 더 잘 이해하게 되면, 살기 힘들어질 때 통제감을 증진시킬 수 있다는 거지. 우리는 '그것'이 너를 통제하는 것이 아니라 네가 '그것'을 통제한다고 느끼도록 도울 거야. 어떻게 생각하니?

연쇄분석을 진행하도록 허락을 받으면 이 연습의 근거를 더 제공해 주는 것이 중요하다. 예를 들면 다음과 같다.

"자기 이야기를 하고 싶은 마음이 생겼다니 나도 기쁘구나. 내 생각에 그렇게 하면 우리가 잘 이해할 수 있을 것 같아(get on the same page). 우리가 같이 자살시도를 (또는 다른 문제행동을) 하게 하는 모든 요인들을 (외적, 내적) 찾고 확인할 수 있을까? 분명히 그날은 뭔가 다른 게 있었을 거야. 만약 우리가 취약하게 만드는 요인들에 대해 모두 알 수 있다면, 네가 도전적인 삶의 경험들을 예측하고 준비하고 반응하는 데 도움이 될 전략과 기술들을 찾을 수 있을 거야."

4. 연쇄분석 시행 방법

첫 단계는 청소년에게(나중에는 부모들) 자살시도로 이끈 내적 · 외적 사건들을 재구성하게 하는 것이다. 시작할 때 치료자는 십대에게 소리 내어 겉으로 보이는 그날의 사건 속으로 (때때로 하루 이상일 수도 있다.) 걸어가 보라고 한다. 이렇게 물어볼 수 있다. "돌이켜 보니, 언제 상황이 나빠지기 시작한 것 같아?" 연쇄분석을 할 때, 그날 있었던 일들을 영화를 보는 것(정지화면 기법에서처럼) 같은 비유가 도움이 된다.

"그날 너에게 어떤 일이 일어났는지 나에게 이야기해 주면 좋겠어. 괜찮다면 네가 말하는 동안 기록을 할 거고, 그러면 그날 있었던 일을 진짜로 볼 수 있어. 사건의 연쇄를 써보면 네가 자살을 시도하게 한 사건들의 중요한 연쇄고리를 확인할 수 있지. 우리의 목표는 그날의 사건들을 영화를 보는 것처럼 그 날을 아주 상세하게 재창조하는 거야. 이렇게 하면서 우리는 '영화를 정지시켜 놓고', 중요한 '장면들' 을 확인할 수 있을 거야."

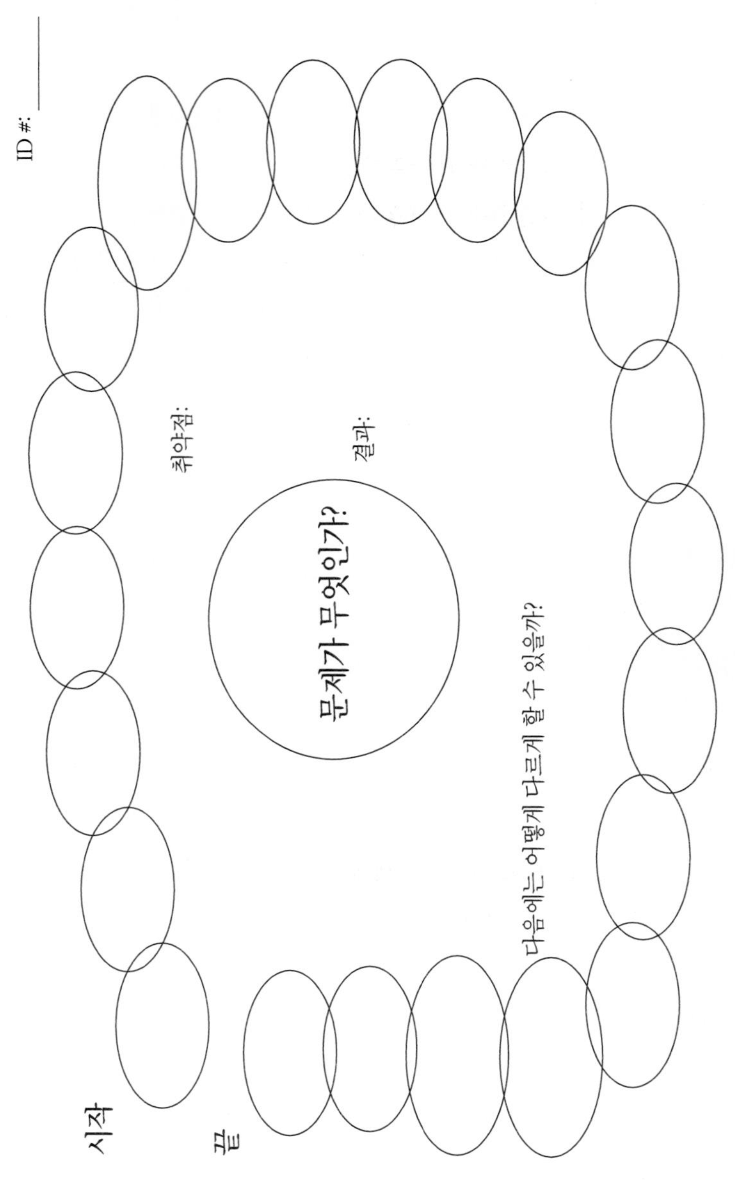

그림 5-2 연쇄분석

출처: Brent, Poling, & Goldstein(2011). *Treating Depressed and Suicidal Adolescents.* Copyright 2011 by The Guilford Press. 원저 구매자의 개인적 사용을 위해 이 그림의 복사를 허용함(세부 사항은 저작권 페이지 참조). The Guilford Press 홈페이지에서 큰 그림을 다운로드할 수 있음.

이런 이야기를 하는 과정에서, 치료자는 관련 있는 외적 · 내적 요인들에 대해 질문(예: 그때 너는 어디에 있었니? 거기에 또 누가 있었니? 너는 무엇을 하고 있었니? 무슨 생각이 들었고 어떤 감정을 느꼈니?)해서 십대가 좀 더 자세히 회상할 수 있도록 돕는다. 치료자는 또한 세부적이고 구체적인 질문을 통해 회상을 강화한다. 예를 들어, "그날 날씨는 어땠니?" 또는 "너는 무슨 옷을 입고 있었지?" 와 같은 것이다. 또한 치료자는 다른 날보다 특히 그날 자살시도 가능성을 증가시킨 취약성 요인들에 대해 질문해야 한다. 취약성 요인에는 피로, 충분하지 못한 수면, 물질사용, 카페인 사용 및 호르몬 요인 등이 포함된다.

사건의 연쇄 안에는 문제행동의 결과와 주변의 반응들이 포함된다. 치료자는 단기와 장기 결과들을 구분하여 구체적인 결과와 반응들에 대해 질문해야 한다. 예를 들어, "약을 모두 먹은 후에 병원에 갔고, 그다음에는 무슨 일이 있었지? 병원에서 사람들이 너를 어떻게 대했니? 가족들은 어떻게 반응했니? 친구들은 어땠니?" 등이다. 이런 정보를 모두 연쇄분석표에 기록해야 한다([그림 5-2] 참조).

5. 부모와 연쇄분석 시행하기

우리는 치료자에게 청소년과 연쇄분석을 시행한 후 부모와 함께 사건들의 연쇄를 재검토하도록 권한다. 종종 부모들은 치료접근에 대한 정보를 주는 다양한 관점뿐 아니라 추가적인 정보도 가지고 있다. 부모와 연쇄분석을 하는 방법은 십대들과 하는 것과 동일하다. 치료자는 부모에게 자신들의 사건 경험을 이야기해 달라고 요청하며 시작할 수 있다.

어떤 경우에는 가족들이 자살시도나 다른 문제행동들에 대해 얘기하는 것을 꺼릴 수도 있다. 가족들은 문제의 심각성을 축소하거나 그 행동을 관심 끌기나 조종하는 것으로 보기도 한다. 어떤 부모들은 자살시도에 대해 말하는 것이 상황을 더 악화시킬 거라는 두려움을 느낄 수도 있다. 또 다른 부모들은 그런 행동을 '십대의 정상적인 행동' 이라고 볼 수도 있다.

부모가 주저하는 경우, 치료자가 그들의 관점을 주의 깊게 경청하는 것이 중요하다. 치료자는 십대들에게 하듯이 부모들에 대해서도 비판단적인 관점을 유지해야 한다. 청소년들이 충분한 이유가 있어 어떤 행동에 관여하듯이 부모도 그렇다. 우리는 종종 '제도(the system)'가 부모를 비난하거나 부모가 자녀의 문제행동에 전적인 책임이 있다고 할지 모른다는 부모의 두려움을 발견한다. 가족에게 접근할 때 치료자는 복합적인 가족 요인이 작용하고 있다는 것(예: 부모의 기분장애, 세대 간의 외상, 가정폭력 그리고/또는 환경적인 스트레스 요인들), 어떤 단일한 사건이나 위험요인이 전적으로 자살시도에 영향을 미칠 수는 없다는 것을 기억해야 한다.

6. 취약성 및 보호요인 다루기

치료자와 십대는 연쇄분석 과정에서 얻은 정보를 통해 자살행동에 기여하는 중요한 요인들에 대해 알게 될 것이다. 이러한 정보는 치료가 어떻게 진행되어야 하는지를 바로 알려 준다. 치료자는 십대에게 다음과 같은 질문으로 시작할 수 있다.

- "그날은 무엇이 달랐지?"
- "그 전날이 아니라 바로 그날, 자살행동을(또는 다른 문제행동을) 하도록 만든 것은 무엇이었을까?"

치료자는 문제행동으로 이끌거나 기여한 취약성 요인들을 찾아보는 것에 대한 논리적 근거를 설명하면서 따라간다. 종종 취약성 요인 중에는 꽤 짧은 기간에 치료에서 변화시키기 가장 쉬운 것도 있다. 잘못된 수면 습관과 같은 취약성 요인들은 종종 눈에 띄는 행동이기 때문에 쉽게 문제행동과 관련이 있다는 것을 알아차릴 수 있는 경우다. 게다가 취약성 요인에 대한 논의는 대인관계 갈등과 같은 다른 관련 요인들을 논의하는 것에 비해 정서적 부담이 덜하다. 그러므로 치료 초기에 십대들은 정서적 부담이 더 큰 다른 주제들(예: 학대, 가족 갈등)과는 달리 취약성 요인들은 기꺼이 찾을 수 있을 것이다.

연쇄분석은 청소년과의 작업에서 보호요인들, 즉 위험에 대항하여 보호하는 요인들을 확인하는 데도 도움이 된다. 예를 들어, 친사회적인 또래집단의 존재, 의미 있고 적극적인 공동체나 학교 활동 참여, 지지적인 성인 역할모델과의 연계는 청소년이 위험 상황에서 문제행동에 관여되지 않도록 막아 준다.

치료에서 취약성과 보호요인을 모두 확인한다는 아이디어는 '보상(compensation)' 모델과 '자본화(capitalization)' 모델 중 어느 것이 우울증과 자살경향성 치료에 더 효과적인지를 결정하고자 하는 최근의 연구와 같은 맥락이다. (취약성 요인을 강조하는) 보상 모델은 개인의 상대적으로 약한 영역을 치료하는 데 초점을 두는 반면, 자본화 모델은 개인의 강점을 향상시키는 데 초점을 두고 있다. 어떤 접근이 좀 더 유익한지는 그다지 알려진 것이 없다. 이제까지 이루어진 작업은 결핍의 유형과 정도가 최적의 접근을 결정하는 데 중요하다는 것을 알려 준다. 어떤 결핍은 다른 것들에 비해 변화하기 쉽다. 예를 들어, 문제해결력 부족이 분명할 때는 이 기술을 향상시키는 데 초점을 둔 보상 접근법이 효과적으로 보이는 반면, 사회적 기술 부족은 기술 훈련에 더 천천히 반응할 수 있기 때문에 이런 상황에서는 자본화 모델이 더 적합하다. 이 분야에 아직 의문이 있다는 것을 고려하여, 우리는 치료자들이 취약성 요인과 보호요인을 모두 확인하는 포괄적인 접근을 취하길 바란다.

1) 취약성 요인

취약성 요인(vulnerability factors)은 십대의 우울과 자살행동에 영향을 준다. 충분하지 못한 수면은 가장 유의미한 요인 중 하나로서 부정적인 정서와 위험한 행동에 대한 십대의 취약성을 증가시킨다. 그러므로 치료 초기에 수면 문제 같은 취약성 요인들이 어떻게 기분과 행동에 영향을 미치는지를 가르쳐주는 것이 중요하다. 예를 들어, 십대들은 대부분 잠이 부족할 때 더 빨리 신경질적이 되거나 화가 난다는 것을 쉽게 알 수 있다. 치료자는 좋은 수면 습관을 갖는 것의 중요성에 대해서 십대에게 코치할 수 있다. 좋은 수면 습관에 대한 제안은 [그림 5-3]에 제시하였다.

좋은 수면 습관 갖기 뿐 아니라 십대가 좀 더 효과적으로 정서를 관리하도록 도와주는 취약성 요인 감소 전략들이 있다. 우리는 십대가 규칙적인 식사 습관 갖기와 같은 그 외의 기본 욕구들에 관심을 갖도록 격려한다. 예를 들면, 많은 십대가 너무 많이 먹거나 너무 적게 먹는 것이 건강, 자부심, 기분에 부정적인 영향을 미쳤던 때를 기억할 수 있을 것이다.

- 잠자고 일어나는 규칙적인 시간을 정하고, 주말이나 방학에도 지킨다.
- 너무 피곤하더라도 낮잠은 자지 않는다.
- 카페인이나 니코틴은 특히 잠자기 4~6시간 전에는 피한다.
- 규칙적으로 운동한다. 그러나 잠자기 4~6시간 전에는 피한다.
- 화장실에 가느라 잠이 방해받지 않도록, 잠자기 바로 전에는 음료수를 마시지 않는다.
- 잠자기 전에 너무 많이 먹지 않는다. 그러나 진정시키는 가벼운 음식은 도움이 될 수 있다.
- 침대는 잘 때만 사용한다. 잠자리에서는 독서, 숙제, TV 시청을 피한다.
- 잠자리는 편안하게 만들고, 침실은 조용하고 쾌적한 온도를 유지한다.
- 잠자기 약 1시간 전에 뜨거운 목욕을 한다. 목욕 후 체온이 급속히 낮아지는데 이것이 잠드는 데 도움이 된다(잠자기 바로 전에 목욕하는 것은 각성을 더 높인다).
- 잠자기 30분 전에 잠자리 밖에서 이완 활동을 한다(예: 독서, 이완시키는 음악듣기, 이완 운동 등).
- 시계를 보지 않는다. 시간에 집착하면 잠들기가 더 어렵다.
- 15~20분 안에 잠들지 않으면, 잠자리에서 나와 다른 방으로 가거나, 책을 읽거나 다시 잠이 올 때까지 조용한 활동을 한다.

그림 5-3 수면 개선을 위한 제안

우리는 또한 십대에게 규칙적인 운동을 하도록 권한다. 운동을 전혀 하지 않는 십대에게는 작은 것으로 시작해서 각 개인에게 합당한 매일의 목표를 따라가는 것이 중요하다. 목표는 우울증 발병 이전의 활동 수준뿐만 아니라 현재의 신체적 건강을 고려하여 정한다. 알다시피 신체적 질병이나 고통은 정서적 건강에 영향을 미칠 수 있으므로, 전반적으로 좋은 신체적 상태를 갖도록 노력하고 유지하는 것이 중요하다.

약물과 알코올이 우울한 기분과 자살경향성에 미치는 영향에 대해서 십대와 논의하는 것이 중요하다. 물질사용은 우울감, 통제력 상실, 바른 결정을 내리는 능력 손상에 영향을 미치는 주요인이다. 알코올이나 물질을 사용하는 우울한 십대는 자살행동을 할 위험이 더 크다.

2) 보호요인

많은 자살시도자는 죽고 싶다는 것에 대해 양가감정을 보인다. 종종 죽고 싶다는 압력을 받을 때, 다른 한편에서는 특정한 이유 때문에 살고 싶은 마음이 어느 정도는 있다는 것을 확인할 수 있다. 이것이 자기 파괴적인 행동에 대한 보호요인들을 확인하고 강화하기 위해 치료자가 십대와 함께 작업할 수 있는 지점이다.

보호요인(protective factors)을 찾는 방법은 두 가지가 있다. 첫 번째는 개인의 삶에서 특별한 것, 그가 '살아야 하는 이유'라고 하는 것을 포함한다. 이것은 단기적인 소망일 수도 있고 장기적인 소망일 수도 있다. 예를 들어, 십대는 학년 말 댄스파티, 고등학교 졸업, 자신의 아파트를 갖는 것 또는 결혼을 기대할 수 있다. 치료자는 십대가 이런 미래 목표를 정교화하도록 격려하고 이런 목표 도달에 대한 희망이 없다는 암시에 귀를 기울여야 한다. 급성 우울증을 앓고 있는 십대들은 많은 경우 현재의 고통을 급성 질환의 증상 때문이라고 생각하기보다 항상 이렇게 느낄 것이라고 믿고 있다. 치료자는 십대가 우울증의 특정 증상들(예: 무망감, 동기 감소, 무쾌감증)이 어떻게 미래 목표에 도달할 수 없을 것이라는 믿음에 영향을 미치는지를 이해하도록 도와야 한다. 치료 가능한 질환이 개선되면서 십대는 자신의 미래를 다르게 보게 된다. 이런 방법으로 치료자는 미래에 대한 희망을 만들어가는 것을 목표로 한다. 치료자는 또한 그 외에 십대의 자살행동을 막아 주는 것들을 구체적으로 물어볼 수 있다. 탐색할 영역으로는 십대의 종교적 신념, 가족 구성원과 친구들, 애완견과의 유대, 미래 계획에의 몰두 등이 있다.

보호요인을 치료에 포함시키는 두 번째 방법은 최근의 문헌에서 찾을 수 있다. 우울한 십대에 대한 연구는 일관되게 십대를 자살로부터 지켜 줄 수 있는 어떤 요인들이 있다는 아이디어를 지지하고 있다. 이 요인에는 건강하고 친사회적인 또래집단 소속, 학교와 지역사회와의 연계, 가족과의 적극적인 유대가 포함된다. 치료자는 이 세 가지 중요한 영역의 참여 증진을 촉진시킴으로써 보호요인을 증가시킬 수 있다. 예를 들면 다음과 같다.

치료자: 이제 가족 모두가 아주 바쁘고, 그래서 어머니께서 가족과 시간을 보내는 것이 매우 어렵다는 것을 알았습니다.

어머니: 네, 나는 두 가지 일을 하고 있어요. 그리고 조이는 1주일에 4일 저녁마다 축구 연습을 해요. 저는 뛰어와서 어린이집에 맡긴 아이를 데려와야 하고요. 이런 상황이 계속되지요.

치료자: 그렇겠네요. 정말 많은 것들을 하고 계시네요. 어머니와 조이는 서로 언제 보나요?

조이: 거의 못 봐요.

어머니: 맞아요. 우리는 아침에 겨우 잠깐 동안 봐요.

치료자: 사는 것이 힘들어 함께 시간을 갖는 것이 어렵다는 것으로 들립니다. 좀 달라졌으면 하는 점이 있으세요?

조이: 네, 동생이 생기기 전까지는 엄마와 항상 대화를 나누곤 했어요.

어머니: 그때가 그리워요. 그렇지만 저는 지금 하는 것 이상은 더는 못하겠어요.

치료자: 지금이 최대한이라는 걸 알겠어요. 아기도 있고 상황이 다르지요. 그렇지만 전처럼 둘이 할 수 있는 아주 작은 시간이라도 찾아볼 수 있는

방법이 있을까요?

어머니: 좋을 것 같긴 한데, 언제인지는 모르겠어요.

조이: 아침에는 어때요? 아기가 아직 자고 있을 때요. 최소한 같이 먹을 수 는 있을 거예요.

어머니: 그거 좋은 생각이다. 근데 아침에 너무 바쁘지 않을까?

치료자: 음, 그렇게 하는 데 시간이 얼마나 걸릴까요?

어머니: 글쎄요, 5분 내지 10분 정도 일찍 일어나면 가능할까?

치료자: 그거 좋네요. 조이, 너는 어떻게 생각하니?

조이: 나는 해 봐야 한다고 생각해요.

치료자: 좋아. 어떻게 했는지 빨리 듣고 싶구나.

취약성 요인과 보호요인을 찾는 것의 기본 전제는, 삶의 기본적인 것들에 참여함으로써 일상생활의 스트레스 요인과 강한 정서들을 효과적으로 다루어 나가는 능력을 향상시켜, 그것의 영향으로부터 덜 취약하고 더 보호적이 될 수 있다는 것이다.

7. 치료계획

1) 협력하여 치료계획 세우기

환자와 가족이 치료계획을 세우는 과정은 협력적이어야 한다. 협력적 접근이 중요한 이유가 세 가지 있다. 첫째, 십대와 가족은 치료 결정을 실행할 당사자들이므로, 그들이 치료에 책임이 있다는 것을 느끼는 것이 중요하다. 치료 프로그램에 강제로 들어가게 되었다고 여기는 가족들은 치료를 잘 따라가지 않을 것이다. 둘째, 거의 비슷한 효과를 보이는 몇 가지 접근법들이 있다. 환자와 가족이 그 방법들 중 하나에 대해 강한 느낌을 받는다면 그리고 치료자가 그것을 실행하는 데 능숙하다면, 그 방법이 시작하기에 적절한 지점이 될 것이다. 치료자는 여러 치료법들에 대해 장점과 약점을 포함해서 알려 주어야 한다. 그런 후에 십대와 가족이 함께 작업하여 치료자가 도움이 될 거라고 생각하고 환자와 가족이 승인하는 방법을 선택한다. 셋째, 중요한 몇 가지 연구들의 기여에도 불구하고 환자들의 복잡성 때문에 임상시험 결과를 넘어서는 임상적 질문들이 제기된다. 이는 우리의 치료계획이 기존의 문헌과 임상경험의 결합에 근거한 것이며 권위주의적인 입장이 종종 경험적으로 지지되지 않을 수 있음을 의미한다.

2) 치료계획 수립 방법

일단 십대와 치료자가 자살시도와 관련된 일련의 사건들과 관련된 세부사항을 연쇄분석을 사용하여 세밀히 살펴보고 가족의 정보를 통합하면 이 연쇄를 사용하여 협력적으로 치료계획을 세우게 된다. 우선 십대와 치료자는 중요한 포인트를 찾기 위해 연쇄들을 자세히 살펴본다. 우리는 때때로 '형사 놀이' 라는 비유를 사용한다. 우리는 무엇이 왜 일어났는지를 이해하기 위한 단서들을 주의 깊게 찾는다. 이를 위해 연쇄의 약한 연결고리에 세심한 주의를 기울인다. 다시 말하면, 어떤 상대적인 기술 부족(예: 고통 감내력 부족, 제한된 문제해결 능력, 그리고/또는 자기비판적 인지 유형)이 잠재적인 치료 대상으로 확인될 수 있다. 예를 들면 다음과 같다.

> "너와 내가 연쇄를 주의 깊게 살펴보고, 자살시도로 이끌어간 중요한 연결고리가 될 만한 것들이 어디에 있는지 찾아보면 어떨까? 이렇게 하면 치료계획을 세우는 데 도움이 될 거야. 다시 자살시도를 할 위험을 가장 효과적으로 줄여 주는 개입에 특별히 주의를 기울이는 것이 중요하거든. 너와 내가 작업해야 할 것에 동의하면 부모님을 만나서 의견을 듣고 치료계획에 동의를 받을 수 있을 거라고 생각하는데, 어떻게 생각하니?"

구체적인 1차적 위험요인들(proximal risk factors)을 알아내고 나면, 치료자와 십대는 어떤 문제점이나 기술 부족이 삶에 가장 위협적이고 위험하다고 여겨지는지 알아내야 한다. 치료의 초점이 될 수 있는 다양한 치료전략들이 많이 있다. 특정 기술들의 우선순위를 정할 때는 이후의 자살시도(또는 다른 고위험의 문제행동)를 가장 잘 예방할 거라고 여겨지는 기술에 초점을 두어야 한다. 문제나 기술 부족들이 이전에 자살을 시도하게 한 사건들 중에 나타났다면, 가장 위험한 문제

문제	연관된 취약성 요인들	연관된 보호요인들	문제에 가장 적합한 개입(체크하시오)	시행에 걸림돌이 되는 것
1.			행동 활성화	
			정서조절	
			인지 재구성	
			대인관계 효율성	
			고통 감내	
			기타	
2.			행동 활성화	
			정서조절	
			인지 재구성	
			대인관계 효율성	
			고통 감내	
			기타	
3.			행동 활성화	
			정서조절	
			인지 재구성	
			대인관계 효율성	
			고통 감내	
			기타	

그림 5-4 치료계획 양식

출처: Brent, Poling, & Goldstein(2011). *Treating Depressed and Suicidal Adolescents*. Copyright 2011 by The Guilford Press. 원저 구매자의 개인적 사용을 위해 이 그림의 복사를 허용함(세부 사항은 저작권 페이지 참조). The Guilford Press 홈페이지에서 큰 그림을 다운로드할 수 있음.

나 기술 부족이 더 확실히 보일 수 있다. 특정 치료 개입의 선택은 십대와 치료자가 함께 결정해야 한다. 치료계획 양식에서 보듯이([그림 5-4] 참조), 몇 가지 질문이 특정 개입 전략을 선택하는 데 도움이 된다.

- 치료자와 환자 모두 자살행동을 예방하는 데 가장 도움이 된다고 보는 개입은 어떤 것인가?
- 이전의 자살시도를 예방하는 데 어떤 개입이 도움이 되었는가?
- 어떤 개입이 환자가 갖고 있는 강점과 자원들을 강화하는가?
- 환자가 어떤 개입을 기꺼이 시작하는가?

가능한 개입의 선택에 대해 십대와 논의한 후 가족에게도 알려주어야 한다. 1차적 위험 및 보호요인들에 대한 새로운 정보가 나타나거나 계획에 도움이 되는 추가적인 정보를 얻게 될 때 치료계획을 수정할 수 있다.

3) 다양한 문제들의 우선순위 정하기

문제는 생명을 위협하는 것, 치료에 위협적인 것, 기능적으로 가장 손상된 증상이나 장애 순으로 우선순위가 정해진다. 자살이나 타살행동, 정맥주사 약물사용 또는 만성질환 치료를 준수하지 않는 것(예: 당뇨의 인슐린 치료)과 같은 생명을 위협하는 행동은, 비록 우울증이 그 문제에 기여하고 있다 하더라도 우울증보다 먼저 확인해 봐야 한다. 부모나 십대가 치료계획에 동의하지 않는 것, 치료에 희망을 느끼지 못하는 것 또는 단순히 치료자와 너무 멀리 살아서 규칙적으로 치료에 오지 못하는 것과 같은 치료에 위협적인 문제는 집중 치료계획을 세우기 전에 모두 해결해야 한다. 우울한 청소년은 종종 동반이환이 있는 경우가 많기 때문에 가장 심각한 기능적 손상을 야기하는 증상을 먼저 다루어야 한다. 우울증의 성공적인 치료가 동반질환의 적절한 관리에 달려 있다면, 동반질환도 우선 대상이 되어야 한다. 우울한 십대가 신경성 식욕부진 증상으로 영양적으로 위태로운 상태에 있다면, 우울증 치료에 앞서서 영양 상태가 정상 수준으로 가도록 해야 한다. 반면에 정상 몸무게의 십대에게 부정적인 정동 및 낮은 자존감과 관련된 폭식증상이 있다면, 섭식장애를 효과적으로 해결하기 위해 우울증을 치료해야 할 수 있다. 우울증과 아편약제 의존이 있는 청소년은 우울증 치료보다 먼저 약물을 해독하고 물질사용 치료를 해야 한다. 반면에 폭음 이전에 뚜렷한 우울삽화가 있었던 청소년은, 우울증과 알코올 사용을 동시에 관리하는 것이 좋다. 우울증과 ADHD가 동반되고 자살위험이 있고 사회적으로 철수되고 희망이 없는 상태라면 우울증을 가장 먼저 치료해야 하지만, 우울증보다 충동성으로 인한 학교에서의 실패와 또래 거부가 일차적인 문제라면 ADHD를 먼저 치료해야 한다.

4) 가족에게 치료계획 소개하기

치료자와 십대는 가족에게 치료에 대한 생각을 말하고, 부모에게 피드백과 정보를 얻을 수 있다. 구체적인 치료 목표에 대해 가족 전체의 동의를 받아야 한다. 이는 개인 회기와 가족 회기 간의 균형뿐만 아니라 회기의 빈도를 의논하고 합의할 이상적인 기회이기도 하다.

사례

조는 17세다. 그는 인기 있는 축구선수였다. 몇 달 전 여자친구와 헤어지고 나서, 그는 사회적으로 고립되기 시작했고 성적은 떨어져 갔다. GPA 점수가 낮아서 축구선수로 뛸 자격이 없어졌을 때 조는 자살시도를 하였다. 연쇄분석을 통해 그가 여자친구와 헤어지고 나서 급작스러운 기분저하를 경험했고 학교에서 집중하기 어려워졌으며 미래에 대해 절망적인 기분을 느끼게 되었다는 것을 알게 되었다. 여자친구와의 결별 후 성적이 떨어지고 축구팀에서 탈퇴 당하고 그 결과 조의 자존감은 심하게 낮아졌다. 조는 전에는 일이 쉽게 풀렸기 때문에 복합적인 스트레스 요인들이 잇따라 나타나자 이를 잘 대처하지 못한 것 같았다고 했다. 그 결과 조와 치료자는 협력하여 조의 문제해결과 고통 감내 기술을 증진시키는데 도움이 되는 예비 치료계획을 수립하였다. 이렇게 합의한 후에 그들은 부모님을 초대하여 계획을 설명하고 피드백을 듣기로 합의하였다.

치료자: 이렇게 와주셔서 고맙습니다. 조와 저는 매우 생산적인 회기를 가졌고, 어머니에게 알려 드리고 싶은 몇 가지 치료 아이디어를 찾았습니다.

어머니: 좋아요. 어떤 것들인지 궁금하네요. 우리는 이런 일이 다시는 일어나지 않기를 바라고 있어요.

치료자: 조, 네가 무엇 때문에 자살시도를 하게 되었다고 이해했는지, 우리가 어떤 치료법을 생각하고 있는지를 부모님께 말씀드리면 어떨까?

조: 제가 시작할게요. 저는 최근까지는 상황이 쉬웠었다는 것을 알게 되었어요. 제 말은, 항상 학업과 스포츠를 꽤 잘해냈고, 친구나 이성문제 같은 일에도 꽤 운이 좋았었다는 거예요. 그래서 메그와 끝났을 때, 그렇게 될 거라는 걸 예상하지 못했기 때문에 아주 힘들었어요. 전에는 겪어본 적이 없는 일이기 때문에 무엇을 해야 하고 어떻게 다루어야 할지 알 수 없었어요. 그래서 우리는 힘든 일이 생겼을 때 제가 그것을 다루는 방법들을 찾아내는 작업을 해야 한다고 생각했어요. 그것을 인정하기 싫었지만 그만큼 도움을 받을 수 있을 것 같아요.

아버지: 이해가 되는구나.

어머니: 나도 그래.

치료자: 고마워, 조. 부모님께 치료의 방향에 대한 우리의 생각을 잘 요약해 주었어. 아버님과 어머님, 이 계획이 어떻게 들리시나요?

어머니: 정말 좋아요. 조에게 삶이 늘 순탄하기를 바라지만, 좋지 않은 일도 일어날 수 있다는 것을 받아들여야죠. 그리고 그럴 때 나는 우리 아들이 잘 대처하는 것을 보고 싶어요.

아버지: 저도 그래요.

치료자: 좋습니다. 그러면 우리 모두 한 방향으로 가는 데 합의한 것 같네요. 부모님이 보시기에 조와 제가 초점을 두어야 할 또 다른 중요한 점이 있을

까요?

어머니: 없습니다.

아버지: 저도 없습니다.

8. 통합적인 사례 예시

이 장에서 우리는 연쇄분석을 사용하여 자살행동을 평가하고 협력적으로 치료계획을 세우는 데 이르는 과정을 기술하였다. 우리는 통합적인 사례 예시를 가지고 이런 요소들이 임상적 실제에서 어떻게 통합되는지를 보여 줌으로써 결론을 맺고자 한다.

마사는 16세고 거의 치명적인 수준으로 타이레놀을 과다 복용하였다. 그녀와 남자친구인 브라이언은 함께 파티에 갔고 마사는 술을 마셨다. 브라이언이 다른 여자아이와 얘기하는 것을 보고 둘은 파티에서 싸우기 시작했다. 마사는 파티를 떠나서 집에 가서 약을 먹었다. 그녀의 동기는 남자친구가 죄책감을 느끼고 자신에게 관심을 보이지 않은 것에 대해 미안해하는 것이었다. 그녀는 살든지 죽든지는 상관하지 않았다.

마사는 우울삽화를 보였고 뚜렷한 불안 증상도 있었다. 그녀는 브라이언이 가장 좋은 친구이며 '모든 점' 에서 그에게 의지했다고 했는데, 그에게는 그것이 너무 격렬한 것으로 받아들여졌다. 그와 사귀기 전에 그녀는 좋은 동성 친구들과 시간을 보냈고, 밴드와 교회 청소년 모임에서 활발한 활동을 했었다. 우울증이 발병한 이후 마사는 이런 활동들에 대한 동기를 잃어버렸다. 게다가 그녀는 브라이언과 관계를 유지하느라 이 활동들에 더 이상 시간을 쓰지 않고 있다는 것을 알게 되었다.

마사와 치료자는 자살시도에 대한 연쇄분석 작업을 했다([그림 5-5] 참조).

ID #: ________

시작

파티에서 브라이언과

불안 느낌

맥주 마심

브라이언이 수지에게 말 거는 장면 목격

더 불안해짐

질투가 나기 시작함

"그는 수지 때문에 나를 떠날 거야" 라고 생각함

그에게 소리 지르기 시작

그가 나에게 "진정해" 라고 함

그에게 좀 더 소리 지름

그가 나에게 집착녀라고 함

나는 파티를 떠남

그가 나를 따라 나오기를 바람

집에 걸어옴

그가 오지 않음을 알게 됨

약 먹는 것을 생각함

"그에게 보여 줄 테야"

"더 이상 감당할 수가 없어"

브라이언과 수지가 함께 있는 것을 견딜 수 없음

"수지가 예쁘고 착하니까 나는 그를 잃게 될 거야"

집에 와서 약을 먹음

깨어났고 아픔

끝

문제가 무엇인가?
:타이레놀 15정을 삼킴

취약점:
- 음주, 우울, 불안, 친구와 어울리지 않음

결과:
- 브라이언과 어색해짐
- 엄마는 화내고 걱정함

다음에는 어떻게 다르게 할 수 있을까?:
- 친구들과 어울리기
- 나의 음주에 대해 좀 더 조심하기

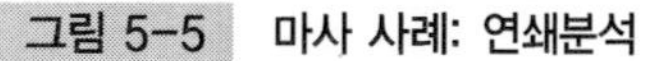

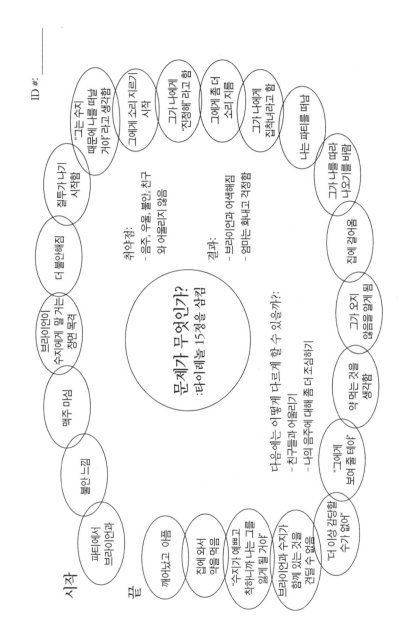

그림 5-5 마사 사례: 연쇄분석

치료자: 어디서부터 시작된 것 같니?

마사: 브라이언과 나는 그가 수지에게 그렇게 많이 얘기를 하는 것에 대해 싸우기 시작했어요. 그는 내가 너무 달라붙는다고 했어요. 나는 그가 진짜 나를 사랑한다면, 수지보다는 나랑 더 많은 시간을 보내길 원할 거라고 말했어요. 그리고 거기서 더 나빠졌어요.

치료자: 그다음엔 무슨 일이 일어났니?

마사: 저는 파티에서 나왔어요.

치료자: 좋아. 그때 너의 생각과 감정은 어땠어?

마사: 저는 진짜 화가 났고 그가 나를 따라와서 사과하길 원했어요. 그가 나를 따라 파티를 떠나지 않은 것을 알았을 때 생각했어요. 그에게 보여 줄 테야.

치료자: 또 다른 것은?

마사: 브라이언 없이 살 수 없어요. 그 애가 없으면 기분이 안 좋아요. 그가 수지랑 같이 있다는 것을 견딜 수가 없었어요. 나는 걔가 브라이언을 좋아한다는 걸 알아요.

치료자: 이 지점에서 너를 자살시도 쪽으로 기울어지게 만든 것이 또 있을까?

마사: 음… 최근에 기분이 그리 좋지 않았어요. 저는 항상 기분이 안 좋고 불안해서 힘들어요.

치료자: 그렇구나. 그런데 뭐가 그 순간에 달라지게 했을까?

마사: 아마 더 나빠진 것은, 우리가 싸웠고 그를 수지에게 뺏길 수 있다고 생각했기 때문일 거예요. 그녀는 너무 예쁘고 모두가 좋아해요.

치료자: 그날 밤에 너에게 달랐던 것이 또 있을까?

마사: 평소보다 많이 마셨어요.

치료자: 그것에 대해서 얘기해 줄래?

마사: 파티에서 네다섯 잔 정도의 맥주를 마셨어요.

치료자: 그때 기분은 어땠어?

마사: 처음에는 기분이 좋았고 좀 더 편안하고 활발해졌어요. 근데 그때 질

투심이 일어나기 시작했고, 그걸 참고 있을 수가 없었어요.

치료자: 그래서 그다음에는 무슨 일이 일어났니?

마사: 그가 수지랑 이야기하는 동안 그에게 소리치기 시작했어요. 그러자 그는 나에게 진정하라고 했고, 그게 저를 더 미치게 했어요. 내가 원하는 것은 그가 수지랑 얘기하는 것을 멈추고 나에게 관심을 기울이는 것이었어요.

치료자: 너는 브라이언이 너에게 더 관심을 가져 주길 원한다고 말했어. 그래서 브라이언이 그렇게 했니?

마사: 아뇨. 그러지 않았어요. 그래서 저는 그가 따라오길 바라면서 그 자리를 떠났는데, 브라이언은 따라오지 않았어요.

치료자: 그래서 언제 처음으로 약을 먹어야겠다고 생각했어?

마사: 집으로 걸어오는 동안에요. 그가 나를 따라오지 않고 있다는 것을 알게 되자마자, 저는 너무 기분이 나빴고 그에게 보여 주겠다고 생각했어요.

치료자: 네가 집에 왔을 때 거기서는 무슨 일이 있었니?

마사: 엄마와 아빠는 주무시고 계셨어요. 그래서 저는 화장실 약장에서 타이레놀 병을 찾았어요. 아마 15개 정도를 먹고 침대로 간 거 같아요.

치료자: 무슨 일이 일어나길 원했어?

마사: 제가 죽든지 살든지는 아무 상관없었어요. 저는 그냥 더 이상 견딜 수가 없었어요. 한편으로는 그가 전화나 문자 해 주길 기대했고 그래서 계속 휴대폰을 확인했어요. 다른 한편으로는 아무 상관없었어요.

치료자: 그래서 그다음에 무슨 일이 일어난 거야?

마사: 2시간 후에 저는 몸이 아파서 일어났어요. 제가 화장실에서 토하고 있을 때 엄마가 와서 보고, 무슨 일이 있었는지 물었고 저는 타이레놀에 대해서 얘기했어요.

치료자: 엄마는 어떻게 반응하셨니?

마사: 정말 걱정하셨고 약간 화가 난 것처럼 보였어요. 아빠를 깨워서 저를 응급실에 데려갔어요. 의사는 제가 괜찮을 거라며 선생님을 만나라고 보냈

어요.

치료자: 그래. 브라이언과는 어떻게 되었어?

마사: 음… 다음날 그가 전화했어요. 저는 전날 일에 대해 말했고, 브라이언은 진심으로 후회하면서 사과했어요. 지금은 좋아졌지만 여전히 조금 어색해요.

치료자: 마사, 우리는 사람들이 어떤 일을 할 때는 그럴 만한 이유가 있어서 그렇게 한다는 것을 알고 있어. 그날 밤에 너에게 많은 일이 있었던 것 같구나. 우리 함께 이 연쇄에서 '연결고리'를 자세히 살펴보고 너에게 약을 먹게 한 것이 정말로 무엇이었는지 알아보지 않겠니? 이렇게 하면 연관된 중요한 요인들이 무엇인지, 우리가 그것들을 치료에서 어떻게 작업할 수 있을지를 알게 되니까, 그런 일이 일어날 가능성을 줄일 수 있게 될 거야.

마사: 네. 그럴 수 있겠네요.

치료자: 너는 최근에 우울하고 불안했다고 했어. 그리고 브라이언이랑 데이트를 시작한 이후로 너는 다른 친구들하고 시간을 많이 가지지 못했던 것 같아. 그래서 파티에 갔을 때 술을 마시기 시작한 건 좀 더 사교적인 사람이 되고 싶어서였던 것 같아. 그때 수지가 브라이언과 얘기를 나누는 것을 봤고, 그것이 방아쇠가 되었을 거야. 이게 바로 너에게 갑자기 엄청나게 걱정스러운 생각들이 떠오르게 만든 것 같아. 내가 생각한 게 맞니?

마사: 네, 정확히요. 그리고 그 모든 일들이 너무나 순식간에 일어났어요.

치료자: 그 연쇄에서 내가 주목하는 또 한 가지는 그 감정들이 얼마나 강렬했는지와 화가 났을 때 네가 정말 원하는 것이 무엇인지를 말하는 것이 얼마나 어려운지 하는 거야.

마사: 네. 사람들은 제 감정이 얼마나 강렬한지 이해하지 못할 거예요. 브라이언은 제가 너무 감정적이라고 했어요. 저는 그가 어떤 면에서는 맞다고 봐요. 브라이언에게 그렇게까지 요구해서는 안 되는 거였어요.

치료자: 그래. 나는 우리가 이 부분에서 함께 작업할 수 있다고 봐. 네가 네 자신의 감정을 좀 더 잘 통제할 수 있도록 돕는 것. 그리고 우리는 너의 감

정적인 요구들을 구체화하고, 이런 요구들이 있어도 괜찮고, 이런 요구들을 다른 사람들이 들을 수 있게 표현하는 방법을 찾는 작업을 하게 될 거야.

마사: 네. 그 생각에 동의해요. 저는 진짜 이런 일이 다시는 일어나지 않기를 원해요. 정말 너무 끔찍했어요. 그리고 친구에게 들었는데 브라이언이 이 모든 일에 지쳤다고 했대요. 상황이 안 좋은 거 같아요.

치료자: 이 연쇄분석에서 우리가 좀 더 얘기할 만한 것들이 또 있니?

마사: 음… 저는 파티에서 혼자라고 느꼈어요. 여자친구들이랑 어울려 다니지 않게 되면서 말할 사람이 브라이언 말고는 없었어요. 저는 밴드와 교회 청소년 모임을 했었는데 너무 시간을 많이 써야 했어요.

치료자: 예전에 그런 활동을 하면 기분 좋았니?

마사: 네, 그랬어요.

치료자: 그럼 네 삶으로 돌아가 할 일을 만들어 나가는 방법을 찾아보는 건 어떨까, 지나치지는 않게?

마사: 네, 그러고 싶어요.

치료자: 좋아. 우리가 거기서 시작할 수 있을 것 같아. 친구들과 다시 어울릴 수 있도록 이번 주에 작은 시도를 해 보는 것은 어떨까?

마사: 좋은 생각이에요.

치료자: 그래, 우리 오늘 많은 걸 했다. 잘했어. 그다음에 해야 할 것에 대해 몇 가지 좋은 생각을 했는데, 우리의 생각을 부모님과 나눠 보는 것은 어떨까?

마사: 좋아요. 그러면 부모님의 기분도 나아지실 거예요. 저에 대해 많이 걱정하셨거든요.

이 사례는 치료자와 십대가 협력적으로 자살시도에 대한 연쇄분석을 통해 개입의 우선 사항들을 확인하는 방법을 보여 준다.

요점

- 연쇄분석은 어떤 행동에 대한 상세한 기능적 분석이다.
- 연쇄분석은 치료자와 십대가 자살행동이나 다른 문제행동의 기능을 더 잘 이해하도록 돕는다.
- 연쇄분석을 하기 전에, 시행해야 하는 합당한 이유를 십대에게 설명해 주는 것이 중요하다.
- 연쇄분석에는 사건, 사고, 감정, 취약성 요인과 보호요인, 행동의 결과들을 상세하게 검토하는 과정이 포함되어야 한다.
- 연쇄분석이 완성되면, 치료자와 십대는 이 정보를 가지고 자살행동에 이르게 한 요구들을 알아보고 치료 시 초점을 두어야 할 가장 효과적인 기술을 찾는다.
- 치료자와 십대가 자살행동에 관련된 복합적인 문제들 중에서 우선순위를 정할 때에는, 가장 효과가 있을 만한 것들과 반복적인 자살행동에 가장 밀접하게 연관된 것들에 먼저 초점을 맞춰야 한다.

제6장

행동 활성화와 정서조절

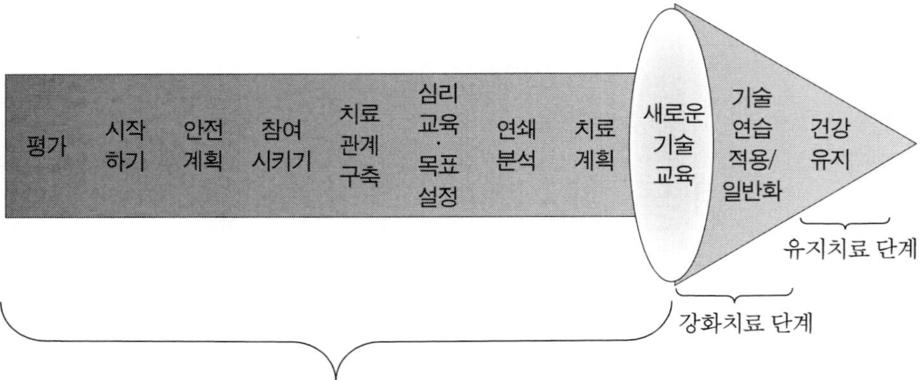

학 습 내 용

- 행동 활성화란 무엇인가?
- 우울한 청소년에게 언제 행동 활성화를 시행할 것인가?
- 청소년에게 어떻게 행동 활성화를 시행할 것인가?
- 정서조절 기술은 무엇인가?
- 가족을 포함한 십대에게 기본적인 정서조절 기술을 가르치는 방법
  - 정서에 관한 교육
  - 정서 수용
  - 정서온도계
  - 주의분산
  - 심호흡

우울증의 인지모델의 근본 원리는 사고와 감정, 행동이 내재적으로 연결되어 있다는 것이다. 연구에 의하면 우울증의 구성요소 중 한 요소의 변화는 나머지 두 요소에 영향을 미치기 때문에 치료자는 우울증 나선 구조의 어느 지점에서도 개입할 수 있다. 이 장에서는 이 중 두 가지 구성요소, 즉 행동과 정서에 초점을 맞출 것이다. 긍정적 행동을 불러일으키는 개입을 **행동 활성화**(behavioral activation)라고 한다. 부정적 정서를 직접적인 대상으로 한 개입은 **정서조절**(emotion regulation)이라고 한다. 치료자는 환자가 겪는 어려움의 주요 원인이 활동성 부족이거나 정서조절의 어려움일 때 또는 환자가 다른 접근보다 이 개입들에 좀 더 수용적인 태도를 보일 때, 이 접근 중 하나 또는 두 가지 다를 선택할 수 있다.

1. 행동 활성화

행동 활성화는 십대로 하여금 대개 강화를 주는 즐거운 활동에 참여하도록 권하는 것으로 환자의 숙달감과 성취감, 자존감을 증진시킬 것이다. 기분(mood) 개선은 이러한 활동이 늘어나는 것과 관련이 있는 것으로 나타났다.

즐거움을 느끼는 능력의 감소와 에너지 또는 동기의 상실 같은 우울증 증상들은, 우울한 십대를 친구들과 어울리고 운동이나 다른 활동에 참여하는 것 같이 이전에 가치 있다고 느꼈던 활동들로부터 분리시킬 수 있다. 이런 활동들로부터의 철수는 우울증의 다른 증상들을 악화시킬 수 있다. 예를 들어, 친구들과의 교제를 거부한 우울한 십대는 결국 친구들이 더 이상 전화하지 않는다는 것을 알게 될 것이다. 이로 인해 십대는 그들에게 버려졌다고 느끼게 된다. 혼자 시간을 보내게 되면, 기분전환 활동이 부족하고 긍정적 강화를 받지 못해 계속 생각에 잠기고 슬퍼진다. 우리는 모두 성취감을 경험할 필요가 있는데 이는 비활동적(inactive)이고 비참여적인(disengaged) 사람에게는 힘든 일이다.

따라서 우리는 청소년들에게 그들이 물러나서(withdrawn) 비참여적인 상태를 유지하는 한 긍정적인 정서를 경험할 가능성은 매우 낮다고 설명함으로써 행동 활성화의 장을 준비한다. 비록 처음에는 아무런 기분의 개선도 느끼지 못한다 할지라도 '활동적이 됨' 으로써 그들은 기분이 좋아질 수 있는 가능성(possibility)을 만들게 된다.

1) 누구에게 이런 개입이 도움이 되는가

행동 활성화는 생활에서 매우 비활동적이고 물러서 있는 십대, 구조가 결여된 십대, 긍정적 정서의 자원이 거의 없는 십대들에게 도움이 된다. 또한 CBT의 다른 요소들에 비해 행동 활성화는 정서를 인식하고 사고를 관찰하는 데 어려움을 겪는 청소년에게 더 도움이 된다. 마지막으로 우울증을 겪는 일부 십대들은 기분이 나아지기 전에는 다른 치료들이 도움이 되지 못할 수 있다. 행동 활성화는 우울증 증상을 개선하는 데 도움이 되는 가장 빠르고 가장 직관적인 방법이다.

행동 활성화의 목적은 십대가 즐겁고 의미 있는 활동에 참여하도록 자신의 시간을 구성하게 돕는 것이다. 이제 우울한 십대에게 행동 활성화를 시행하는 단계적 접근을 기술할 것이다.

2) 현재의 활동 평가하기

행동 활성화의 첫 단계는 우울한 십대의 현재 일정이 어떤지를 알아보는 것이다. 그다음 각 활동마다 즐거움(pleasure)("이것이 얼마나 즐거운가?")과 숙련도(mastery)("어느 정도의 성취감을 느끼는가?")를 1~5점 척도로 평가한다(1점은 최하, 5점은 최상). 환자는 또 활동하는 동안의 기분과 자살경향성을 평가한다. 이러한 검토를 근거로, 치료자와 환자는 특히 도움이 되거나 혹은 문제가 되는 활동이나 시간들이 있는지를 알아낼 수 있다.

여기 16세의 환자 주드의 예가 있다. 그는 기분에 도움이 되는 활동을 확인했지만 종종 하기 싫을 때가 있다고 한다.

치료자: 목요일 오후에 달리기하러 나가고, 그것을 즐긴 것 같다고 얘기했지? 어떤 날은 별로 행동하지 않았고, 그런 날은 기분도 많이 가라앉았던 것 같아.

주드: 네, 맞아요. 운동을 할 때는 분명히 기분이 좋고 저에 대해서 기분이 좋아져요. 하지만 대개는 운동을 하고 싶지가 않아요.

치료자: 어떤 게 먼저라고 생각하지? 기분이 좋을 때 달리기를 하니, 아니면 달리기를 하고 그다음에 기분이 좋아지니?

주드: 분명 두 번째예요. 목요일에 별로 기분이 안 좋았는데, 문득 달리기를 해야겠다는 생각이 들더라고요.

3) 과거의 즐거운 활동 목록

때때로 우울한 십대들은 한때 즐겼던 활동을 완전히 중단해버리는 경우가 있다. 그런 경우 치료자는 과거에 그들이 즐겼던 활동들에 대해 살펴야 할 필요가 있다. 행동 활성화 전략의 선택은 효과적인 것을 선택하는 것뿐 아니라 효과가 없는 것을 피하는 것도 포함한다. 다음 사례에서 환자의 기분을 호전시키는 활동을 살펴볼 수 있다.

치료자: 지니, 요즘 우울증이 심해져서 재미있는 일이 없다는 것을 잘 알아. 몇 주 전부터 댄스 수업도 안 갔지? 한때는 무척 좋아했던 것으로 알고 있는데.

지니: 네, 왜 가야 되는지 모르겠더라고요. 전처럼 흥미를 가질 수가 없어요.

치료자: 맞아. 우울증 때문에 즐기는 것이 훨씬 어려워졌지.

지니: 네, 그런 거 같아요.

치료자: 전에는 댄스 수업 중이나 수업 후에 어떤 기분이었지?

지니: 상당히 잘 따라갔기 때문에 기분이 좋았어요. 그리고 선생님이 가끔 다른 사람들 앞에서 시범을 보여 주라고까지 했어요. 정말 기분이 좋았어요.

치료자: 정말 그랬겠구나. 댄스 수업이 너에게 뭔가 잘하는 게 있다는 기분이 들게 했던 것 같구나.

지니: 맞아요.

치료자: 그럼 지난 몇 주 동안, 목요일마다 댄스 수업에 가는 대신에 뭘 했지?

지니: 아무것도 안 했어요.

치료자: 그럼 목요일마다 기분은 어땠니?

지니: 평소처럼 많이 가라앉아 있었어요. 그냥 집에서 빈둥댔어요.

치료자: 목요일마다 집에 있는 게 기분을 좋게 해 주는 데는 도움이 안 되었다는 말이니?

지니: 그렇죠. 그냥 똑같은 느낌이었어요. 약간 슬프고 가라앉은.

치료자: 그럼 이번 목요일에 집에 있는 게 도움이 될 가능성은 얼마나 될까?

지니: 전혀 없을 거 같아요.

치료자: 난 이렇게 생각해. 비록 네가 지금은 댄스 수업에 가고 싶지 않고, 전처럼 댄스 수업을 좋아할 것 같지는 않더라도, 만약에 간다면 기분이 아주 조금은 나아질 가능성이 있지 않을까?

지니: 아마도요.

이제 우리는 우울한 십대가 어떤 방식으로 활동을 미루거나 수정하는지를 볼 것이다.

치료자: 자, 네가 성취감을 느끼고 즐기는 것들에 대해서 말해 볼까?

몰리: 저는 학교신문 편집장이었어요. 일의 중심에 있다는 것이 정말 좋았고, 매달 뭔가가 합쳐지는 것을 보는 것은 멋진 일이었어요.

치료자: 그런데 왜 그만두었지?

몰리: 신문을 제시간에 내기 위해 우리는 종종 밤샘을 해야 했어요. 요즘처럼 10시간씩 잠을 잘 때는 학교에서 깨어 있기도 힘들어요. 잠자지 않고

할 수는 없을 것 같아요. 그리고 분명하게 생각하기도 힘들어요. 제가 편집장일 때는 중요한 결정을 많이 내려야 했어요.

치료자: 편집장 일은 보람 있지만 힘든 일이었던 것처럼 들리는구나. 아마도 지금은 그 일을 다시 시작하기에 좋은 시점은 아닌 것 같구나. 신문과 관련하여 네가 할 수 있고 의미도 있는 일이 또 있을까?

몰리: 글쎄요, 전 글 쓰는 걸 좋아해요. 저는 마감시간이 빡빡하지 않은 특집 기사를 쓰고, 골치 아픈 편집은 다른 사람한테 맡길 수도 있을 거 같아요.

4) 가능한 활동 목록 만들기

매우 비활동적이거나 처음에 마음에 드는 활동을 찾지 못하는 십대에게는 종종 우울증의 타성(inertia of depression)에 맞설 만한 활동 스케줄이 필요하다. 처음에는 치료자와 십대가 함께 그가 즐길 만한 활동 목록을 최소한 열 가지를 만들어본다. 십대가 즐길 만한 활동을 찾는 데 어려움을 겪는다면 치료자는 우울증에 걸리기 전에 즐기곤 했던 활동들에 대해 물어볼 수 있다. 십대와 함께 즐거운 활동의 일정을 짤 때 다음 지침을 염두에 두어야 한다. 이상적인 활동은 다음과 같은 것들이다.

- 쉽게 자주 할 수 있다(예: 스케이트를 한 번도 타 본 적 없는 청소년은 아이스하키 팀에 들어가지 말아야 한다).
- 돈이 많이 들지 않는다.
- 사교적 측면(social aspect)이 있다.
- 웰빙과 성취감을 증진시킨다.

5) 활동 계획하기

새로운 활동과 환자가 이전에 즐겼던 활동의 목록을 검토한 후에, 치료자와 십대는 현재의 스케줄을 함께 살펴보고([그림 6-1] 참조), 어떤 활동을 더할지 결정할 수 있다. 각각의 활동에 대해 특정 활동에 수반될 수 있는 장애물이나 보상(payoff)을 고려해 본다. 치료자는 십대 청소년이 하기 쉽고 단기적 강화를 줄 수 있는 활동을 시작하도록 격려해야 한다.

치료자는 우울한 십대에게 설령 하고 싶은 기분이 들지 않을 때에도 누구나 그런 활동들을 계획하고 참여할 수 있고 효과를 볼 수 있음을 강조해야 한다. 사실 치료자는 십대에게 감정과 행동을 분리시키도록 격려해 줄 수 있다. 실제로 사람들은 목표를 이루기 위해서 느낌과 일치하지 않는 행동을 해야 할 때가 있는데, 바라건대 십대가 그 과정에서 기분이 호전되는 경험도 할 수 있으면 좋을 것이다. 우리는 주드의 예를 계속 살펴볼 것이다.

치료자: 달리기를 한 날은 기분이 나아진다는 것을 알게 되었으니, 매일 달리기를 계획해 보는 것은 어떻겠니?

주드: 하기 싫을 때도요?

치료자: 특히 하기 싫을 때 해 보는 거야. 뭔가 하는 게 기분을 좋게 할 수 있는데도, 우울증 때문에 자주 아무것도 하고 싶지 않아지잖니.

치료자와 십대가 함께 다음 주에 집중할 활동들을 목록에서 확인하고 구체적인 행동에 참여할 날짜와 시간을 구체적으로 논의한다. 치료자와 십대는 함께 회기와 회기 사이에 청소년이 참여할 활동의 수를 정한다(예: 하루에 한 가지). 치료자는 또한 활동 전과 후의 기분을 평가하게 한다. 목표는 십대의 기분과 특정 활동 참여 사이의 관계를 이끌어 내는 것이다. 특정 활동이 유익한지 아닌지는 십대가 평가할 수 있게 격려해 준다. 그다음 그가 그 활동을 계속할지 여부를 결정한다.

시간	월요일	화요일	수요일	목요일	금요일	토요일	일요일
8~9							
9~10							
10~11							
11~12							
12~1							
1~2							
2~3							
3~4							
4~5							
5~6							
6~7							
7~8							
8~9							
9~10							
10~11							

그림 6-1 일지

출처: Brent, Poling, & Goldstein(2011). *Treating Depressed and Suicidal Adolescents*. Copyright 2011 by The Guilford Press. 원저 구매자의 개인적 사용을 위해 이 그림의 복사를 허용함(세부 사항은 저작권 페이지 참조). The Guilford Press 홈페이지에서 큰 그림을 다운로드할 수 있음.

때때로 치료자는 어떤 일정을 작고, 달성 가능한 요소들로 나누는 것이 도움이 된다는 것을 발견한다. 예를 들면 다음과 같다.

치료자: 자, 롭. 주중에 4시부터 6시까지 숙제를 하겠다는 활동 계획을 써 왔구나.

롭: 네.

치료자: 현재 상당히 어려운 과목들을 듣고 있고 네가 숙제가 많다고 느끼는 것으로 알고 있는데?

롭: 맞아요. 완전히 압도되는 느낌이에요.

치료자: 왜 그런지 알 것 같다! 숙제하기로 한 2시간을 최대한 활용할 수 있는 방법에 대해 구체적으로 생각해 보면 도움이 되지 않을까?

롭: 맞아요. 숙제를 끝낼 시간이 충분할 때도 어디서부터 시작해야 할지 모를 때도 있어요.

치료자: 좋아. 그럼 과목별로 나눠 보면 어떨까?

롭: 그러면 될 거 같네요. 그럼 기하, 생물, 영어 수업이 월요일, 수요일, 금요일에 있으니까 이 세 과목 숙제는 일요일, 화요일, 목요일 오후에 하는 것으로 짜야 할 것 같아요. 그다음 스페인어 시간은 목요일마다 단어 퀴즈를 봐요. 그럼 스페인어 퀴즈 공부는 수요일 밤에 하면 되겠네요. 그리고 체육 수업은 숙제가 없어요. 마지막은 역사 수업이네요. 화요일 목요일에 수업이 있고, 보통 한 장씩 미리 읽어 가야 해요. 그럼 월요일과 수요일 밤 스케줄에 넣으면 될 거 같아요.

치료자: 훌륭하구나, 롭! 숙제 시간을 좀 더 구체적으로 나누는 것이 도움이 된다는 것을 알 수 있겠니?

롭: 네, 이렇게 생각하니 훨씬 더 쉬운 것 같아요. 이번 주에 해 보고 어떤지 봐야겠어요.

6) 가족의 참여

가족들도 행동 활성화 계획 실행에 도움을 줄 수 있다. 대부분의 가족에게는 행동 활성화 참여가 좋은 아이디어지만 가족 간의 불화가 심하거나 청소년이 독립에 대한 욕구를 강하게 표현하는 경우에는 안 하는 것이 좋다.

십대가 활동 수행의 책임을 져야 하지만 다른 가족들도 그 청소년과 함께 즐거운 활동에 참여할 수 있다. 가족구성원의 참여는 십대의 기술 사용 가능성을 증가시킬 뿐만 아니라, 우울증과 자살경향성의 보호요인이 되는 긍정적인 가족 유대에도 기여한다. 행동 활성화는 매우 구체적이기 때문에 자녀의 기분이 나아지도록 말하거나 행동하는 방법을 몰라 어려워하는 부모들에게 특히 도움이 되는 기술이다.

응집력이 낮은 가족들은 이 기술에서 도움을 받기도 한다. 치료자는 가족 중의 한 사람이 우울해질 때 다른 가족들이 서로 소원해질 수 있다고 설명해 줄 수 있다. 그러므로 가족에게 함께 참여하는 활동 계획을 세우는 시간이 도움이 될 수 있다. 앞에서 말한 지니의 경우에 치료자는 다음과 같이 가족을 참여시킬 수 있다.

치료자: 우리가 지니와 함께 하고 있는 일은, 특히 우울해지기 시작할 때 지니가 즐거움을 느끼는 활동들을 늘려 나가도록 돕는 것입니다. 지니가 다시 활동적이 되고 사람들과 더 사귀는 것이 중요합니다. 지니는 그렇게 하기 위한 계획을 세우고 있는데, 아버님께서 이 점을 격려하고 이러한 활동을 지지해 주신다면 도움이 될 거라고 생각합니다. 어떻게 생각하세요?

아버지: 좋습니다. 그렇게 할 수 있어요.

치료자: 지니가 하려고 하는 몇 개의 계획이 있어요. 지니, 아버지께 우리가 함께 찾아낸 아이디어들을 말씀드리겠니?

지니: 네, 그럴게요. 저는 수지에게 이번 주말에 영화를 보자고 할 생각이에요. 우리가 전에 같이 영화도 보고, 쇼핑도 했던 거 기억하시죠?

아버지: 그래. 수지와 함께 밖에 나간 지 꽤 오래됐지.

치료자: 아버님, 지니의 계획에서 아버님이 도와주실 부분이 있을까요?

아버지: 물론 있지요. 지니가 원한다면 데리고 갔다 데리고 올 수 있어요.

지니: 수지가 갈 수 있다고만 한다면 좋을 거 같아요.

치료자: 좋아요. 지니의 즐거운 활동을 늘려 나가려는 계획의 출발이 좋네요. 가족들이 함께했던 즐거운 활동이 있습니까?

지니: 우리는 여러 가지 일을 하곤 했는데, 하지만 다들 너무 바빠 보여요.

아버지: 그래, 바쁘지. 그래도 우리가 진짜 노력한다면, 함께 즐겼던 것들을 할 수 있을 거라고 생각해.

지니: 전처럼 일요일에 축구경기 보러 가는 건 어때요?

아버지: 좋은 생각이야. 엄마도 좋아하실 거야. 팝콘은 내가 만들게.

치료자: 좋은 생각이네요. 또 어떤 게 있을까요?

아버지: 너와 엄마가 저녁식사 후에 빅밴(개)을 데리고 함께 산책할 수도 있을 거 같아.

지니: 아마도요. 밖의 날씨가 좋다면요.

치료자: 두 분께서는 오늘 함께 몇 가지 아주 좋은 생각을 해냈어요. 지니가 다시 좋아지고 좋아진 상태를 유지하도록 돕는 중요한 한 가지 단계는, 지니가 다시 활동적이 되게 하는 것입니다. 가족이 지니의 노력을 지지하기 위해 할 수 있는 것은 무엇이든 매우 도움이 될 겁니다.

이 사례는 가족이 가족으로서 함께 즐길 수 있는 즐거운 활동에 대해 의논하고 선택하도록 치료자가 어떻게 격려할 수 있는지를 보여 준다. 또한 가족구성원들은 십대가 또래와의 활동에 참여하려는 노력을 지원할 수도 있다. 가족활동에 형제 · 자매를 포함시키려면 형제 · 자매의 나이도 고려하고 그들의 예전 관계가 어떠했는지도 고려해야 한다. 또 다른 추가적인 즐거운 가족활동으로는 함께 영화보기, 스포츠 이벤트 참가하기, 외식하기, 밖에서 운동하기, 보드게임 같이하기 등을 들 수 있다. 행동 활성화 전략에서처럼 그 계획에는 구체적인 장소와 시간이 들어가야 한다. 치료자와 가족은 계획에 방해가 될 수 있는 장애물을 고려하여 가능한 해결방안을 강구해야 한다.

2. 정서조절

정서조절 기술(emotion regulation skills)은 십대가 분노나 슬픔과 같은 강한 정서를 다루도록 돕기 위해 고안되었다. 강한 정서들은 고통으로 이어지고 명확하게 사고하고 합리적으로 선택하는 능력을 가릴 수 있다. 우리는 강한 정서를 다루는 두 가지 접근방법, 즉 강한 정서를 감내하는 능력을 향상시키기(고통 감내, distress tolerance)와 강한 정서를 조절하는 능력을 향상시키기(정서조절)에 대해 기술할 것이다. 제2장에서 논의하였듯이 강한 부정적 정서를 피하려는 시도는 자살행동에 흔한 이유다. 또한 우울한 십대가 강한 정서에 압도당하면, 문제해결 기술을 효율적으로 사용할 수가 없다. 결과적으로 그들은 지각된 문제를 해결하기 위해 충동적이고 부적응적인 해결책을 선택할 확률이 높다. 우리는 십대에게 소개하는 모든 기술과 그 접근방법의 근거를 설명하고 십대의 동의를 얻고 그 전략에 대한 논의/작업을 지지해 준다. 좀 더 많은 정보를 원하면 보너(Bonner, 2002)를 보기 바란다.

다음 사례는 치료자가 어떻게 십대에게 정서조절 기술 습득이라는 개념을 갖게 하는지를 보여 준다.

치료자: 릭, 지난주 너의 연쇄분석을 검토하면서, 네가 강한 정서를 경험하면 명료하게 생각하기가 어렵다는 것을 알게 되었지. 내 생각에 오늘은 시간을 좀 가지고 그날처럼 네가 강한 정서를 느낄 때 도움이 될 만한 것들을 찾아봐야 할 거 같은데. 네 생각은 어떠니?

릭: 그런데 지금은 기분이 좋아요. 내가 도움이 필요할 때는 화가 났을 때거든요.

치료자: 그렇지! 그 날 무슨 일이 있었는데 그렇게 화가 났던 거니?

릭: 여자친구가 더 이상 나를 보고 싶지 않다고 했어요. 너무 화가 나서 참을 수가 없었어요. 그래서 그런 느낌에서 벗어나려고 그런 시도를 한 거예요.

치료자: 릭, 네 말이 맞아. 화가 나지 않을 때는 대부분 기분이 좋지. 힘든 건 우리가 그런 강한 감정을 느낄 때지. 나는 네가 다시는 그런 어려운 감정을 경험하지 않았으면 좋겠는데, 그럴 수 있을까?

릭: 아닐 거 같아요.

치료자: 그러면 네가 스트레스를 받지 않는 지금 전략을 찾아보는 건 어떨까? 그렇게 하면 다음에 그런 감정을 느낄 때 대처할 전략들을 갖게 되는 거지.

릭: 한번 해 보죠.

치료자는 전반적인 치료목표라는 맥락에 정서조절 기술의 중요성을 집어넣을 수 있다. 사람은 누구나 강한 부정적(예: 분노, 좌절) 또는 긍정적(예: 낭만적인 사랑의 초기 단계) 정서에 직면하게 되면 명료하게 사고하기가 어려워진다. 정서조절 기술은 주로 십대들이 힘든 정서를 관리하도록 도와주지만, 동시에 치료 중에 배우는 다른 기술들(예: 의사소통 기술)의 효과적인 수행 능력도 개선시켜 줄 것이다. 치료자는 시작할 때 십대에게 언제 강한 정서를 느끼는지 물어볼 수 있다. 그러고 나서 무엇이 정서 관리를 어렵게 하는지를 포함하여 구체적인 내용에 대해 물어본다. 치료자는 정서조절 기술이 정서가 우리를 통제하는 것이 아니라 우리가 정서를 통제할 수 있도록 도와준다고 설명해 줄 수 있다.

이 책에서 계속 논의되고 있는 바와 같이, 치료자는 십대가 새로운 기술을 사용하도록 가르치고 도와주기 이전에 먼저 십대의(지금 현재와 자살시도 당시의) 정서적인 경험을 타당화해 주어야 한다. 다시 릭의 사례로 돌아가 보자.

치료자: 여자친구와 싸웠던 날로 돌아가 보자. 너는 화가 났다고 했어, 그렇지?

릭: 화가 났었어요. '네가 나에게 이럴 순 없어.' 라고 생각하면서요.

치료자: 충분히 이해할 수 있어. 너에게는 그렇게 느낄 만한 충분한 이유가 있었어. 그런 상황이라면 많은 사람들이 그렇게 느꼈을 거라고 생각해.

릭: 네, 나는 그녀가 나를 찼고, 그걸 학교의 모두가 알고 있다는 것에 너무 당황스러웠어요. 월요일에 사람들을 만난다고 생각하니 참을 수가 없었어요.

치료자: 정말 참기가 어려웠을 거라고 생각해. 여자친구에게 화난 것뿐 아니라 당황스러움도 다루어야 했구나. 그건 정말 강한 정서여서 감당하기가 힘들지.

치료자가 환자의 감정이 적절하였는지를 문제 삼지 않고 단지 그 존재를 타당화해 주고 있다는 것에 주목하라. 또한 치료자는 고통은 지나가고 다른 여자친구를 만날 수 있다는 식으로 위안을 주는 함정에 빠지지도 않았다. 이 사례는 또 사람들이 대개 여러 가지 정서를 느낀다는 것을 보여 준다. 여기서 릭은 화가 났고 당황스럽기도 했다.

1) 정서 수용

많은 십대들이 어떤 정서는 '나쁘다'는 인상을 갖고 있다. 이들이 정서조절에 좀 더 숙달되게 하기 위해서는 정서 경험을 판단하지 않고 수용하도록 돕는 것이 중요하다. 치료자는 십대가 나쁘거나 수용할 수 없다고 여기는 정서들에 대해 갖고 있는 생각들을 함께 논의하는 것부터 시작할 수 있다. 십대는 어떻게 이 정서들이 나쁘다는 생각을 갖게 되었을까? 정서 자체와 정서에 따라 움직인 결과인 행동을 구분하는 것이 도움이 된다.

치료자는 십대가 분노와 슬픔 같은 강한 정서를 느낄 때 자기 자신에게 어떤 말을 하는지를 자각하도록 도울 수 있다. 우리는 정서를 판단하고(예: 좋다 또는 나쁘다), 그 정서를 가진 우리 자신도 판단한다(예: "이렇게 느끼면 안 돼." "이렇게 느끼다니 나는 이기적이야."). 사례에서 정서에 대한 자기비판(self-judgement)이 어떻게 정서적 고통을 악화시킬 수 있는지를 볼 수 있다.

치료자: 진짜 강한 정서를 느꼈던 때를 생각할 수 있니?

존: 네, 이번 주 초반에 정말 열심히 공부했는데, 수학에서 1점 차로 A를 받지 못했어요.

치료자: 좋아. 그 예를 가지고 해 보자. 처음 그 사실을 알았을 때 어떤 느낌이었는지 떠올려 보면 좋겠다.

존: 너무 화가 났어요.

치료자: 만약 1~10점 척도가 있다면, 처음 성적을 알았을 때 얼마나 화가 났니?

존: 4점 정도.

치료자: 좋아. 자, 이제 성적을 알았을 때, 네 머리에 무슨 생각이 지나갔는지 떠올릴 수 있겠니?

존: 음… 글쎄요. 처음에는 존스 선생님이 너무나 불공평하다는 생각이 들었어요. 다음에는 그것에 대해 화내는 내가 너무나 멍청하다는 걸 깨달았어요. 제 말은 다른 애들은 항상 B를 받아도 화내지 않는다는 거예요. 그렇게 느끼지 말았어야 했어요.

치료자: 그런 생각을 떠올리면서 지금은 얼마나 화가 나니?

존: 그렇게 화를 낸 나 자신에게 아직 화가 많이 나요. 7점은 될 거예요.

치료자: 맞아. 종종 우리의 느낌에 대해 생각하는 방식 때문에 정서가 훨씬 더 나빠질 수 있지.

그러고 나서 치료자와 십대는 특히 십대가 다루기 어려운 또 다른 감정들을 찾아볼 수 있다. 목표는 십대가 정서를 느끼는 자신을 비판하지 않고, 자신의 정서적 경험을 알아차리도록 도와주는 것이다. 십대와 함께 관심을 기울여 논의해야 할 매우 중요한 개념은 바로 '우리는 우리의 정서가 아니다(we are not our emotions).'다. 어떤 순간 분노와 같은 정서를 느낀다고 해서 그가 '화난 사람' 이라는 의미는 아니다. 그는 그 순간에 분노를 느끼고 있는 것이다.

2) 정서에 대한 교육

정서는 본래 좋거나 나쁜 것이 아니다. 그것은 사람에게 주어진 상황의 중요성과 적절성(relevance)에 대한 신호로 간주된다. 두려움은 어떤 상황이 위험하다고 지각된 신호다. 분노는 누군가 우리를 부당하게 이용하였을 때처럼 어떤 상황이 우리의 기대와 일치하지 않을 때 경험된다. 슬픔은 사람이 소중한 것(물질적인 것 또는 인간관계)을 상실하거나 또는 자기 기대에 미치지 못할 때 나타난다. 친밀함(warmth), 우정 그리고 사랑은 중요한 사회적 유대를 유지하는 데 도움이 된다. 맥락을 고려한다면 이러한 각각의 정서는 적절하고 적응적이기까지 하다. 사실 위험한 상황 앞에서 두려움을 느끼지 않는 사람은 죽거나 다칠 위험이 있다. 우울하고 자살위험이 있는 십대들은 대체로 정서 경험의 역치(threshold)가 낮고, 일단 정서 반응이 촉발되면 더 격렬하게 더 오랫동안 지속된다.

치료자는 십대에게 정서가 다양한 목적에 기여한다고 설명해 줄 수 있다. 정서는 도움이 되고 종종 생존을 위해 중요한 것이다. 예컨대, 정서는 무언가 잘못되었을 때 우리에게 신호를 보내주고 다른 사람들과 의사소통할 수 있게 해 준다. 치료자는 십대와 함께 정서가 (고통스러운 것일지라도) 그의 삶에 도움이 되었던 방법들을 탐색해 볼 수 있다. 자신이 유능하고 능숙하다면, 고통스럽거나 불쾌한 정서를 경험하지 않을 것이라고 믿는 십대들도 있을 수 있다. 치료자는 십대에게 정서가 없는 세상을 상상해 보게 할 수 있다. 그 세상은 어떤 세상일까?

프랭크: 무감각하고 아무것도 느끼지 못할 것 같아요.

치료자: 정서의 마비 같은 걸까?

프랭크: 맞아요.

치료자: 감각이 없어서 좋은 점은 뭘까?

프랭크: 글쎄요, 상처받지 않을 수 있어요. 그거예요.

치료자: 그렇구나.

프랭크: 슬프거나 화나지도 않아요.

치료자: 그렇구나. 부정적인 면은 뭘까?

프랭크: 제 생각에는 삶의 흥분과 좋은 느낌들은 아쉬울 거 같아요. 그것이 가끔 롤러코스터 같기는 하지만요.

치료자: 그래, 네가 얼마나 그것을 아쉬워하는지 알 것 같구나.

3) 정서를 확인하고 이름 붙이기

느낌을 인식하고 이름을 붙이는 능력은 그것을 다루기 위한 첫 번째 단계다. 이름을 붙일 수 없는 정서를 효과적으로 다루기는 어렵다. 그러므로 우리는 정서를 정확하게 확인하고 이름을 붙이는 십대의 능력을 강화시키는 것으로부터 정서조절을 시작한다.

치료자는 십대에게 감내하거나 조절하기 어려운 정서뿐만 아니라, 일상적으로 경험되는 정서를 확인하고 기술하게 하는 것부터 시작할 수 있다. 그는 각각의 정서를 어떻게 경험할까? 치료자는 십대와 함께 생리적 · 인지적 · 행동적으로 무엇을 알아차리는지 탐색해야 한다. 예를 들면 다음과 같다.

치료자: 그래서 네가 화가 날 때 어떤 느낌인지에 대해 말하고 있는 거니?

십대: 맞아요. 진짜로 뜨거운 걸 느껴요. 얼굴이 빨개지고 귀가 타는 것 같아져요. 다른 사람들도 내 얼굴이 빨개진다고 해요.

치료자: 그래, 그런 상태가 계속된다면 어떻게 될 것 같니?

십대: 보통은 '나를 화나게 한 사람은 대가를 치르게 될 거야.' 라고 생각해요.

4) 정서의 본질

정서 경험의 개인차를 설명하는 세 가지의 정서조절 요소가 있다. 정서 반응은 언덕 위에서 아래로 굴러 내려오는 눈덩이와 같다.

• 빠르다(역치와 반응 속도)

어떤 사람에게는 정서 반응을 도출하는 데 많은 스트레스가 필요하지 않다. 어떤 사람에게는 약간의 실망감은 과도한 정서 반응으로 연결되지 않지만 보다 민감한 사람에게는 약간의 자극도 눈덩이처럼 큰 반응으로 연결될 수 있다. 촉발요인과 정서적 반응 간의 시간 간격이 매우 짧다. 눈덩이는 아주 빠르게 구르기 시작한다.

• 크다(반응의 크기)

정서 반응의 강도는 크다. 즉, 정서는 격렬하게 느껴지고 표현되며 명료하게 사고하는 것을 어렵게 한다. 정서의 눈덩이가 언덕 아래로 구르게 되면 커다란 눈덩어리가 된다.

• 느리다(그 반응이 얼마나 빨리 끝나는가)

어떤 사람들에게는 아주 강한 정서도 빨리 끝난다. 반면 어떤 사람에게는 진정되고 안정을 찾는 것이 아주 느리다. 즉, 눈덩이를 다시 언덕 위로 올리는 데 긴 시간이 걸린다. 눈덩이가 언덕 아래로 빨리 굴러 내려오면서 상처를 입었을 수도 있다. 그래서 십대는 처음보다 지금 더 고통스러울 수 있다(즉, 정서적 경험과 그에 따른 행동이 상황을 더 악화시켰을 수 있다.).

정서조절이 어려운 사람은 정서 반응의 역치가 낮다. 정서 반응은 빠르고 격렬하게 나타나고 반응 전의 안정적인 상태로 돌아가는 속도는 느리다.

십대에게 눈덩어리가 언덕 위로 되돌아가서 질서를 회복할 때까지는 또 다른 격렬한 정서에 더 취약하다는 사실을 이해시키는 것이 매우 중요하다. 십대는 뒤따라오는 다음 단계의 스트레스 요인에 매우 격렬한 정서적 반응을 보일 수 있다.

치료자는 십대에게 이러한 정서 반응의 사례들을 보여 줄 수 있다.

메디: 그래서 조와 나는 크게 싸웠어요. 나는 그에게 엄청 화가 났어요. 지금도 그때 생각만 하면 화가 치밀어 올라요.

치료자: 그랬구나. 그런 다음 너는 집에 왔고….

메디: … 그리고 엄마가 늦었다고 혼내기 시작했어요. 저는 이성을 잃었어요.

치료자: 그래. 정확히 어떤 거였을까?

메디: 음, 계단을 쿵쿵대고 올라가서, 엄마에게 소리치면서 욕을 했어요. 그리고 경첩이 빠질 정도로 방문을 쾅 닫았어요.

치료자: 알겠다. 마치 파도와 싸우는 것 같았구나. 처음에 몰려온 파도로 균형을 잃은 상태라면, 다음에 밀려오는 파도가 너를 쓰러뜨리기는 훨씬 쉽지.

메디: 맞아요. 바로 그런 거였어요.

5) 정서조절의 어려움에 대한 취약성

이제 십대가 정서조절이 안 되는 요소들을 이해하게 되었으므로, 치료자는 십대가 무엇 때문에 빠르게 크게 천천히 반응하게 되는지를 확인하도록 도와줄 수 있다. 우리는 이것들을 취약성 요인이라고 부른다. 치료자와 십대는 이미 연쇄분석을 통하여 자살위험 행동에 대한 취약성 요인을 확인하였다. 일반적인 예는 수면 부족, 물질사용, 정서적 혹은 육체적 고통이다.

치료자는 십대에게 자신을 충분히 돌보지 못해 더 짜증나거나 화날 때가 언제인지 예를 들어보게 할 수 있다(예: "나는 잠을 잘 못 자면 화를 잘 낸다."). 그런 다음 정서조절의 어려움을 감소시키기 위해 취약성 요인에 주의를 기울이는 방법을 생각해 보게 한다.

6) 정서적 행동 충동 인식하기

모든 정서는 우리에게 무엇인가 하라고 '말하는' 행동 충동(action urges)을 동반한다. 정서조절 기술을 습득하는 두 가지 중요한 단계는 먼저 각 정서와 관련된 일반적인 행동 충동을 인식하는(recognize) 것이고, 다음은 충동에 저항하는(resist) 것을 배울 수 있다는 것을 이해하는 것이다. 예컨대, 두려움과 관련된 행동 충동은 종종 숨는 것이고 분노에는 공격하는 것이며 슬픔에는 물러나는 것이다. 치료자는 이를 소개하여 십대가 통상적으로 경험하는 정서들과 관련된 행동 충동에 대해 이야기할 수 있다. 치료자는 강한 행동 충동을 경험하는 것이 반드시 그에 따라 행동해야 한다는 의미는 아니라는 것을 강조해야 한다. 대신에 우리는 정서에 반응하여 어떻게 행동할지를 선택한다.

정서조절 기술을 우울하고 자살위험이 있는 십대에게 소개할 때 치료자는 먼저 부정적인 정서를 조절하는 행동 목록을 확인하고 강화해야 한다. "그래서 내가 알기로는, 네가 정말로 힘들 때 몇 가지 하는 일이 있지. 음악을 듣거나 친구들과 이야기를 하는 것 같이 말이야. 우리가 해 보고 싶은 것은 네가 많은 정서적 고통을 경험할 때 쉽게 사용할 수 있는 방법들을 추가로 더 찾아보는 거야." 다음은 십대가 정서적 고통을 감내하고 조절하는 데 유용한 기법들이다.

3. 정서온도계

정서온도계(emotions thermometer)는 십대가 모든 정서 경험이 연속선상에서 발생한다는 것을 이해하는 데 도움이 되는 시각적 자료다. 사람들은 빠르게 크게 천천히 정서에 반응하기도 하지만 대개는 통제를 상실하는 지점(정서의 '끓는점')에 도달하기 전에 정서의 강도가 점점 커지는 것이다. 이 온도계는 정서의 강도의 범위를 시각적으로 보여 주는 도구다. 정서온도계 연습의 목표는 십대가 '자신의 정서 온도 재는 것'을 배워 정서를 조절하고, 끓는점에 도달하기 전에 '정서 온도를 낮추는' 단계를 갖도록 돕는 것이다.

이 연습을 십대에게 소개할 때 치료자는 정서의 강도는 온도계에 표시된 온도와 일치한다고 설명해 준다. 십대가 이 연습에서 배우게 되는 기본적인 기술은 다음과 같다.

① 자기의 정서 온도 측정하기
② 그 온도의 인지적 · 행동적 · 정서적 상관관계 확인하기
③ 통제할 수 없다고 느끼는 '끓는점' 또는 '복귀 불능점(point of no return)' 확인하기
④ 끓는점에 도달하기 전에 정서의 온도를 낮출 수 있는 간단한 전략을 몇 가지 개발하기

1) 정서온도계 기술 가르치기

(1) 아무것도 표시되지 않은 온도계에서 시작한다([그림 6-2] 참조). 십대에게 통제할 수 없을 것 같을 때, 그 느끼는 방식에 이름을 붙여 보게 한다. 어떤 청소년은 '스트레스를 받음' 혹은 '통제가 안 됨' 이라고 할 것이고, 다른 청소년은 '좌절함' 혹은 '화가 남' 이라고 할 것이다. 정서온도계의 한쪽 끝에 이 말을 적고, 반대쪽 끝에 '통제할 수 있음' 혹은 '편안함' 등의 상반되는 말을 적는다.

(2) 각 구간마다 십대에게 그 표시에 일치하는 생리적 · 심리적 · 행동적 단서들을 확인하게 한다. 생리적 단서는 심장 박동이 증가한다거나 땀이 난다거나 하는 것이고, 심리적 단서는 그 상황에서 떠오른 어떤 생각이나 행동 충동의 경험이 될 수 있을 것이다. 그리고 행동적 단서는 목소리가 커진다거나 주먹을 꽉 쥐거나 혹은 물건을 집어던지는 것 등이다.

(3) 십대에게 정서온도계에서 '끓는점' 또는 '복귀 불능점' 을 확인해서 표시하게 한다. 이 수준을 넘어가면 더 이상 정서를 조절할 수 없고, 통제할 수 없는 상태가 된다. 다음은 온도계에서 이 지점의 생리적 · 심리적 · 행동적 표시를 확인한다.

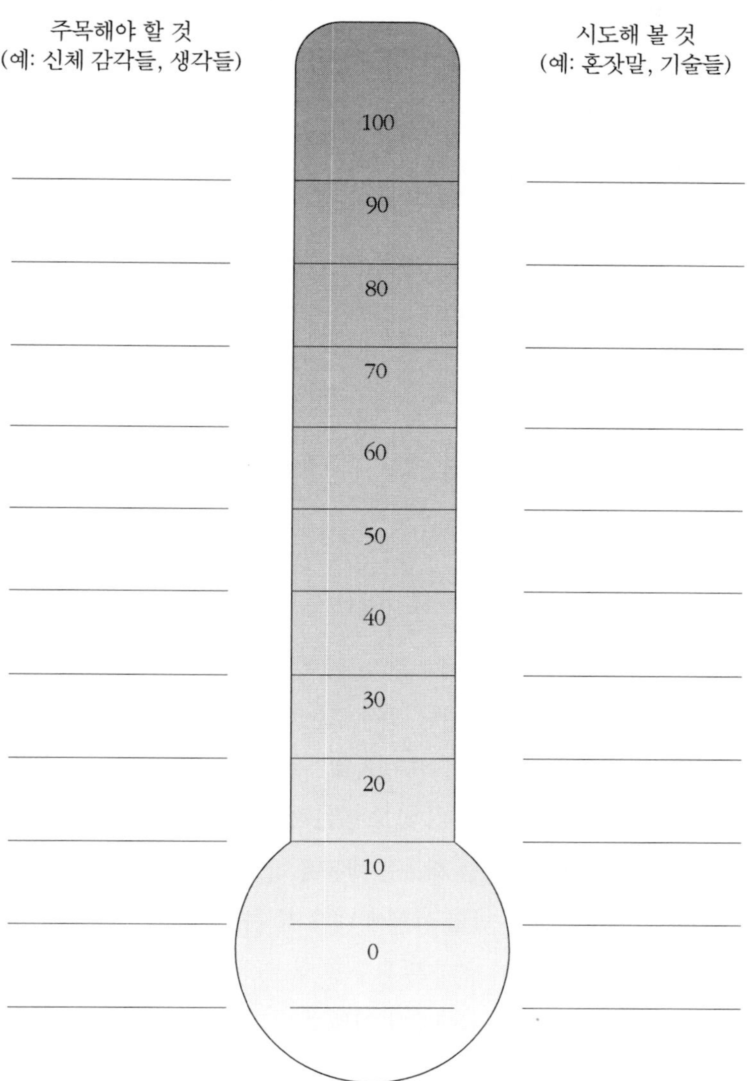

그림 6-2 정서온도계

출처: Brent, Poling, & Goldstein(2011). *Treating Depressed and Suicidal Adolescents*. Copyright 2011 by The Guilford Press. 원저 구매자의 개인적 사용을 위해 이 그림의 복사를 허용함(세부 사항은 저작권 페이지 참조). The Guilford Press 홈페이지에서 큰 그림을 다운로드할 수 있음.

(4) 십대에게 표시들의 사이에 일치하는 단서들을 찾아보게 한다(예: 20, 40).

(5) 십대에게 끓는점 또는 복귀 불능점까지 가지 않도록 진정시키기 위해 '무언가를 해야 한다.' 는 신호가 될 수 있는 지점과 단서들을 선택하게 한다. 아직 정서 분출이나 폭발을 피하기 위한 기술을 사용할 수 있는 지점이다. 이것을 '행동지점(action point)' 이라고 이름 붙인다('행동지점' 은 한 개 이상일 수도 있다.).

(6) 정서 상승을 통제하기 위해 '행동지점' 에서 취할 구체적인 조치를 십대와 같이 정한다. 이러한 조치에는 산책을 한다거나 음악을 듣는다거나 진정시키는 혼잣말하기 등이 있다.

이제 '행동지점' 에서 사용할 수 있는 기법들을 알아보자.

4. 주의분산

주의분산(distraction)은 화가 나는 생각 또는 느낌으로부터 잠깐 동안 심리적으로 벗어나게 해 주는 강력한 기법이다. 치료자는 화가 나는 생각이나 느낌에서 주의를 분산시키기 위해 십대가 이미 하고 있는 것들을 확인해보게 한다. 그 다음에 십대가 기꺼이 시도하고자 하는 새로운 행동을 찾도록 도울 수 있다.

회기 중에 슬프거나 화가 났던 상황에 대해 생각해 보게 하여 주의분산 연습을 할 수 있다. 그다음에 십대에게 다른 활동을 해 보게 한다. 글쓰기, 잡지 보기, 게임하기 등이 있다. 치료자는 십대에게 어떻게 느끼는지 다시 물어보고 주의분산 활동과 분노 상황에 대해 더 이상 생각하지 않고 있다는 것을 연결시켜 주어야 한다. 치료자와 십대는 함께 십대가 시도해 볼 수 있는 주의분산 활동 목록을 만들 수 있다. 또한 십대에게 모든 주의분산 활동이 모든 사람 또는 모든 정서에 효과적이지는 않을 것임을 알려 주는 것도 중요하다. 따라서 십대는 주어진 상황에서 어떤 주의분산 활동이 자신에게 가장 효과적일지를 알아보기 위해 다양한 주의분산 활동을 실험해 볼 필요가 있다.

5. 자기 위안

화가 나는 생각 또는 느낌으로부터 벗어나는 다른 방법은 오감을 통한 자기 위안(self-soothing)을 생각해 보는 것이다. 이 방법은 특히 고통 감내를 증진시키는 유용한 연습이다. 치료자는 회기 중에 청소년이 오감을 통한 자기 위안 활동을 확인하고 그 활동들을 연습하도록 격려해야 한다. 예를 들어, 치료자는 감각적인 자기 위안의 예로 핸드로션(촉각), 꽃(후각), 사탕(미각), 부드러운 음악(청각), 자연을 찍은 사진(시각)을 도입할 수 있다.

6. 심호흡

심호흡은 언제 어디에서든 간단하고 빠르게 긴장을 완화시키는 방법으로 매우 도움이 되는 기술이다. 치료자는 십대에게 천천히 깊게 숨을 쉬는 것은 진정 효과가 있다는 설명으로 시작할 수 있다. 치료자가 시범으로 한 손을 배 위에 놓고 심호흡하는 것을 보여준다. 배 위에 있는 손이 오르락내리락하는 것은 호흡하고 있다는 것이다. 치료자는 십대와 함께 '코로 깊게 숨을 들이쉬고, 폐를 공기로 가득 채운 후, 입을 통해서 숨을 고르게 절제하면서 내뱉는' 동작을 연습한다. 이 연습을 하면서 심호흡을 하는 동안 이완 효과를 높일 수 있는 단어나 문장을 추가하도록 할 수 있다. 그 단어를 부드럽게 소리 내어 말하거나 머릿속으로 말한다. 예를 들면, 긴장이 풀린다, 진정된다, 안정된다, 괜찮아 등이다. 연습을 하는 동안 치료자는 십대에게 가슴이 아니라 배로 호흡하고 있는지 천천히 절제된 상태로 하고 있는지 확인하도록 피드백해 준다.

7. 점진적 근육이완법

점진적 근육이완법(progressive muscle relaxation: PMR)은 불안을 치료하는 데 널리 사용되어 왔고, 특히 불안이 동반된 자살위험이 있고 우울한 청소년에게 유익하다. 치료자는 십대에게 먼저 많은 사람들이 스트레스를 받거나 화가 났을 때 근육이 수축되는 경향이 있으며 이는 강한 정서에 대한 정상적인 반응이라고 설명해 준다. 다음으로 긴장이완이 공격-도피 반응(fight-or-flight response)과 관련 있으며 스트레스를 받거나 화가 나면 우리의 몸은 위험에 처할 때 행동 태세를 취하는 것처럼 반응한다는 것(실제로는 그럴 필요가 없을 때조차도)을 설명해 준다. 십대에게 스트레스를 받을 때 몸의 긴장을 어떻게 알아차리는지 생각해 보게 할 수 있다. 아마도 어떤 청소년은 머리가 아프거나 배가 아프다고 할 것이다. 이런 신체적 불편은 우울한 십대에게 흔하게 나타난다. 이 기술은 근육의 긴장에 집중함으로써 신체를 진정시키는 데 도움이 된다. 근육의 긴장을 이완함으로써 흥분을 가라앉히고 몸을 통제할 수 있다. 여기 점진적 근육이완법의 대본이 있다. 회기에서 대본을 쭉 따라가면서 시범을 보여 줄 수 있다.

"먼저 편안한 자세를 취합니다. 모든 근육을 편안하게 둡니다. 근육들이 느슨해지고 묵직해짐을 느낄 것입니다. 눈을 감고 깊게 천천히 3번 숨을 쉬세요. 천천히 숨을 들이마실 때 폐를 가득 채우는 공기에 집중하고, 천천히 숨을 내쉴 때 코와 입으로 빠져나가는 호흡에 집중합니다. 공기가 몸 안으로 몸 밖으로 움직이는 느낌을 생각하면서 천천히 숨을 들이쉽니다.

이제 오른손을 최대한 세게 주먹을 꽉 쥐고, 5부터 숫자를 거꾸로 세어 나가는 동안 그대로 있습니다. 숫자를 세는 동안 손을 꽉 쥐고 있는 감각을 느껴 보세요. 5…4…3…2…1… 손의 힘을 빼면서 손가락부터 팔까지 부드럽고 따뜻한 느낌이 전해지고, 긴장이 풀어지는 것을 느껴 보세요. 팔에서 이완되는 느낌이 가득해지는 것에 주의를 기울입니다.

이제 왼손을 최대한 꽉 쥔 채로, 5부터 숫자를 세는 동안 그대로 있습니다.

팔의 긴장에 주의를 기울입니다. 5…4…3…2…1… 주먹 쥔 손을 풀고 꽉 쥔 느낌이 팔에서 사라져 가고 따뜻하고 묵직하게 긴장이 풀어지는 느낌에 집중해 보세요.

이번에는 어깨를 머리와 목에 닿도록 구부려서 5부터 1까지 셀 동안 몸이 조여지는 느낌에 집중합니다. 5…4…3…2…1… 어깨를 풀면서 머리부터, 목, 어깨에서 느껴지는 따뜻한 이완의 느낌에 주의를 기울입니다.

이제 마치 레몬처럼 아주 신 것을 먹을 때처럼 얼굴을 찡그려 보세요. 5부터 1까지 세는 동안 이마에 주름살이 지도록 찡그리고 그대로 있습니다. 이마에 느껴지는 긴장감에 집중합니다. 5…4…3…2…1… 이마의 긴장을 풀고 찡그린 얼굴이 펴지도록 합니다. 얼굴의 긴장이 풀어지면서 편안해지는 것을 느껴 보세요.

이번에는 어금니를 꽉 물어 보세요. 숫자를 세는 동안 그 상태를 유지합니다. 5…4…3…2…1… 이제 편하게 풀어 줍니다.

이제는 온몸을 긴장시켜 봅니다. 얼굴을 찡그리고 어깨를 구부리고 주먹을 꽉 쥐고 팔에 힘을 주고 등을 펴서, 배에 힘을 주고 다리에 힘을 주고 발가락을 구부립니다. 온몸을 나무판자처럼 꼿꼿하게 긴장시키고, 5부터 세는 동안 그 자세를 유지합니다. 5…4…3…2…1… 이제 긴장을 풀고 이완합니다. 긴장을 풀고 몸이 얼마나 따뜻해지고 묵직해졌는지 느껴 보세요. 몸에서 긴장이 풀어지는 느낌을 즐겨 보세요(몇 분 동안 조용히 앉아 있게 한다.).

좋아요. 이제 눈을 뜨고 몸을 평상시처럼 움직이고, 필요하면 몸을 쭉 펴주세요."

치료자는 이런 연습이 어떻게 느껴지는지 물어보고 이 방법에 익숙해지기 위해서는 어느 정도 연습이 필요하지만, 점진적 근육이완법(PMR)이 강한 정서를 조절하는 데 매우 효과적인 방법이라는 것을 설명해주어야 한다. 이 장에서 설명한 다른 방법처럼 이 방법도 연습이 필요하다. 십대가 이 방법을 연습할 수 있도록 녹음테이프를 만드는 것도 고려해 볼 만하다. 이런 방법으로 집에서도 연습할 수 있다. 치료자와 십대는 연습 스케줄을 함께 합의해야 한다. 처음에는 정해진 시간에 1주일에 몇 번 정도로 생각할 수 있다. 십대는 연습한 것과 무엇을 알아차렸는지를 치료자에게 알린다. 목표는 십대가 이 기법에 익숙해져서 불안이나 다른 부정적인 정서가 올라올 때, 어디에서든 이러한 기술들을 마음에 떠올려서 사용할 수 있게 하는 것이다.

8. 즐거운 상상하기

즐거운 상상하기는 상상력을 사용하는 것으로, 이완시켜 주는 평화로운 장면이나 장소에 대해 생각함으로써 몸을 진정시키는 것이다. 사람마다 위안을 주는 다른 장면을 상상할 수 있다. 십대에게 어떤 장소가 가장 편안하게 느껴지는지 물어볼 수 있다. 그리고 구체화한다! "거기가 어디지?" "몇 시쯤이지?" "온도는 몇 도지?" "누구랑 같이 있지?" "무슨 소리가 들리지?" "어떤 냄새가 나지?" "무엇이 느껴지지?"라고 물어볼 수 있다.

치료자는 청소년이 오감을 이용하여 그 장면을 가장 사실적으로 느낄 수 있도록 격려해 준다. 편안한 장면에 대해 써 보게 하거나 원한다면 그림을 그려 보게 할 수도 있다. 회기 중에 눈을 감고 상상으로 편안한 장소로 '가는' 연습을 해 볼 수 있다. 그런 다음에 십대에게 어떻게 느꼈는지 정서 상태, 심장박동, 호흡 등에서 주목할 만한 변화가 있는지 물어본다.

9. 가족과 함께하는 정서조절 기술

종종 우울한 십대의 가족에게서 정서적 강도가 높아질 수 있는데 그런 경우 청소년 개인뿐 아니라 그 부모에게도 정서조절 기술을 가르치는 것이 효과적이다. 그러므로 앞에서 설명한 기술들을 가족 전체에게 알려 줄 수 있다. 이와 함께 정서조절의 어려움을 경험하는 부모에게 특히 유용한 두 가지의 정서조절 전략이 있다.

1) 떠나서 기다리기

'떠나서 기다리기(exiting and waiting)' 전략에 대한 논의는 십대와 같이할 수도 있고 부모들만 따로 할 수도 있다. 부모에게 이 전략 뒤의 개념을 다음과 같이 제시할 수 있다.

"십대인 자녀가 한 말이나 행동에 대해 감정이 너무 격해진다고 느낄 때는, 그 상황을 벗어나서 당신과 자녀 모두 다시 이야기할 수 있을 만큼 충분히 진정이 될 때까지 기다리는 것이 좋습니다."

치료자는 부모와 함께 그들 자신의 '행동지점(action points)'과 그런 반응을 촉발할 수 있는 상호작용들을 확인해 보아야 한다. 이는 가족구성원 모두가 사용하는 전략이기 때문에 십대와 가족이 서로 터놓고 얘기를 나눠야 한다. 방에서 나가기 전에 부모는 십대에게 수용할 수 없는 행동이 정확히 무엇이었는지 그리고 모두가 생산적인 대화가 가능하도록 충분히 진정될 때까지는 이 상황을 떠나 있겠다는 것을 간략하게 말해 주어야 한다.

2) 짧게 요점만 말하기

우울한 십대의 많은 부모들이 자녀와 이야기하는 동안 같은 일에 대해 반복해서 합리화(때론 논쟁)하고 있는 자신을 보게 된다고 한다. 이러한 상황에서 고려해 볼 수 있는 전략은 짧게 요점만 말하기라는 일반적인 규칙이다. 부모들에게 가르치고 비판하고 이유를 설명하는 대신, 구체적인 규칙이나 결과를 간단하게 말한 후 그 상황을 떠나도록 권한다. 치료자는 부모가 짧게 요점만 말하도록 가족 내 규칙과 결과는 분명하게 정의되어야 한다는 것을 알게 해 준다. 이렇게 해서 부모는 이런 규칙들을 언급하고 자녀에게 길게 설명하지 않으며, 자신도 정서조절이 어려워지는 것을 방지할 수 있다.

요점

- 행동 활성화 전략은 에너지가 적고 비참여적인 우울한 십대에게 도움이 된다.
- 우울한 십대에게 '할 기분이 나지 않더라도' 계속 활동을 하도록 격려한다.
- 정서에 대한 교육은 십대가 무엇을 느끼는지 더 잘 이해하고 확인할 수 있게 해준다.
- 정서에 대한 자기비판을 감소시켜 정서적 고통을 줄일 수 있다.
- 정서조절이 어려운 반응에는 세 가지의 구성요소가 있다—크다, 빠르다, 느리게 회복된다.
- 모든 정서에는 그와 관련된 행동 충동이 있다.
- 정서온도계는 고통 감내와 정서조절을 가르치는 데 유용하다.

제7장

인지 재구성, 문제해결 및 대인관계 효율성

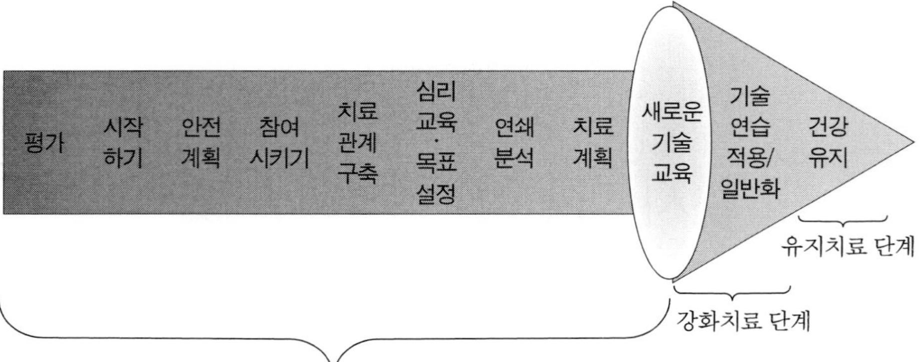

학 습 내 용

- 사고가 기분과 행동에 영향을 준다는 것을 이해하도록 십대를 돕는 방법
- 인지 왜곡과 부정적인 자동적 사고 '알아차리기(catch)' 를 배우도록 돕는 방법
- 상황을 해석하는 대안을 찾기 위해 '다시 생각하기(rethink)' 를 배우도록 돕는 방법
- 좀 더 희망적이고 긍정적이며 현실적으로 생각하는 법을 배우도록 돕는 방법
- 연쇄분석을 통해 과거의 자살사건 중에 드러난 핵심사고를 탐색하고 도전하는 방법
- 과제를 정할 때 협력적으로 접근하기의 중요성
- 문제해결 단계를 가르치고 연습하는 방법
- 십대의 대인관계 기술 향상을 돕는 주요 전략들

1. 변화의 방법들

사고와 감정, 행동은 서로 밀접한 관계가 있다. 이들 구성요소 중 어느 하나에 개입하면 다른 두 가지도 변화시킬 수 있다. 감정 수준의 개입에는 제6장에서 기술한 정서조절 기술들이 포함된다. 행동 수준에서의 한 가지 개입은 행동 활성화로서 제6장에서 자세히 설명하였다. 이 장에서는 주로 사고 수준의 개입에 초점을 맞출 것이다. 어떤 환자에게 어떤 수준의 개입이 맞는지를 결정하는 명확한 공식은 없다. 그러나 연쇄분석 활용은 치료계획을 안내하는 기초가 된다. 또한 치료자는 어느 한 수준에서의 개입이 효과적이지 않을 때를 인식하고, 전략 수정을 고려할 수 있을 만큼 충분히 유연해야 한다.

2. 인지와 정서 장애

인지치료(cognitive therapy)는 우리의 사고방식이 감정을 느끼는 방식과 이어서 행동하는 방식에 영향을 준다(물론 항상 그런 순서는 아닐지라도)는 개념에 근거한다. 치료 초기에는 십대가 이런 기본 전제에 익숙해지는 것(socialize)이 중요하다. 우울한 십대들은 종종 우울증을 강화시키는 사고패턴의 편향성을 보인다. 자살위험이 있는 청소년(suicidal youth)은 어려운 상황에서 자살이 유일한 해결책이라는 시각을 강화시키는 사고패턴을 보인다. 이런 편향성을 인지 **왜곡**(cognitive distortions)이라고 부른다. 이런 인지 왜곡을 식별하고 도전하는 과정은 인지행동치료(CBT)의 매우 중요한 요소로서, **인지 재구성**(cognitive restructuring)이라고 한다. 우울한 십대는 인지 왜곡이 무엇인지 알지 못한다면 그것을 찾고 도전할 수가 없다. 따라서 치료자는 먼저 십대가 자기의 생각이 지금의 기분에 어떻게 영향을 주고 있는지를 이해하도록 돕는다. 우울증과 싸우는 데 도움이 될 뿐만 아니라, 우울증을 강화하기도 하는 사고패턴들에 대해 아는 것이 도움이 된다. 치료 초기에 우리는 보통 사고가 '왜곡되었다' 고 하지 않고, 대신에 '도움이 되는' 과 '도움이 되지 않는' 사고들을 식별하도록 돕는다.

3. 사고, 감정 및 행동 간의 연관성

사고, 감정 및 행동 간의 연관성(links)에 대해 말하는 것만으로는 행동 변화를 일으킬 수 없다. 사고, 감정 및 행동의 상호연관성을 분명히 보여 주기 위해서 치료자는 환자가 이런 연관성을 직접 경험하도록 도와줄 필요가 있다. 이것은 CBT의 전반적인 방향(orientation)과 일치하는 것으로 **협력적 경험주의**라고 부른다. 협력적 경험주의는 적응적이고 정확한 관점을 찾기 위해서 환자와 치료자가 함께 환자의 문제에 대한 여러 관점을 평가하고 근거를 면밀히 살펴보는 것을 의미한다. 이런 연관성을 분명히 보여 주기 위해서는 환자가 최근에 경험한 구체적인 사례를 갖고 시작하는 것이 가장 좋다. 한 가지 효과적인 출발점은 환자에게 최근에 슬픔이나 분노와 같은 강렬한 정서를 일으켰던 경험에 대해 물어보는 것이다. 치료자는 십대의 경험을 활용하여 다음 대화에서처럼 사고, 감정 및 행동들을 구분하고, 그런 다음 경험의 세 요소들 간의 상호연관성을 탐색해 볼 수 있다.

치료자: 최근에 경험한 강렬한 정서를 떠올려 볼 수 있니?

십대: 물론이지요. 오늘 학교에서 가장 친한 친구와 큰 싸움이 있었어요. 그녀에게 너무 화가 났어요.

치료자: 안됐구나… 무슨 일이 있었는지 말해 줄 수 있겠니?

십대: 우리는 요즘 항상 싸워요. 저는 그 친구가 나에게 관심이 없다고 생각해요. 그 애한테 친한 새 친구가 생긴 게 틀림없는데 나한테 말하려고 하지 않아요. 그 친구랑은 다시는 말하지 않을 거예요.

치료자: 와… 정말로 화가 났구나. 싸우고 나서 어떤 느낌이었지?

십대: 정말 슬프고 화도 나요. 우리는 4년 넘게 가장 친한 친구였어요. 정말

많은 것을 함께해 왔고요. 감당할 수가 없어요. 그 친구에게 다시 말을 거는 건 생각도 할 수 없어요. 이제 우린 끝났어요!

치료자: 이건 좀 더 얘기해 봐야 할 만큼 중요한 문제인 것 같구나. 지금 바로 이 예를 가지고 지금 여기에서의 생각과 감정, 행동을 알아보면 어떻겠니?

십대: 좋아요.

치료자: 이 경험에 대해 어떤 느낌이 드니?

십대: 화나고 슬퍼요.

치료자: 둘 다야?

십대: 내 친구가 이런 식으로 나를 대하는 것이 화나고, 예전 같지 않다는 것이 슬퍼요.

치료자: 예전의 그 친구가 그립구나.

십대: 맞아요.

치료자: 그러면 그런 생각이 머리를 스쳐갈 때, 어떤 느낌이 들지?

십대: 말씀 드린 것처럼 슬퍼요. 그리고 화도 나요. 이런 식은 아니어야 하니까요.

치료자: 그러면 네가 슬프고 화나는 감정을 느낄 때, 그것이 너의 행동방식에는 어떤 영향을 주니?

십대: 그녀와 어울리고 싶지 않아요.

치료자: 그다음엔 어떻게 되지?

십대: 친구가 더 보고 싶어지고, 더 많이 슬프고 화가 나요.

치료자: 계속 맴돌고 있구나, 그렇지 않니? 자, 정리해 보자. 너는 옛 친구가 보고 싶다고 생각하고 그것은 너에게 슬픔을 느끼게 하고, 그러면 너는 그녀로부터 더 멀어진다는 거구나. 맞니?

4. 실시간으로 연관성을 알아내기

사고와 정서 간의 관계를 확인하는 데 능숙해지도록 치료자는 이 개념이 어떤 상황에도 적용될 수 있다는 것을 보여 주기 위해 몇 개의 다른 사례를 가지고 연습시켜 주어야 한다. 이런 인식을 위한 최적의 시간과 장소는 회기 동안(during the session)이다. 회기 동안에 일어나는 갑작스러운 기분 변화는 사고와 감정 간의 연관성을 설명하기 위한 아주 좋은 기회가 된다. 현저한 기분의 변화가 있을 때, 치료자는 "지금 네 마음에 무엇이 스쳐 지나갔지?" 또는 "지금 막 어떤 생각을 했지?"라고 물어볼 수 있다. 이런 감정 변화에 동반되는 사고를 뜨거운 인지(hot cognitions)라고 한다. 치료자는 도움이 되지 않는 생각들을 인식하는 기술을 습득하도록 십대에게 회기 사이에 일어나는 기분의 변화를 알아차리도록 노력하고, 상황과 구체적인 생각들을 추적해 보라고 할 수 있다. [그림 7-1]은 십대에게 과제로 주는 사고기록지(thought sheet)의 예다(Beck, 1976; Beck, 1995).

일단 십대에게 그의 사고가 어떻게 기분과 행동에 영향을 주는지를 이해하게 해 주면 우울한 감정을 강화시키는 사고 및 행동 패턴을 식별하는 법을 배우도록 도울 수 있다. 친한 친구에 대한 실망감을 경험하고 있는 환자의 예를 계속해서 보겠다.

치료자: 지금 현재 너의 우정에 대해 어떻게 생각하고 있니?

십대: 절망적이에요. 아무것도 없어요. 그 애와의 우정도 끝이에요.

치료자: 그래서 슬픔을 느끼는구나?

십대: 맞아요.

치료자: 그러면 잠시 그 우정이 완전히 절망적인 건 아니고, 그 다툼에 대해 약간 다르게 설명할 수도 있다고 해 보자. 그런 경우라면 다른 느낌이었을까?

십대: 물론이지요. 하지만 그 애는 정말 비열해요.

사건	생각	정서와 평가(1-10)	현실적인 대응적 사고	정서와 평가(1-10)

그림 7-1 사고기록지

출처: Brent, Poling, & Goldstein(2011). *Treating Depressed and Suicidal Adolescents*. Copyright 2011 by The Guilford Press. 원저 구매자의 개인적 사용을 위해 이 그림의 복사를 허용함(세부 사항은 저작권 페이지 참조). The Guilford Press 홈페이지에서 큰 그림을 다운로드할 수 있음.

치료자: 분명히 이건 너무 화나는 상황이야. 그 친구가 너에게는 매우 중요한 사람이었던 것 같아. 너도 그 애에게 오랫동안 제일 친한 친구였지. 전에 둘이 다툰 적이 있었니?

십대: 네, 그렇지만 이렇게 나쁘진 않았어요.

치료자: 전에는 어떻게 해결했니?

십대: 글쎄요, 잘 모르겠는데… 어쨌든 잘 풀렸던 것 같아요.

치료자: 친구가 왜 그렇게 행동하는지에 대해서 다른 설명이 있을 수도 있다고 생각하니?

십대: 모르겠어요. 그렇게 생각하지 않아요.

치료자: 그래, 나도 모르긴 해. 그렇지만 이런 상황에 대해 다르게 생각하는 방식이 있는지 우리가 함께 살펴볼 수는 있을 거 같아. 맨 처음 드는 생각을 우리는 **자동적 사고**라고 부르는데, 이것은 정확한 것 같지. 정서가 강렬할 때는 특히 그래. 그렇지만 이따금 우리가 내린 결론들을 평가해 보면, 조금 덜 괴롭게 해 주는 다른 설명이나 최소한 그 상황에 대해 다르게 생각하는 방법을 발견할 수가 있어.

치료의 이 시점에서 사고패턴을 식별하고 평가하는 과정이 단순히 '긍정적으로 생각하기(think positively)' 를 의미하려는 것이 아님을 강조하는 것이 매우 중요하다. 치료자가 환자에게 무엇을 생각하라고 시키려는 것도 아니다. 치료자는 주어진 상황에 대해 생각하는 대안적인 방식이 있다는 것을 십대에게 가르쳐 주려는 것이다. 다시 말해서 십대가 그 상황을 '다시 생각(rethink)' 하고 모든 가능한 설명들을 고려할 수 있도록 도우려는 것이다. 그런 후 치료자의 안내를 받으며 이 대안들 중에 어느 것이 가장 사실과 부합하는지를 결정하는 것은 십대에게 달려 있다. 친구와의 관계가 크게 변한 것과 같은 어떤 상황에 대해 다른 설명을 고려하는 과정 자체가 정서의 강도를 줄여 줄 수 있다.

십대: 그러면 만약 제가 그것에 대해 다르게 생각한다면, 기분이 좋아질지

도 모른다는 건가요?

치료자: 글쎄, 그게 얼마나 효과가 있을 거라고 생각하니?

십대: 잘 모르겠어요. 제 말은, 그건 제가 약간 로봇 같은 그런 느낌이 들어요. 감정을 가질 자격이 없는 것 같은 느낌이랄까….

치료자: 로봇 같다는 생각은 좋은 비유로구나. 그것에 대해 더 얘기해 주겠니?

십대: 로봇은 무엇을 하도록 프로그램된 거죠. 로봇에게는 다른 선택권이 없어요.

치료자: 비교하자면?

십대: 사람은 선택권이 있어요. 우리는 우리가 원하는 것을 생각하고 우리가 원하는 것을 느낄 수 있어요.

치료자: 네 말이 맞아. 우리의 목표는 네가 자유롭게 최대한의 사고와 감정을 가질 수 있게 되는 거야. 그런데 만약 부정적인 사고가 지배적이면, 네가 생각을 통제하는 것이 아니라 실제로는 생각이 너를 통제하게 되는 거지. 만약 네가 상황을 살펴보고 그것이 진짜 절망적이라고 결론을 내린다면… 음, 가끔은 그럴 수도 있고, 그렇다는 걸 아는 것도 좋아. 그렇지만 만약에 그 부정적인 사고가 전혀 정확한 것이 아니라면, 아마도 그런 결론으로 비약해서 오래된 친구를 잃고 싶지는 않을지도 모르지.

십대: 선생님이 무슨 말씀을 하시는지 알 것 같아요.

일단 십대들이 생각하고 느끼고 행동하는 방식 간의 연관성을 보기 시작하면, 치료자는 지배적인 특정 사고패턴들을—특히 환자가 처음에 치료를 받으러 가게 된 문제와 잠재적인 관련이 있는 것들—좀 더 정확하게 식별하고 탐색할 수 있게 된다. 이것의 논리적인 근거는 자기 자신, 미래, 세상에 대한 어떤 사고패턴들은 사람을 더 우울하게 만들 수 있다는 것이다. 하지만 중요한 것은 그 사람의 기분이 좋아지도록 돕기 위해 이런 패턴들이 (가끔 힘이 들긴 하지만) 수정될 수 있다는 사실을 강조하는 것이다. 환자가 우울증 또는 자살생각 및 행동을 강화하는 사고패턴들을 식별하고 도전하는 것이 이익이 있다는 것을 이해하도록 이 논리적 근거를 제공하는 것이 중요하다. 우리가 환자에게 사용해 온 비유에 썰매타기가 있다. 치료자는 일반적인 썰매타기 경험, 즉 일단 내리막길 하나가 눈 위에 만들어지면, 썰매 타는 사람들은 매번 같은 길로 내려가는 경향이 있다는 예를 든다. 그런 다음 우리는 사고패턴들과 썰매 길을 관련짓는다. 즉, 우리의 사고는 적극적으로 다른 방향으로 몰고 가지 않으면 매번 유사한 길로 내려가려는 경향이 있다. 우울해지면 사고패턴이 그 우울한 기분을 유지하는 경로에 고착될 수 있다. 이런 경향성을 알게 되면 우울증으로 이끄는 길에서 벗어나도록 방향을 돌리는 법을 배울 수 있다.

5. 인지 왜곡

지금까지 치료자는 십대에게 도움이 되는 또는 도움이 안 되는 사고패턴의 개념과 기분과의 연관성을 이해하도록 도와주었다. 이제 우울증에 따라다니는 일반적인 사고패턴들을 식별하도록 도울 수 있다. 치료자는 상황을 바라보는 방식이 거의 항상 한 가지 이상 있다는 생각을 강화해야 한다. 많은 사람들이 하나의 방법만이 유일하다고 생각할 때 그리고 상황에 대해 생각하는 또 다른 방법에 대해 잊어버리거나 주의를 기울이지 않을 때 도움이 안 되는 사고 경로에 고착되어 버린다. 예를 들면, 긍정적인 정보를 놓칠 수도 있고, 좋은 일이 있는 것을 못 볼 수도 있고 상황을 절대적으로 좋고 나쁜 것으로 판단할 수도 있다. 이것들이 인지 왜곡의 예다. 인지 왜곡은 심리적 고통을 겪는 동안 종종 과장되는 추론이나 논리상의 체계적 오류(systematic errors)다. 이런 이유로 우리는 환자들이 인지 왜곡을 더 쉽게 처리하고 놓아 버릴 수 있도록 인지적 기법 외에 정서조절 기법도 활용한다. 인지 왜곡은 사람들이 자신의 경험을 우울한 기분을 일으키거나 유지시키는 방식으로 처리하게 만든다. 어떤 사람이 슈퍼마켓의 계산대에 있고 계산원이 그에게 미소를 짓지 않는 경우를 예로 들어보자. 왜곡되지 않은 도움이 되는 사고

(생각)는 '저 계산원은 기분이 좋지 않군, 정말 바쁜가 보네.' 다. 반면 우울증이 있는 사람은 '그녀는 나를 싫어해.' 라고 생각할 수 있다.

가끔 어떤 사고는 왜곡처럼 보이지만 실제로는 현실과 일치한 것일 수도 있다. 일부 환자는 너무 과민하거나 사회적 기술이 부족해서 정말로 그들을 좋아하는 사람이 거의 없을 수 있다. 학습장애가 있는 환자는 전형적인 학업 경로를 따라갈 수 없기 때문에 정말로 패자처럼 느낄 수 있다. 부모가 마약중독에 노숙자인 환자는 좀처럼 바뀔 가능성이 없는 처지에 놓일 수 있다. 모든 인지 왜곡 가능성에 대한 접근법은 그 사고의 근거를 검증(test)하는 것이므로 치료자와 환자는 환자의 지각이 왜곡되지 않았다는 가능성을 열어 놓아야 한다. 이렇게 왜곡이 아닌 경우라면 치료적 접근은 역기능적 사고패턴을 검증하고 도전하며 수정하는 것보다 환자가 특정한 도전 상황에 대처하도록 돕는 것이 된다.

6. 자동적 사고, 가정 및 핵심신념

실제로 환자에게 기분과 행동의 변화에 빠지기 전에 인지 왜곡을 알아차리는 것을 어떻게 가르쳐 줄 수 있을까? 환자들은 무엇이 **자동적 사고**(automatic thoughts)인지 인식하는 것을 배울 필요가 있다. 자동적 사고는 반사적으로 검열 없이 내부 및 외부의 촉발요인 모두에 반응하여 끊임없이 일어나는 것이다. 자동적 사고는 반드시 역기능적이지는 않지만 만약 어떤 환자가 쉽게 인지 왜곡을 하는 경향이 있다면, 자동적 사고는 그 왜곡을 반영할 것이다. 더욱이 자동적 사고는 매우 빨리 그리고 반사적으로 일어나기 때문에 종종 마치 사실인 것처럼 의심 없이 받아들여진다. 만약 어떤 자동적 사고가 우울 편향(depressive bias)을 반영한다면, 관찰되지 않은 그 사고는 편향된 가정에 기초한 추가적인 사고, 감정 및 행동 패턴을 작동시킬 수 있다. 이런 자동적 사고들은 환자의 자각(awareness) 범위 밖에서 일어나는 경향이 있기 때문에, CBT 모델을 사용하는 치료자의 첫 번째 핵심 개입 중 하나는 환자에게 자동적 사고를 인식하는 법을 가르쳐서 왜곡된 자동적 사고들이 스스로 생명력을 갖기 전에 관찰하고 도전할 수 있게 하는 것이다. 다음은 치료자가 환자에게 자동적 사고를 인식하는 법을 가르쳐 주는 사례다.

치료자: 거의 자살시도까지 할 뻔했다는 말을 들으니 마음이 안 좋다. 그렇게 되기까지 어떤 일이 있었는지 검토해 볼 수 있을까?

십대: 여자친구에게 만나자고 전화했는데, 더 이상 나와 만나고 싶지 않다고 했어요.

치료자: 그것뿐이었어?

십대: 제가 너무 집착이 강하고 요구가 많아서 그만두고 싶다고 했어요.

치료자: 상처받았겠구나.

십대: 진짜로요. 여자친구로서 그녀가 정말 필요해서, 그렇지 않으면 자살하는 게 낫다고 생각했어요.

치료자: 잠깐만, 이해를 못했는데… 이 아이가 여자친구이길 바란다에서 어떻게 자살한다로 가게 됐던 거지?

십대: 아, '그 애가 없으면, 나는 아무것도 아니다.' 라고 생각했어요.

치료자: 그래서 아무것도 아니기 때문에 죽어야 한단 말이지?

십대: 맞아요.

치료자: 그럼 바로 이 시점의 너의 뇌를 사진 찍어보자. '그 애가 없으면 나는 아무것도 아니다.' 라는 생각이 제일 먼저 머리에 떠올랐니?

십대: 네.

치료자: 그러면 그 당시에 그것이 사실이라고 어느 정도 확신했니?

십대: 90%요.

치료자: 그럼 지금은?

십대: 30%요.

치료자: 아직도 많지만 많이 줄었네. 뭐가 바뀐 걸까?

십대: 제가 좀 더 안정이 됐어요. 그리고 인생에는 그 애가 내 여자친구인 것보다 더 많은 것이 있다는 것을 깨달았어요.

치료자: 네가 했던 생각 — "그 애가 없으면, 나는 아무것도 아니다." — 을 자동적 사고라고 해. 네가 그런 생각을 했을 때 만약 그것이 우울한 생각이라면, 그것에 대해 생각해 보지도 않고 빠져들기 쉽지. 그러면 기분이 더 나빠지고 어떤 극단적인 행동을 할 수도 있는 거야.

십대: 그런데 그것들은 너무 빨리 나타나고 너무 진짜 같아요.

치료자: 그래서 그런 생각들 때문에 고통을 겪지 않도록, 그것들을 알아차리고 인식하는 방법을 찾을 필요가 있는 거지.

자동적 사고는 두 가지의 더 깊은 심리적 현상인 핵심신념(core beliefs)과 가정(assumptions)의 최종 산출물이다. 우리는 모두 기능적 · 역기능적 핵심신념을 둘 다 가지고 있다. 정의하자면 핵심신념은 환자가 진실이라고 믿는 사고로서 외적인 사실과 상관없이 환자로 하여금 그 신념에 따라 행동하고 사건들을 해석하게 할 것이다. 어떤 핵심신념은 이전 경험에 근거해서는 진실이고 적응적이었던 것일 수 있다. 그러나 환경은 변했는데 신념은 그대로라면 그런 핵심신념은 부적응적일 수 있다. 예를 들면, 어렸을 때 학대를 당했던 성인은 '세상은 위험한 곳이다.' '사람들은 믿을 수 없다.' 라는 핵심신념을 가지고 있을 수 있다. 만일 그 사람이 언제라도 총에 맞을 수 있는 환경에 있다면 그 신념들은 적응적인 가정(adaptive assumptions)이다. 실제로 그런 환경에서 순진하고 잘 믿는 태도를 갖게 되면 오히려 생명을 위협받을 수도 있다. 하지만 그 아이가 자라서 직업을 얻고 팀원으로 일해야 할 때, 의심이 많고 다른 사람들이 적대적이라고 성급히 결론을 내린다면 부적응적일 수 있다. 핵심신념은 자기, 세상, 미래에 대한 것이다. 자기에 대한 핵심신념은 가령 '나는 사랑스럽지 않다.' 처럼 '나는~이다(I am ~).' 의 형태가 될 것이다. 세상에 대한 신념은 앞의 예에서처럼 '사람들은 믿을 수 없다.' 와 같은 것이다. 미래에 대한 핵심신념은 '미래는 희망이 없다.' 가 될 것이다.

그다음 핵심신념은 신념과 자동적 사고 간의 중재(intermediary) 기능을 하는데 이것을 가정(assumptions)이라고 한다. 가정은 자기, 세상 또는 미래와 관련된 '만약 ~이면 ~이다(if-then).' 진술이다. 예를 들면, '만약 여자친구가 없다면, 아무도 나에게 관심을 갖지 않을 것이다.' 다.

사고, 가정, 핵심신념들 사이의 상호연관성은 [그림 7-2]에 묘사된 것처럼 하나의 나무와 같다. 자동적 사고는 최종 산출물 즉 나뭇잎에 해당하는 것으로 가장 접근이 쉬운 부분이다. 가정은 나뭇가지이고 핵심신념은 줄기와 뿌리에 해당한다. 핵심신념은 가정을 낳고 가정은 자동적 사고를 낳는다. 여자친구에게 거부당해서 자살을 시도했던 소년의 사례로 돌아가 보면 그의 자동적 사고는 '그 아이(나의 여자친구로서)가 없으면 나는 아무것도 아니다.' 다. 이 자동적 사고는 자기 자신이 '아무것도 아니다.' 또는 '가치가 없다.' 다. 그의 가정은 '누군가가 나를 사랑하지 않는다면 나는 가치가 없다.' 였다. 자기에 대한 그의 핵심신념은 '가치가 없다.' 였다.

십대는 자기의 자동적 사고 경험을 나누고 또 아주 쉽게 보고할 것이다. 나무 비유에서 자동적 사고는 나뭇잎에 해당하는데, 바로 눈에 띄고 쉽게 접근할 수 있기 때문이다. 친한 친구와의 관계에서의 어려움 때문에 화가 나 있는 환자에게로 돌아가 보자.

치료자: 그래서 친구가 너를 무시할 때, 넌 무슨 생각을 하니?

십대: 나에게 친구관계가 잘될 리가 없다는 생각이요.

치료자: 정말? 나는 너희들이 몇 년이나 친구였다고 생각했는데….

십대: 네, 그렇지만 결국 무슨 일이 일어났는지 보세요.

치료자: 이것은 너에 대해서 또는 다른 사람에 대해서 무엇을 말하는 걸까?

십대: 다른 사람들은 착하지 않으며, 항상 너에게 등을 돌릴 것이다라고 하는 거죠.

치료자: 그러면 만약 네가 누군가를 믿는다면?

십대: 그러면 그들은 결국 나에게 상처를 줄 거예요.

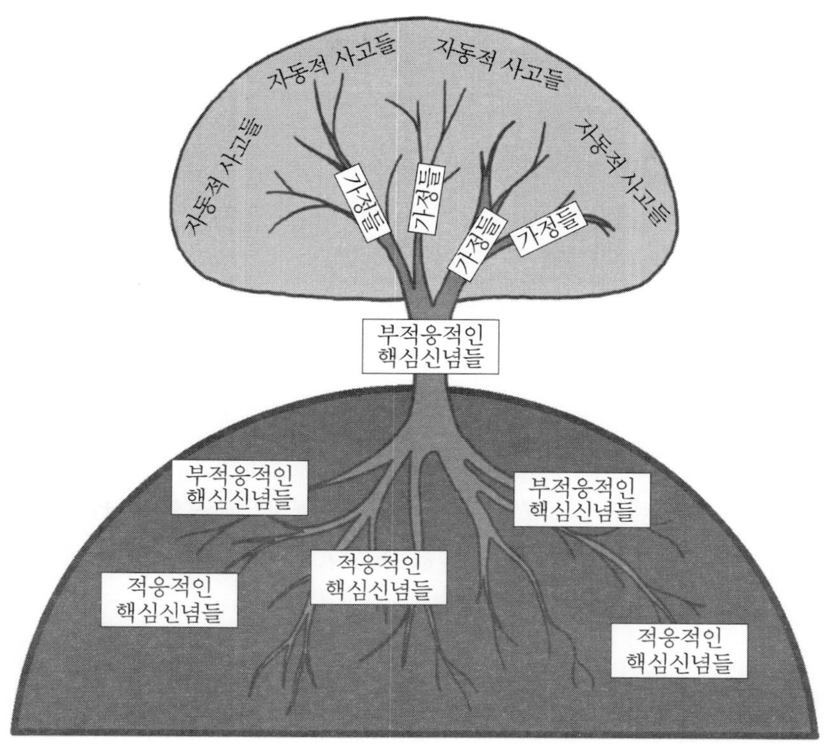

그림 7-2 CBT 나무

이 소녀가 언급하는 자동적 사고는 "나에게 인간관계가 잘될 리가 없다." 다. 가정은 '만약 사람을 믿으면 상처를 받게 될 것이다.' 다. 핵심신념은 '사람들은 믿을 수 없다.' 다. 치료의 시작 단계에서 치료자는 자동적 사고에 귀를 기울인다. 그다음 십대를 자동적 사고(나뭇잎)를 식별하기(identifying), 탐색하기(exploring), 수정하기(modifying)의 3단계로 이끌어간다. 자동적 사고를 작업하는 데만 초점을 둔 치료가 가장 자주 증상을 완화시킨다는 것을 강조하고 싶다. 그러나 많은 십대들의 지속적인 증상 완화와 재발 방지를 위해서 나무의 가지와 줄기, 뿌리에 해당하는 가정과 핵심신념에 더 깊이 파고드는 것이 필요하다. 비교적 단기인 치료에서는 핵심신념 수정은 거의 불가능하다. 하지만 핵심신념을 자각하고 이런 신념에 의한 가정 및 자동적 사고에 대항할 준비를 할 수 있다.

핵심신념은 자동적 사고의 기초를 이루고 쉽게 접근이 어렵고 나뭇가지와 잎에 영양분을 제공하기 때문에, '나무의 줄기와 뿌리'에 해당하는 역할을 한다. 자동적 사고를 다루는 3단계—식별하기, 탐색하기, 수정하기—는 핵심신념에 대한 작업에도 적용된다. 누구나 적응적·부적응적 핵심신념을 모두 가지고 있다는 것을 십대와 공유하는 것이 중요하다. 예를 들어, 가치가 없다고 느끼는 우울한 소년이라도 여전히 부모는 그에게 관심을 갖고 있으며 그를 위해 가장 좋은 것을 원한다는 신념을 갖고 있을 것이다. 긍정적이고 적응적인 신념과 기술에 접촉하는 능력은 우울한 기분 때문에 제대로 발휘되지 않고 있다. 따라서 환자가 우울해지면 비록 적응적인 신념이 여전히 존재하고 있더라도 도움이 안 되거나 부적응적인 신념들이 우세해지는 경향이 있다. 평가의 한 부분으로 살아야 하는 이유를 탐색하면 적응적 신념에 대한 단서를 얻을 수 있다.

치료자: 이번 주에 자살에 관해 많이 생각했었구나.

십대: 정말 기분이 가라앉았었어요.

치료자: 그렇지만 너는 그런 생각대로 행동하지 않았어. 왜 그랬지?

십대: 말도 안 되는 소리처럼 들리겠지만요. 지금은 어렵겠지만 제 생각에 만약 내가 이것을 극복할 수 있다면 인생에서 무언가를 할 수 있을 거 같아요. 실은 저는 훌륭한 심리학자가 될 거예요. 아이들이 도움을 받으러 저에게 올 수 있도록요.

치료자: 우리는 좋은 심리학자들을 더 많이 만날 수 있게 되는 거고. 그런 생각이 너를 지탱해 주고 있구나.

가정은 자동적 사고(나뭇잎)와 핵심신념(줄기와 뿌리) 사이에서 연결고리 역할을 하므로 '나무의 가지'와 같다. 아이러니하게도 가정은 우리에게 도움이 안 되는 핵심신념에 직면하는 것을 막아 준다. 예를 들면 핵심신념이 '나는 부족하다.'인 사람은 '만약 내가 하는 일마다 완벽하다면, 나는 괜찮다.'라는 가정에 의해 부족하다는 느낌으로부터 보호받을 수 있다. 환자가 모든 일을 완벽하거나 이에 가깝게 해 나가는 동안 부족하다는 느낌은 일어나지 않는다. 핵심신념은 가정에 대한 암묵적 계약(implicit contract) 조항을 더 이상 이행할 수 없을 때 모습을 드러낸다.

나무 비유는 CBT 모델의 본질을 설명하는 데 유용한 도구가 된다. 사고의 추상적인 본질과 핵심신념과의 관계 때문에 나무 그리기는 십대에게 핵심신념과 가정이 그들의 우울증에 어떤 역할을 하는지 이해하는 데 도움을 준다.

CBT의 핵심은 인지 왜곡과 도움이 안 되는 자동적 사고를 알아내고 그것에 도전하며 좀 더 희망적이고 우울증을 덜 강화시키며 좀 더 현실적으로 세상을 보는 방식을 고려하는 것이다. 대체로 우리는 십대에게 일반적인 인지 왜곡 목록을 가르치거나 알려 주지 않는다. 오히려 우리는 각 개인에게 두드러진 특정한 도움되지 않는 생각의 구체적인 패턴들을 찾는 편이다. 치료자들을 위해서 일반적인 인지 왜곡 유형의 몇 가지 구체적인 예를 들어보겠다.

• 선택적 추상

어느 14세 소녀가 다음과 같은 평을 받은 시험지를 가지고 집으로 간다. '뛰어남! 아주 독창적임—철자와 문법에 좀 더 주의할 필요가 있음' 그녀는 선생님이 자신의 작문을 '좋지 않게' 생각했다는 결론을 내린다. 이것은 선택적 추상(selective abstraction)의 한 예로, 어떤 상황의 부정적인 면에 선택적으로 주의를 기울이고 긍정적인 것은 무시하는 것을 말한다. 이렇게 되면 자신에 대해 좋게 느끼기가 매우 어렵다.

• 이분법적 사고/흑백논리

9학년 소년이 농구팀에 들어가려고 했다. 신입생이 대표팀에 들어가는 일은 거의 없지만 그는 선발되었다. 그러나 첫 시합에서 선발 선수로 뽑히지는 못했다. 그는 '선발선수가 아니면 시합에서 아무런 의미가 없어.' 라고 생각하며 그만두기로 했다. 이것은 이분법적 사고(all-or-nothing thinking/black-and-white thinking)

의 예다. 이 학생은 자기 자신과 코치에 대해 도달 불가능한 목표를 세워서, 참여하고 향상되는 즐거움을 스스로 빼앗고 있는 것이다.

• 과잉일반화

평소 매우 우수한 학생이었던 17세 소녀가 시험에서 떨어졌다. 결과적으로 그녀는 대학에서 성공할 가망이 없다고 단정한다. 이것은 과잉일반화(overgeneralization) 또는 단일 사건에 근거한 섣부른 결론의 예가 될 수 있다.

• 무망감

16세 소년이 학년말 댄스파티에 가고 싶은데, 한 친구에게서 어떤 소녀가 그를 좋아해서 초대받고 싶어 한다는 말을 들었다. 그는 '어쨌든 나와 데이트하려는 사람은 없을 거야.' 라고 생각하고, 그녀에게 전화하지 않는다. 이것은 무망감(hopelessness), 즉 우리가 이전에 자살행동의 위험요소로 설명했던 미래에 대한 비관적인 관점의 예다. 이런 사고방식은 그녀가 그에게 좋다고 말할 수 있는 기회를 자기 관점으로 왜곡하고 있는 것이다. 이런 그의 생각은 그녀에게 전화하지 못하게 하고 학년말 댄스파티에도 못 가게 함으로써, '아무도 나를 좋아하지 않아.' 라는 생각을 확인시켜 준다.

7. 자살사고

자살경향성 삽화로 이어지게 하는 부정적인 자동적 사고를 확인하는 것은 특히 중요하다. 연쇄분석으로 돌아가, 연쇄 안에서 자살행동에 대한 핵심사고를 식별하는 것에 중점을 둔다. 자살위기 동안 십대의 생각은 아마도 무망감, 무가치함 그리고 무기력감과 연관되어 있을 것이다. 자살시도의 가장 일반적인 동기 2가지는 죽는 것과 고통스러운 감정에서 탈출하는 것이다. 죽기를 바라는 환자는 '우리 가족은 내가 없는 게 더 나을 거야.' 또는 '그 무엇도 더 이상 좋아질 게 없어.'

라고 생각할 수 있다. 고통스러운 감정에서 탈출하기를 원하는 환자는 '나는 이 고통을 견딜 수 없어.' 라고 생각할 수 있다. 다음의 사례에서 자살행동과 관련된 이러한 인지 왜곡을 볼 수 있다.

치료자: 자살을 시도했던 그 당시에 너는 정말로 죽고 싶었다고 했어.

십대: 아직도 그런 감정이 있어요.

치료자: 1에서 10까지의 척도에서, 정말로 죽고 싶은 게 10이고 그렇지 않은 것이 1이라면, 오늘은 어느 정도쯤 되니?

십대: 8이요.

치료자: 왜 10이 아닐까?

십대: 잘 모르겠어요. 가족이 얼마나 걱정하는지를 보고 놀란 것 같아요. 가족들에게 제가 없는 게 더 나을 거라고 생각하고 있었거든요. 그런데 이유가 어찌됐든 가족들의 생각은 다른 것 같아요.

치료자: 그러면 가족들이 네가 없는 게 더 낫다고 생각하지 않을 거라는 가능성이 조금은 있다고 생각하는구나.

십대: 아마 그 이상일 거예요. 그렇지만 아직도 그런 감정이 있어요.

치료자: 감정은 어떤 것을 사실로 만들지는 않지만, 사실로 느끼게 만들지.

두 번째는 '이 고통을 견딜 수 없다.' 와 관련된 인지 왜곡에 대한 사례다.

치료자: 정말로 위험한 자살시도를 했구나.

십대: 예.

치료자: 무엇이 그렇게 위험한 일을 하게 했지?

십대: 제가 느끼는 정서적 고통이요. 그것을 견딜 수가 없었어요.

치료자: 그것을 견딜 수 없었단 말이지… 네가 그것을 계속 갖고 있으면 무슨 일이 일어날 거라고 생각했니?

십대: 잘 모르겠어요. 그렇지만 그것은 육체적인 고통보다 더 심했어요. 진

짜 고통스러웠어요.

치료자: 1에서 10까지의 척도에서 10점이 최악이라고 하자. 얼마나 나빴었니?

십대: 11점이요.

치료자: 저런, 끔찍하구나. 지금은?

십대: 7점이요.

치료자: 그러면 그 고통이 오르락내리락하니?

십대: 네.

치료자: 그럼 그날 11점이었던 것이 일주일 후에는 7점이 된 거네.

십대: 맞아요. 그렇지만 11점이 되면 멀리 볼 수가 없어요.

치료자: 그러면 네가 견딜 수 있는 가장 큰 고통은 얼마나 되니?

십대: 8.5점이나 9점 정도요.

치료자: 그럼 우리가 너의 고통을 그 정도까지 낮출 수 있다면, 잠깐이라도 안전할 수 있을 거라고 생각하니?

십대: 네.

치료자: 또 다른 질문이 있는데, 네가 겪고 있는 정서적 고통을 바꾸기 위해 네가 아니면 우리 둘이 할 수 있는 것이 있다고 생각하니?

십대: 아마도요.

자살시도 결정에 내재된 또 다른 문제점은 '가능한 다른 해결책은 없다.'는 생각이다. 우리는 자살위험이 있는 환자들이 대안을 만드는 능력을 향상시키도록 어떻게 도와줄 것인지를 논의할 것이다. 그러나 우선 환자들이 다른 해결책이 있을 수 있다(could)는 것을 믿어야만 한다.

8. 인지 재구성

인지 왜곡을 갖고 있다고 인정하는 것만으로는 기분과 행동을 변화시키기에 충분치 않다. 환자는 인지 왜곡에 도전하고 더욱 기능적이며 정확한 다른 사고로 대항할 수 있는 도구를 갖추어야 한다. 이런 기법은 **인지 재구성**(cognitive restructuring)이라고 하는데, CBT의 모든 유형의 핵심이다. 일단 십대가 사고, 감정, 행동들 사이의 연관성을 보고 인지 왜곡을 식별할 수 있으면 치료자는 이런 왜곡들에 대항하는 기법을 가르칠 수 있다. 치료자는 환자가 사실에 좀 더 일치하면서 그렇게 강렬한 고통스러운 정서를 유발하지 않는 대안적 관점(alternative perspectives)을 검토하도록 돕기 위해 일련의 질문을 하는 것부터 시작한다. 인지 재구성의 몇 가지 기법들을 배운 후에 십대와 치료자는 사고기록지를 사용하여 인지 왜곡을 식별하고, 자동적 사고에 대한 찬반의 증거를 고려하여 대응적 사고(counterthought)를 만드는 실험을 계획할 수 있다.

역으로 부정적 사고가 반드시 인지 왜곡은 아니다. 환자들은 종종 아주 고통스럽고 완전히 그들의 통제 밖에 있는 도전에 직면한다. 치료자는 왜곡과 환자의 통제 밖에 있는 문제 간의 차이점을 환자와 함께 검토해야 한다. 이런 경우 환자는 그 문제를 해결할 위치에 있지는 않지만 그 문제에 대한 반응에는 여전히 영향을 줄 수 있다. 예를 들어, 어떤 환자에게 우울증이 있는데 치료를 거부하는 부모가 있다고 하자. 환자가 부모를 나아지게 할 수 없고, 그 부모가 부드럽고 지지적으로 행동하지 않는다고 느끼는 것은 현실에 근거한 것이다. 그렇지만 그 환자는 여전히 그 상황에 대처하는 방법을 선택할 수 있다.

치료자는 화가 나는 상황을 바라보는 데 있어 십대들의 고통을 줄이는 데 도움이 되는 대안적 방식이 있다는 것을 알도록 도와줄 수 있다. 사고패턴을 변화 시킬 수 있다는 깨달음은 환자들에게 강력하게 힘을 실어 주는 메시지가 될 수 있다. 치료자는 이런 깨달음 이후에 환자가 호전에 대해 좀 더 희망을 느끼고 있는지 확인하는 기회를 놓치지 말아야 한다.

1) 십대가 자동적 사고에 도전하도록 돕는 방법들

우리는 십대가 자동적 사고에 도전하고 궁극적으로는 수정하는 것을 돕는 데 효과가 있는 다양한 기법들을 찾아왔다.

(1) 장단점 검토하기

몇몇 십대에게는 어떤 방식으로 생각하는 것의 장점과 단점을 검토하는 것부터 시작하는 것이 도움이 될 수 있다. 치료자는 십대에게 어떤 생각이나 입장을 고수하는 것의 장단점을 보도록 도울 수 있다. "그렇게 생각하는 것이 너에게 어느 정도 도움이 되니?" "너에게 고통스럽지 않을 수 있도록 다르게 생각하는 방법이 있을까?"

이런 방법으로 치료자는 십대에게 자동적 사고가 반드시 진실이 아닐 수 있고, 그가 그것을 받아들이거나 버리는 것을 선택할 수 있다는 것을 고려하도록 격려할 수 있다.

십대: 아무튼 저는 학업에 짓눌려 있어요.

치료자: 학업량을 줄이기 위해 우리가 얘기하는 것처럼 상담자에게 갔었니?

십대: 아니요.

치료자: 오… 왜 그랬지?

십대: 정말로 우리 반에서 1등을 지켜야 해요.

치료자: 건강을 잃으면서까지?

십대: 네, 제가 가치 있는 사람이 되는 유일한 길이 정말로 열심히 공부하는 거예요.

치료자: 그럼 가치 있는 사람이 되기 위해서 정말로 아주 열심히 공부해야만 하는 거구나.

십대: 맞아요.

치료자: 그런 관점을 고수하면 어떤 이득이 있니?

십대: 그럼요. 계속 그렇게 하는 동안은 제 자신에 대해 괜찮다고 느껴요.

치료자: 좋아. 그 점이 중요해. 단점은?

십대: 계속 할 수 있을 거라고 생각하진 않아요.

치료자: 그러면 잠도 안 자고 하거나, 아니면 어쨌든 좀 적게 해도 괜찮다고 결정해야 하는 거구나?

십대: 아직 거기까지는 아니에요.

치료자: 그럼 지금 당장은 장점이 단점보다 큰 거네?

십대: 그런 거 같아요.

치료자: 그래, 우리가 이것을 다시 논의하고 싶을 수 있겠지만 그건 너에게 맡길게.

(2) 소크라테스식 질문법

소크라테스식 질문법(Socratic questioning)은 환자에게 다양한 관점에서 특정한 생각에 대한 증거(evidence)를 고려하게 하는 것이다. 치료자는 환자 안에 있는 호기심을 자극하는 질문을 한다. 질문은 개방형으로 환자가 증거를 꼼꼼히 조사하고 결론을 내리도록 격려한다. 치료자와 환자가 함께 특정한 생각이 어느 정도 타당한지를 밝히려고 노력하는 것이다.

- "그 상황을 보는 다른 방식이 있을까?"
- "그것이 그 상황을 볼 수 있는 유일한 방법인가?"
- "누군가는 그 상황을 다르게 볼 수도 있을까?"
- "그 생각이 부분적으로 사실일 수도 있지 않을까?"
- "그 생각을 뒷받침할 만한 어떤 증거를 갖고 있는가? 만약 법원에서 판사 앞으로 간다면, 판사에게 그것을 입증할 수 있다고 생각하는가?"
- "다른 사람이 그 생각을 살펴본다면, 그것에 대해 어떻게 이야기할 거라고 생각하는가?"

(3) 역할극

치료자와 십대는 겪고 있는 문제 상황에 대한 대안적인 사고방식을 끌어내기 위해서 역할극을 이용할 수 있다. 치료자는 십대 역할을 하고(이것은 항상 치료자를 보고 웃을 수 있는 시간이 된다.) 스스로 질문하기(self-questioning)의 본을 보여 줄 수 있다. 또한 치료자는 대안적 설명이나 생각을 어떻게 하는지를 보여 주는 모델이 된다. 치료자는 대안적 사고를 찾아내는 게 얼마나 어려운지를 보여 주는 모델이 될 수도 있다. 종종 이것은 치료자가 비현실적인 반응을 빨리 제시하는 것보다도 훨씬 더 효과적이다. 그다음 십대는 자기 역할로 돌아가서 치료자가 본보인 모습을 연습해 본다. 치료자와 십대는 역할극을 바탕으로 계획을 수정한다.

치료자: 그럼 나는 네가 되고, 너는 내가 되는 거야. 어때?

십대: 네, 좋아요.

치료자: 그래서 친구들과 외출하려고 준비하고 있었는데 '전혀 즐겁지 않을 거야.' 라고 생각했어요.

십대: 그래서 어떻게 했는데?

치료자: 집에 그냥 있었어요.

십대: 네가 '전혀 즐겁지 않을 거야.' 라고 생각했을 때, 다르게 생각하는 방법이 있었을까?

치료자: 글쎄요. 친구들이 지루할 수도 있지만, 혼자서 집에 있는 것보다는 나을 거예요.

십대: 그것을 어떻게 검증할 수 있을까?

치료자: 다음번에 나가서 비교해 볼게요.

(4) 대안적 사고 기록하기

앞에서 설명한 기법들의 전반적인 목표는 십대가 고통스러운 자동적 사고에 대한 대안적 사고(alternative thoughts)를 만들어 내는 방법을 배우도록 돕는 것이다. 자동적 사고를 종이, 카드, 화이트보드 위에 적어 놓을 수 있다. 치료자는 십대가 고통스러운 자동적 사고에 대항하도록 돕는 현실적이고 덜 가혹한(반드시 긍정적일 필요는 없다.) 대응적 사고(counterthoughts)를 생각하도록 이끌어 주어야 한다. 종종 그 목록은 특히 치료 초기에 십대들이 독자적으로 대응적 사고를 떠올리는 기술이 없을 때 도움이 될 수 있다. 우리의 경험상 대안적 사고를 기록하는 가장 효과적인 전략으로는 집에 가져갈 수 있는 색인카드(대처카드라고도 부른다; Beck, 1995)에 적는 것이다. 색인카드에 우리는 환자에게 가장 흔한 자동적 사고와 몇 가지 도움이 되는 반응의 목록을 준비하게 한다([그림 7-3] 참조).

어떤 환자들은 '내가 그것을 생각하면, 그것은 사실이라는 의미다.' 라고 믿는다. 그들은 사고(thought)와 사실(fact)을 구분하는 것이 어렵다. 이는 뿌리 깊이 박힌 신념과 가정들 때문일 수 있다. 그런 환자에게는 그 생각이 사실이 아닌 경우의 결과를 고려해 보는 사고 실험(thought experiment)을 권할 수 있다. 그런 환자들은 직접적으로 사고, 가정, 신념에 도전하는 것보다는 장단점을 생각해 보게 하

사고	질문	대응적 사고
아무도 나와 데이트하지 않을 것이다.	정말 모두에게 물어보았나?	몇 사람은 거절할 수도 있지만, 아직 물어보지 않은 사람들이 많이 있다.
나는 실패할 수밖에 없는 운명이다.	정말 모든 것에 실패했나?	모든 사람은 걸림돌(setback)을 만난다.
나는 이 우울증에서 절대로 회복될 수 없을 것이다.	이 치료가 우울증을 가진 다른 사람들에게 도움을 주었을까?	유사한 문제를 가진 많은 사람들이 훨씬 좋아졌다.
사람들은 선량하지 않다.	선량한 사람들이 있을 수 있는데, 아직 그들을 못 만난 건 아닐까?	다른 사람에 대해 알기 전에 거절하지 않고도 조심할 수 있다.
사람들은 나를 보고 비웃을 것이므로 이 파티에 안 가는 편이 나을 것이다.	일어날 수 있는 최악은 무엇일까?	가끔 몇 사람은 나를 보고 비웃을 수도 있지만, 정말로 그들이 내가 신경 써야 하는 사람들일까?

그림 7-3 대처카드 예시

는 것을 좀 더 쉽게 받아들일 것이다. 또는 치료자가 그런 환자에게 "네가 그것이 사실이라고 믿는다면, 네가 그런 신념에 대처하도록 우리가 어떻게 도와줄 수 있을까?" 라고 물어볼 수 있다.

어떤 환자는 조망 수용(perspective taking)을 매우 어려워한다. 십대도 두 사람이 정확히 같은 상황을 경험하는데 그것을 매우 다르게 해석한다는 것을 이해하기 어려울 수 있다. 이것은 환자가 대인관계에 어려움을 경험하고 있으며 상대방의 조망을 이해하는 데 어려움이 있을 때에 특히 문제가 된다. 역할극은 이것을 설명하는 데 도움이 된다.

환자들은 때때로 정서와 인지 경험들에 이름을 붙이고 묘사하는 데 어려움을 겪을 수 있다. 경험 자체가 엄청난 압박하에서 일어난 것이라면 기억이 손상될 수 있다. 환자에게 날씨, 방, 무엇을 입고 있었는지 등, 그날의 사건을 가능한 한 많이 기억해 내게 함으로써 기억력을 높일 수 있다. 또한 환자가 동시에 한 가지 이상의 정서를 경험했다면, 여러 가지 다른 정서들을 알아내는 것이 어려울 수 있다. 환자는 동시에 한 가지 이상의 강렬한 정서—분노와 우울 또는 불안과 슬픔—를 경험할 수 있다. 치료자는 환자가 자신의 경험을 이야기할 때 조급히 마무리하지 말고 환자가 동시에 한 가지 이상의 정서를 경험하고 있다는 가능성을 열어 놓아야 한다.

(5) 과제

환자는 치료실에서 다양한 관점을 수용하는 연습을 하지만 집이나 학교에 있을 때도 관점을 수용하고 대응적 사고를 만들어 내는 연습을 하는 것이 도움이 된다. 십대에게 어떤 것에 주목하거나 새로운 기술을 연습해 보게 하는 행동적 · 정서적 · 인지적 실험을 과제라고 부른다. 십대가 자동적 사고에 주목하고 도전하는 것뿐만 아니라 상담 회기 동안 검토된 기술과 전략들을 확고히 하도록 돕는 방법으로 과제를 활용할 수 있다. 적어도 초기에는 치료를 받는 많은 우울한 십대들이 치료 과제를 한다는 생각을 좋아하지 않는다. 우리는 때때로 과제라는 말 대신에 실험, 자료수집, 연습 같은 다른 용어를 사용한다. 치료의 모든 다른 측면과 마찬가지로 과제 부여도 협력적으로 발전시키고 성공적인 완수를 방해할 수 있는 걸림돌들에 대해 브레인스토밍해야 한다. 회기가 끝날 무렵에 치료자는 십대에게 그 회기를 요약하게 하고 협력하여 의미 있는 과제를 결정한다. 치료자는 항상 다음 회기에서 과제에 대해 물어보고 재구성할 필요가 있는지 피드백을 받아야 한다.

9. 문제해결

효과적인 문제해결에는 몇 가지 구성요소가 있다. ① 문제의 평가(assessment) 및 개념화(formulation), ② 대안적 해결책 만들기, ③ 하나의 해결책 선택하기, ④ 그 해결책 수행하기, ⑤ 그 해결책이 문제를 얼마나 잘 처리했는지 평가하기다. 문제해결은 CBT의 중요한 요소로 성인 우울증과 자살행동에 대한 단일개입으로 효과가 있는 것으로 나타났다. 효과적인 문제해결은 스트레스가 많은 상황에서 자살에 대한 대안적 해결책을 만들어 내는 데 어려움을 겪는 자살위험이 있는 십대들에게 특히 적절하다. 효과적인 문제해결의 핵심적인 부분은 정서조절, 즉 환자가 정서 통제력을 상실할 위기에 있음을 나타내는 단서들을 확인하도록 돕고, 강렬한 정서가 올라올 때 이를 관리하는 전략들을 생각하도록 돕는 것이다(제6장 참조). 따라서 효과적인 문제해결에 어떤 정서들이 방해가 되는지를 알아보고, 그것들에 대처하기 위한 계획을 세우는 것이 중요하다.

적극적으로 문제를 해결하는 능력은 모든 십대에게 필수적인 기술이다. 문제해결 능력은 기대 이상의 높은 스트레스에 노출된 청소년과 정신질환이나 의학적인 만성질환을 가진 사람들에게 이들의 장애와 관련된 어려움에 최대한 잘 대처하기 위해 특히 중요하다.

문제해결 훈련을 하기 전에 문제해결을 배우려는 십대의 태도와 동기를 평가하는 것이 중요하다. 만약 어떤 십대가 아무 희망도 없다고 믿는다면 자신의 환경에 영향을 미치지 못한다는 무력감 때문에 문제해결 기술을 배운다는 것이 의미가 없을 것이다. 또 우울하고 자살위험이 있는 십대가 사회경제적 지위와 정신과적 스트레스 수준이 높은 가족에게서 나올 수도 있다. 이런 환자는 왜 그들이 압도적으로 보이는 문제들을 해결하려고 노력해야 하는지 물어볼 수 있다. 이 감정이 타당하긴 하지만, 문제에 원인을 제공하지 않았음에도 불구하고 그들이 문제를 해결해야 하는 것도 사실이다. 또한 어떤 문제들은 그저 정상적인 삶의 일부라는 것을 깨닫도록 도와줄 수 있다. 문제해결에 능숙해지면 십대는 삶의 도전들—공평한 것과 불공평한 것—을 좀 더 잘 다룰 수 있다고 느낄 것이다. 또 하나의 문제해결 기술은 수용될 필요가 있는 문제와 적극적으로 해결될 수 있는 문제 사이의 차이점을 식별할 수 있는 것이다.

치료 회기 동안 환자에게 먼저 문제해결 5단계를 소개한다.

① 문제 확인하기: 문제를 매우 상세하고 구체적으로 확인한다.

② 모든 가능한 방안(options) 브레인스토밍: 해결책에 대해 평가하지 말고, 가능한 많은 해결책을 찾도록 안내한다. 이때 치료자가 몇 개의 아이디어를 덧붙일 수도 있고, 비현실적이거나 유머러스한 것들도 포함시키고 모든 가능한 방안을 내놓는 것이 핵심이라는 설명도 해 준다.

③ 모든 방안의 장단점 평가하기: 목록이 완성된 후에는 방안 각각을 평가하기 시작한다. 치료자는 십대와 함께 협력하여 각각의 장단점을 평가하는 작업을 해서 선택할 것 같지 않은 것들은 지운다. 목록을 좁혀 나가 몇 개의 '최종 후보(finalists)' 만 남긴다.

④ 하나의 해결책을 결정하고, 잠재적인 걸림돌 탐색하기: 장단점을 고려하여 최상의 해결책을 결정하도록 돕는다. 어떤 한 가지 해결책도 완벽하지 않을 수 있고, 필요하면 이후에 언제든 수정할 수 있다는 것을 분명하게 말해 주는 것이 중요하다. 또한 해결책에서 기대하는 성과를 정해 놓으면, 그 해결책의 효과를 평가할 수 있다.

⑤ 실천과 평가: 치료자는 십대와 함께 계획을 실행으로 옮기는 단계들을 가지고 역할극을 해 보는 것이 좋다. 역할극이 어땠는지 평가하고 필요에 따라

계획을 수정해야 한다. 계획을 실천하는 데 잠재적인 걸림돌에 대해 다시 물어본다. 어떻게 되었는지 다음 회기에서 질문하는 것도 잊지 말아야 한다.

1) 문제해결 기술의 일반화

일단 십대가 문제해결 단계들에 익숙해지면, 기술을 시험해 볼 기회들을 알아보도록 돕는다. 치료자는 회기 동안 십대가 문제들을 확인하고 우선순위를 정하는 것, 그다음 이런 기술들을 시험해 볼 실험 하나를 고르는 것을 도울 수 있다. 연습 상황은 환자가 성공을 경험할 가능성이 있어야 한다. 문제해결은 늘 치료 회기보다 실생활에서 더 도전적이기 때문에 연습이 중요하다. 따라서 회기 밖에서 기술을 사용하는 것은 습득한 기술을 '시험해 보는' 중요한 방법이다. 회기에서 나온 주제들(agenda items)의 내용을 근거로, 치료자는 십대가 얼마나 효과적으로 문제해결을 하게 되었는지를 알아볼 수 있다.

2) 자살경향성과 문제해결

문제해결 전략들은 자살위험이 있는 십대의 치료에 특히 중요하다. 십대들은 다른 선택지가 없다고 단정하기 때문에 종종 자살행동에 관여한다. 이것은 일부는 무망감 때문이다. 또한 자살을 시도하는 많은 십대들은 정서조절의 어려움과 충동적인 의사결정 경향이 있다. 이런 두 가지 조건은 합리적이고 신중한 문제해결과 실행 가능한 대안을 만들어 내는 능력과는 상반된다. 치료하는 내내 치료자는 삶의 스트레스 요인, 우울 증상, 자살경향성 사이의 연관성을 알아내기 위해 십대와 함께 작업한다. 치료자와 십대는 미래의 자살 삽화를 줄일 수 있는 문제해결 전략을 만들기 위해, 이후의 연쇄분석뿐만 아니라 초기의 연쇄분석을 다시 참조할 수 있다.

예를 들면, 만약 십대가 자살위기 동안 부모에게 분노를 표현하려고 했다면 부모에게 화를 표현하는 것 그리고/또는 화를 다스리는 다른 방법을 찾는 것은 치료에서 해야 할 중요한 일이다. 이런 상황에서 문제해결은 문제를 분석하는 것과 적절히 필요한 기술에 접근하는 것 간의 가교 역할을 한다.

자살위험이 있는 십대들에게 무망감은 효과적인 문제해결 전략들을 배우는 능력을 방해할 수 있다. 무망감은 직접적인 목표 대상이 될 수 있다. 무망감을 처리하는 또 다른 방법은 십대에게 문제해결에서 성공적인 시도를 경험하도록 돕는 것이다. 회기에서 상대적으로 쉬운 문제의 해결부터 시작하는 것이 도움이 된다.

어떤 자살위험이 있는 십대들은 충동적이기도 하다. 십대가 효과적인 문제해결사가 되기 위해서는 충동성이 감소되어야 한다. 환자는 충동적으로 행동하지 않도록 상기시켜 주는 대처카드와 문제해결 5단계 목록을 가지고 다닐 수 있다. 치료자와 십대는 충동적인 충동(impulsive urges)이 나타나는 때와 그런 충동을 이겨 내기 위한 전략을 사용할 때를 결정할 수 있다. 충동은 지속적이지 않으며 시간이 가면 지나간다는 것을 십대가 깨닫도록 도와줌으로써, 십대는 미래의 충동에 대처하고 충동적인 행동을 물리치는 자신의 능력에 대해 확신할 수 있게 된다. 십대는 정서를 조절하는 기술들을 사용하여 충동을 이겨 내는 것이 많은 도움이 된다는 것을 알게 된다(제6장 참조). 궁극적으로 이런 전략들은 십대가 경험할 수 있는 어떤 충동이라도 이겨 낼 수 있는 시간을 벌게 해 줄 것이다. 일단 십대가 그 충동을 견뎌 내면 문제해결 기술을 활용하는 능력이 더 커진다. 다음은 인지행동치료를 잘 받고 있는 것처럼 보였지만 충동적으로 자살시도를 했던 15세 소년의 사례다.

치료자: 응급실에서 네가 자살을 시도했다는 연락을 받고 정말 놀랐어.

십대: 네, 제가 그랬다니 저도 놀랐어요.

치료자: 그래? 어쩌다 그렇게 되었니?

십대: 아빠와 말다툼을 심하게 했어요. 아빠는 내가 아무것도 못할 거라고 수백만 번이나 얘기했어요. 너무 화가 나고 미치겠어서 프로작을 움켜 넣었어요.

치료자: 우리는 문제해결과 대안을 만드는 중요한 작업을 몇 가지 했었어. 그

것을 여기에 사용해 볼 수 있었니?

십대: 못했어요! 너무 화가 났어요.

치료자: 네가 안정적일 때는 문제해결 단계를 기억할 수 있는데, 그것들이 정말로 필요했을 때는 너무 화가 나 있었구나?

십대: 으흠.

치료자: 음, 알겠어. 네가 더 효과적으로 문제를 해결할 수 있도록 정서적 균형을 유지하는 방법을 함께 작업할 수 있을 것 같은데. 지금 시도해 볼 수 있을까?

10. 대인관계 기술 향상하기

대인관계 기술의 발달은 청소년기의 중요한 발달 과제다. 기분과 자살행동 둘 다 대인관계 기술 향상과 관련이 있음을 이해하게 하는 데 초기의 연쇄분석을 참조하는 것이 도움이 된다. 일반적으로 대인관계 기술에 초점을 맞추는 것이 우울하고 자살위험이 있는 십대를 치료하는 데 중요한 몇 가지 이유가 있다. 대인관계 갈등은 종종 우울증에 강력한 원인으로 인용되며 자살행동을 촉진하는 요인이 된다. 십대의 자살시도 동기 중에는 종종 대인관계 동기가 포함된다. 우울한 십대들이 자신을 비호감이라고 지각하는 것은 인간관계의 결핍을 반영하는 것일 수 있다. 강하고 의미 있는 사회적 유대는 미래의 우울증과 자살행동을 막는 가장 중요한 보호요인 중 하나이므로 우리 환자들은 그런 유대를 맺는 능력을 갖추어야 한다. 이는 환자들의 장기적인 안녕(well-being)에 매우 중요한 것이다. 또한 인간관계 기술의 향상은 기분과 자신감을 높이는 것에도 도움이 된다.

십대 자살시도의 가장 일반적인 동기는 감정을 표현하는 것, 누군가에게 관심을 갖게 하는 것 아니면 누군가의 행동에 영향을 주는 것 등이다. 이런 모든 동기에는 직접적인 의사소통이 결여되어 있다. 연쇄분석은 이것을 밝혀낼 수 있다.

1) 직접적인 의사소통

치료자는 환자가 욕구와 감정을 직접적으로 표현하기 어려워한다는 것을 확인했다. 치료자는 다음 사항을 강조하여 효과적인 의사소통의 기초를 설명해 줄 수 있다.

- '너' 진술보다 '나' 진술을 한다.
- 요구하기 전에 먼저 요구가 있다는 것을 알린다.
- 상대방이 집중하지 않거나 화를 낼 때, 침착한 태도로 묻거나 말한다.
- 의사소통은 단순하게 한다. 한 번에 너무 많이 묻지 않는다.
- 반응하기 전에 들었다고 생각하는 것을 상대방에게 반영해 준다.
- "너는 항상 이렇게 한다."와 같이 일반화하는 말을 하지 않는다.
- 자신과 상대방의 몸짓에 주의를 기울인다. 말하는 동안 상대방을 똑바로 바라본다.

다음은 학업에 대해 심하게 압박하는 부모에게 화가 난 환자의 예다. 그녀는 자기보다 재능이 많은 언니와 비교당하고 있는 것처럼 느꼈다.

치료자: 우리가 어떻게 너의 자살시도에 대해 살펴보고 연쇄분석을 했었는지 기억하니?

십대: 네.

치료자: 자살을 시도한 이유가 무엇이었는지 기억하니?

십대: 부모님이 저를 그냥 놔두기를 원했어요. 저는 언니가 아니에요. 저는 하버드에 가지 않을 거예요! 부모님 때문에 제가 얼마나 힘들게 사는지 아시기를 원했어요.

치료자: 그러면 자살시도를 통해 네가 얼마나 힘든지를 알리려고 한 거네?

십대: 맞아요.

치료자: 얼마나 효과가 있었지?

십대: 처음엔 나쁘지 않았는데, 지금은 다시 압박하기 시작했어요.

치료자: 부모님께 이런 생각들을 전할 수 있는 다른 방법을 배워 보겠니?

십대: 좋아요.

치료자: 역할극을 해 보자. 나는 네가 되고, 너는 아빠가 되는 거야.

십대: (아빠처럼 연기하며) 나는 정말로 네 성적이 걱정스럽다. 너는 공부에 충분한 시간을 들이지 않고 있어. 성적이 그것을 보여 주고 있잖아.

치료자: (십대처럼 연기하며) 아빠, 아빠는 제가 잘 못하고 있다고 걱정하고 있죠. 저에게 가장 좋은 것을 아빠가 바라는 것은 알아요. 그렇지만 제가 실제로 할 수 있는 것보다 더 잘할 수 있다고 생각하시는 것 같아요.

십대: (아빠처럼 연기하며) 그러면 포기할 거니?

치료자: 아니에요. 정말 최선을 다하고 싶어요. 그리고 아빠를 기쁘게 하고 싶어요. 그렇지만 제 능력으로 판단해 주시면 좋겠어요. (연기를 멈추고) 그래, '아빠' 역할을 해 보니 어땠어?

십대: 처음에는 싸울 준비를 했는데, 저에게 동의하는 사람과는 말다툼하지 못하겠다는… 그런 느낌이 들었어요.

치료자: 내가 너에게 동의하고 있다고 생각했니?

십대: 음, 선생님은 제 염려에 동의하면서도 자신의 의견을 전달하려고 하셨어요.

치료자: 바로 그거야! 그렇게 하면 너와 다른 사람과의 사이에 다리를 만드는 것이고, 그러면 그들이 네가 하려는 말을 들을 수 있는 더 좋은 기회를 갖게 되는 거지.

2) 적극적 듣기

타인의 말을 경청하고 진솔한 관심을 가지고 소통하며 타인을 이해하기는 우울한 십대에게 유용한 또 다른 기술들이다. 다른 사람이 말할 때 판단 없이 또는 어떻게 대답할지 미리 생각하지 않고 듣기는 쉽지가 않다. 적극적 듣기(active listening)는 십대가 효과적으로 타협하고 합의할 수 있는 더 나은 의사소통자가 되는 데 필수적인 단계다. 십대가 다른 사람의 견해를 경청하고 인정한다면, 미래의 문제를 해결하고 절충할 기회가 늘어날 것이라는 것을 이해하도록 돕는 것이 중요하다. 들으려고 하지 않는 사람과 협상하고 싶을 리 없다. 치료자는 '경청이 곧 동의(agreement)는 아니다. 그보다는 다른 사람에게 그의 견해를 이해하려고 노력하는 것을 보여 주는 것이다.' 라는 점을 강조한다. 판단하지 않고 대안적인 의견을 경청하면 의사소통을 향상시킬 수 있는 상호 존중 확립에 도움이 된다. 치료자와 십대는 회기에서 경청하기를 연습할 수 있다. 시작하는 데 도움이 되는 방법은 십대에게 어떤 사람이 '정말로' 경청하고 있는지를 어떻게 아느냐고 물어보는 것이다. 듣고 있다는 것을 보여 주는 언어적 · 비언어적 단서 모두를 강조한다. 시선 맞추기, 몸짓, 머리 끄덕임, "음", 서로 동시에 말하지 않기, 적절한 질문하기, 요약하기 등은 모두 다른 사람의 말을 경청하고 있다는 것을 보여 주는 방법으로 검토될 수 있다.

3) 자기표현

자기표현(assertiveness)은 직접적인 요구를 포함하는 의사소통의 한 형태다. 앞의 예에서도 환자는 그녀의 의견을 전달하기 위해 자기표현을 해야 했다. 그렇지만 많은 사람들이 부정적인 정서 표현을 피하려고 하다 보니 간접적인 의사소통을 하게 된다. 남자친구에게 화가 난 환자가 "본때를 보여 주겠어!"라고 생각하며 자살시도를 할 수도 있다. 이 환자는 이런 정서를 왜 직접적으로 표현하지 않았을까? 일반적으로 환자들은 화를 내면 통제력을 잃게 될까 봐 아니면 다른 사람들을 화나게 해서 논쟁이 커질까 봐 두려워한다. 그래서 여기에 언급된 다른 모든 기술들과 마찬가지로, 초기에는 환자들이 직접적으로 화를 내면 무슨 일이 발생할지에 대한 걱정을 다루기 위해 인지적인 접근을 한다. 특히 유용한 접근법은 환자에게 직접적 요청과 좀 더 간접적인 접근을 대조하여 각각 장단점을 생각해 보게 하는 것이다.

다른 사람이 들을 수 있도록 부정적인 정서를 표현하는 것의 핵심은 정서를 표출하는 대신에 정서를 기술하는 것(describing)이다. 화난 사람에 대한 일반적인 반응은 거리를 두고 물러서는 것인데, 이는 사실상 의사소통을 차단하는 것이다. 그러므로 상대방의 행동 때문에 속상하고 화가 나거나 다른 부정적인 정서를 경험하고 있다는 것을 그에게 전달하는 방법은 그것을 표출하는 것(act it out)이 아니라 말하는 것(state)이다.

치료자: 내가 너에게 바라는 것은 자살시도를 하려고 할 때 남자친구에게 화를 내라는 거야. 내가 남자친구 역할을 할 거야, 알겠니?

십대: 정말이에요?

치료자: 어서 덤벼 봐!

십대: 내가 아닌 다른 친구들과 시간을 보내는 너에게 정말 지쳤어. 너는 나를 하찮게 여기지. 정말 질렸어. (목소리를 높이며) 너는 내 기분을 더럽게 만들어. 왜 넌 항상 이런 식이야?

치료자: 너는 왜 나한테 모든 화풀이를 하는 거지? 나는 할 만큼 했다고!

십대: 봐! 이게 솔직한 거구나!

치료자: 네가 뭐라고 말했는지 그리고 어떤 식으로 얘기했는지 자세히 살펴보자. 내가 너를 '항상' 나쁘게 대한다고 했어. 그게 정말이니?

십대: 아니에요. 단지 그 당시에는 상황이 아주 안 좋게 느껴져서, 좋았던 때를 모두 지워 버렸어요.

치료자: 이해할 수 있어. 그런데 네 남자친구는 너에게 해 주었던 많은 좋은 것들을 네가 까맣게 잊었다는 말을 듣고 있어. 남자친구가 그 말을 들으면 어떤 반응을 할 거라고 생각하니?

십대: 듣지 않거나 나가 버릴 거예요.

치료자: 바로 그거야. 이제 입장을 바꿔 볼까? 나는 네가 되고 너는 남자친구가 되어 보는 거야.

치료자: (십대처럼 행동하며) 너하고 확인해 볼 게 있어.

십대: (남자친구처럼 행동하며) 뭔데? 나에게 또 잔소리하려고?

치료자: 그건 아니고… 누가 그런 걸 듣고 싶겠어, 안 그래?

십대: 그렇지.

치료자: 난 정말 너와 함께 있는 게 즐거워. 그런데 요즘 넌 전처럼 많이 나와 데이트하고 싶어 하지 않는 것 같아서 그게 속상해.

십대: 음, 네가 잔소리할 때는 네 옆에 있고 싶지가 않아.

치료자: 알겠어. 잔소리 듣는 것을 좋아할 사람은 아무도 없다는 걸 알아. 미안해. 그래서 지금 잔소리하지 않고 물어보는 거야. 이번 주말에는 난 정말 너와 단둘이서만 지내고 싶어. (역할극에서 돌아와서) 어땠니?

십대: 음, 제가 선생님 얘기를 듣고 있고, 조금 더 정확하게는 그 말에 대해 생각하고 있다는 것을 알았어요.

치료자: 그럼 우리 목록으로 돌아가 보자. 내가 했던 게 무엇이지?

십대: 선생님은 '나'라고 표현했어요. 그가 어떻게 느끼고 있는지를 반영하셨어요. 침착한 태도로 화가 났다고 말씀하셨어요. 하지만 저도 그렇게 할 수 있을지는 잘 모르겠어요.

치료자: 상담실이라는 안정된 장소에서 네 역할을 해 보는 치료자처럼 잘할 수 있다고 생각하는 건 아니겠지? 아마 그렇게는 못할 거야. 그렇지만 나는 네가 충분히 잘 해낼 거라고 믿어.

4) 사회적 성공 기회 향상시키기

때때로 우울한 십대가 아무도 그들을 좋아하지 않는다고 불평할 때, 그것은 인지 왜곡 때문이 아니라 기술 부족의 결과일 수 있다. 즉, 몸치장과 위생상태, 과민성, 대화를 시작하고 유지하지 못함, 경청하지 못함 그리고/또는 사람들의 마음을 잘 읽지 못하기 때문일 수 있다.

(1) 몸치장과 위생상태

때때로 십대들은 초라한 몸치장과 위생상태(grooming and hygiene) 때문에 인기가 없다. 치료자는 그들의 외모가 또래관계에 미칠 수 있는 영향에 대해 부모 또는 환자와 함께 얘기할 수 있다. 신뢰할 만한 친지가 환자에게 몸치장, 위생상태, 외모에 대해 조언하는 것도 효과적일 때가 있다. 어떤 환자들은 또래 친구들이 멀어지게 옷을 입기도 한다. 놀랍게도 어떤 청소년들은 그들의 외모 변화가 실제로 사회적 관계의 변화를 가져온다는 것에 놀란다.

(2) 정신과적 문제로 인한 사회적 어려움

기분장애의 어떤 양상들은 또래관계에 영향을 줄 수 있다. 우울한 청소년이 매우 과민하기까지 하다면 다른 십대들과 소통하는 데 정말 방해가 될 수 있다. 이 문제는 적절한 항우울제 치료, 정서조절 전략들, 수면 개선 또는 기분 안정제 치료로 관리될 수 있다. 간헐적 경조증(hypomanic)이 있는 환자들은 또래에게 몹시 거슬리게 굴어서 거부당할 수도 있다. 사회 불안이 있는 십대들은 사회적 상황을 피하게 되고 그래서 적절한 사회적 기술을 연습하지 못할 것이다. ADHD가 있는 청소년은 충동성 때문에 충동적이고 부적절한 발언과 행동을 보일 수 있다. 아스퍼거 증후군이 있는 청소년에게 우울증이 있을 수도 있지만 치료는 사회적 기술 훈련에 주안점을 두어야 한다. 이 훈련은 기분장애가 있는 청소년의 경우 보다 더 집중적으로 그리고 이상적으로는 보다 더 어린 나이에 시작해야 한다.

(3) 대화를 시작하고 유지하기

대화를 시작하고 유지하는 데 필요한 기술에는 비언어적 단서 읽기, 공통점 찾기, 다른 사람에 대해 호기심 갖기, 적극적 듣기가 있다.

- 비언어적 단서 읽기 　사람들은 언어뿐만 아니라 몸과 목소리 톤으로도 의사소통을 한다. 이런 비언어적인 의사소통 중에는 대화를 시작하거나 계속하는 데 관심이 있는지에 관한 단서들이 있다. 치료자는 십대와 함께 일반적

인 대인관계의 단서를 검토할 수 있다. 예를 들면, 상호작용에 흥미가 있다는 단서에는 직접적인 눈맞춤, 미소, 흥미가 있다는 표현, 열성적인 목소리 톤 그리고 대화에서의 상호작용(reciprocity in the conversation)이 있다. 반대로 흥미가 없다는 단서는 눈맞춤 피하기, 중립적이거나 부정적인 얼굴 표정, 지루해하는 목소리 톤, 대화를 시작하지 않는 것 등이 있다.

- **공통점 찾기** 추가적으로 대화를 시작하고 유지하는 데 중요한 것은 다른 사람과의 공통점을 찾는 능력이다. 치료자와 십대는 십대들이 서로 공유할 수 있는 주제들을 의논하고 대화를 시작하는 데 효과적인 전략들을 찾아볼 수 있다. 회기 동안 역할극으로 대화를 해 보면서 어떤 잠재적인 장애물이 있는지 치료자와 십대가 협력하여 확인하는 것이 중요하다. 때때로 역할극은 치료자와 십대가 향후 회기에서 중점을 두어야 할 또 다른 대인관계 기술을 알아낼 수 있게 해 준다.

- **다른 사람에 대해 호기심 갖기** 대화에 있어 잘 알려진 비밀이 있는데 대부분 사람들은 자기 자신에 관해 말하기를 좋아한다는 것이다. 질문과 비언어적인 행동을 통해서 다른 사람이 말하는 것에 관심을 보이는 사람은 그 사람에게 훨씬 더 관여하는 것 같다.

- **적극적 듣기** 적극적 듣기의 원리는 다른 사람의 말을 듣고 이해하고 있다는 것을 보여 주는 반영적 진술을 하고 비판단적으로 듣고 대화를 따라가고 있다는 것을 언어적 · 비언어적 행동으로 보여 주는 것으로, 이 모든 요소들이 대화를 유지하는 데 중요하다(pp. 253-254 참조).

(4) 사회적 지지와 유대 유지하기

치료는 시간이 한정되어 있다. 좋은 우정은 평생 지속될 수 있다. 그러므로 치료자는 사회적 지지의 적응적 사회망(network)을 강화하거나 확립하는 개입들을 개발하는 것이 중요하다. 적응적인 관계가 남아 있는 사람들에게는 이미 있는 접근 가능한 관계에 좀 더 초점을 맞추도록 도와준다. 많은 십대에게 친구는 매우 강력한 지지원이다. 친구들의 정서적 지지와 이해가 있으면 삶의 문제를 극복하고 희망이 없다는 자살사고에서 벗어나는 것이 훨씬 쉽다.

치료자는 특정한 친구들 또는 친구집단이 십대의 기분과 행동에 미칠 수 있는 영향력을 협력적으로 탐색하여 현재의 사회적 관계망에 어떤 변화를 줄 때의 장단점을 평가할 수 있다. 예를 들어 보자.

치료자: 무슨 일이 있었는지 말해 줘서 고맙다. 집에서 정말로 힘든 주말을 보냈던 것 같구나.

십대: 네, 정말 힘들었어요. 엄마는 주말 내내 저에게 화를 냈어요. 중간고사 성적으로 시작해서 금요일 밤에 제가 얼마나 늦게 들어왔는지를 가지고 다투었어요. 엄마는 노발대발했어요! 엄마는 제 새 친구들을 싫어해요.

치료자: 그거 힘들겠는데… 어쨌든 너는 아주 우울했었다는 건데 그걸 더 강조하는 건 그다지 도움이 되지 않겠구나. 엄마가 새 친구들을 좋아하지 않는 것에 대해서는 어떻게 생각하니?

십대: 잘 모르겠지만 최근에 학교에서 마약을 갖고 있다가 잡힌 2명에 대해 뭔가 나쁜 이야기를 들은 것 같아요.

치료자: 그래. 그런 일은 확실히 부모님의 의견에 영향을 줄 수 있어. 너와 엄마는 적어도 한 가지는 동의한 거 같구나. 우정은 정말 중요하다는 것 말이야.

십대: 네.

치료자는 그다음 십대의 가장 가까운 친구와 친구 모임의 이름을 물어보고, 각자의 '성격 유형'과 행동들을 물어볼 수 있다. 십대의 사회적 원(social circles)의 강력한 효과를 설명하기 위해서 치료자와 십대가 십대의 사회망을 나타내는 원을 그리고 각각의 영향력을 묘사해보는 것도 도움이 된다([그림 7-4] 참조).

사회적 원 그리기

우리와 관계가 있는 사람들은 우리가 어떻게 느끼고 무엇을 하는지에 대해 강력한 영향을 미칠 수 있다. 이 연습에서는 친구들과 가족에 대해 생각해본다. 자신과 매우 가까운 사람들과 가깝지 않은 사람들은 누구인지 생각해본다.

아래 공간에 친구들의 원을 그린다. 각 원이 자신에게 얼마나 '큰지(big)' (즉, 얼마나 의미 있고 영향력이 있는지)를 묘사한다.

- 각각의 원 안에 있는 사람은 누구인가?
- 원들이 겹치기도 하는가?
- 원들의 크기가 어떻게 비교되는가?
- 각각의 원 안에 있는 친구들을 당신과 다른 사람들은 어떻게 묘사하는가?
- 각각의 친구들 원을 정의하는 행동들은 무엇인가(즉, 함께 무엇을 하는가)?

각각의 친구들 원은 어떤 영향을 미치는가?

- 당신은 어떻게 느끼는가?
- 당신은 어떻게 행동하는가?

그림 7-4 사회적 원

출처: Brent, Poling, & Goldstein(2011). *Treating Depressed and Suicidal Adolescents.* Copyright 2011 by The Guilford Press. 원저 구매자의 개인적 사용을 위해 이 그림의 복사를 허용함(세부 사항은 저작권 페이지 참조). The Guilford Press 홈페이지에서 큰 그림을 다운로드할 수 있음.

치료자: 우리는 친구들에게 지지와 격려를 받지. 특히 우울증을 경험하고 있을 때에 그건 매우 중요해. 너는 친구들에게 지지를 받는다고 생각하니?

십대: 네. 많이 지지해 줘요.

치료자: 좋아. 학교에도 친구가 있지?

십대: 네. 학교에는 오래 사귄 친구들이 있어요.

치료자: 친구가 많은 것 같구나. 그러면 출발이 좋구나. 어떤 친구들은 다른 애들보다 더 지지적이니?

십대: 그런 것 같아요. 오래 사귄 친구 중에 나를 전혀 이해하지 못하는 애들도 있어요.

치료자: 네가 어떻게 느끼는지 그 친구들이 알고 있다고 생각하니?

십대: 가끔 알아주었으면 하고 바라지만 아마 모를 거예요.

치료자: 그래, 맞아. 가끔 우리는 오랫동안 사귄 친구들에게서 최상의 지지를 받곤 하지. 자, 그러면 오래된 것이든 새로운 것이든, 너의 친구관계를 모두 살펴보고 어떤 것이든 달라질 수 있는 것을 찾아봐야 해. 아마도 현재의 친구관계가 너의 기분과 행동에 얼마나 영향을 주고 있는지 점검할 수 있을 거야. 그건 어떠니?

십대: 네. 그건 좋아요.

치료자: 좋아. 가장 가까운 친구의 이름을 쓰는 것부터 시작해 보자. 우리 함께 너의 사회적 원 그림을 그리고 작업해 보자.

치료자는 십대와 협력하여 긍정적인 사회적 영향력과의 접촉을 증진시키는 방법을 탐색할 수 있다. 이 과정 동안 협력적이고 비판적이지 않는 것이 중요하다. 핵심은 십대가 자신의 관계들의 영향에 대해 독자적으로 결론을 내리도록 안내해 준다는 것이다.

요점

- CBT는 우리가 사고하는 방식이 느끼는 방식 그리고 행동하는 방식에 영향을 준다는 개념에 기초한다(물론 항상 그런 순서는 아니다.). 이 기본적인 전제하에 십대를 사회화시킨다.
- 일단 십대가 그의 생각이 기분과 행동에 어떻게 영향을 주는지 이해하게 되면, 상황에 대해 '다시 생각하기' 전략을 배우도록 돕는다.
- 상황에 대해 '다시 생각하기'의 목표는 단순히 '긍정적으로 생각하기'가 아니라는 것을 강조한다. 목표는 고통스러운 정서를 감소시키도록 상황에 대한 대안적 사고 방식을 찾는 것이다.
- 처음부터 끝까지 십대와의 협력을 촉진하고 피드백을 요청한다.
- 십대에게 그 회기의 중요한 점을 요약하게 하고, 협력하여 의미 있는 과제를 정한다. 과제 대신 다른 용어를 사용한다.
- 회기 동안 기술들을 소개하고 연습한다.

제8장

치료-저항성 우울증

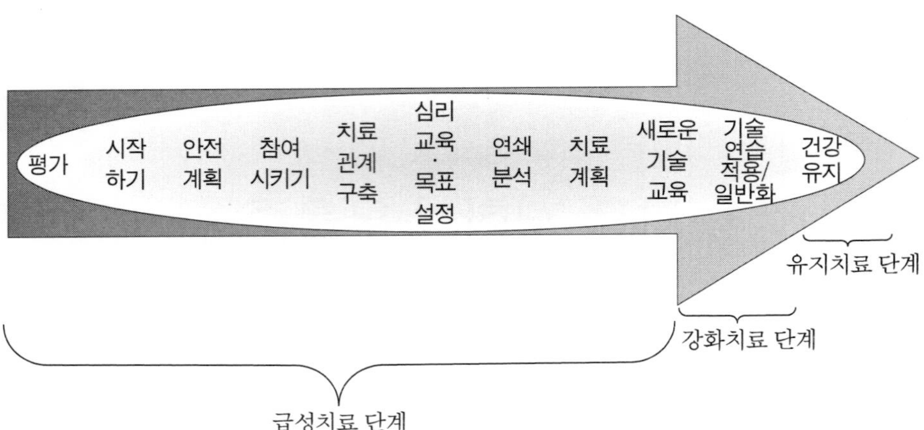

학 습 내 용

- 치료-저항성 우울증의 정의
- 임상적 중요성
- 치료-저항성 우울증의 평가 및 선행요인 확인 방법
- 치료-저항성 우울증을 완화하기 위해 선행요인을 대상으로 삼는 방법

우리가 지금까지 논의한 치료 접근법들은 현재 사용 가능한 최선책이다. 그러나 40%의 청소년들은 CBT나 SSRI 항우울제에 반응하지 않는다. 이 장에서 우리는 청소년의 치료-저항성 우울증의 평가, 치료, 예방을 위해 치료자가 취해야 할 단계에 대해 논한다.

1. 치료-저항성 우울증은 무엇인가

우울한 환자가 최소 한 가지의 적절한 치료 과정에 적절한 임상적 반응을 보이지 않을 때, 이를 **치료-저항성**(treatment-resistant) 우울증이라고 한다. **적절한 임상적 반응**(adequate clinical response)이란 최소한 50%의 우울 증상 감소를 보이거나 개선에 대한 환자 자신의 전반적 보고로 정의한다. 적절한 치료는 근거에 기반한(약물치료, CBT 혹은 IPT), 적절한 기간(최소 8주) 동안 적정량의 약물 복용 그리고 환자가 이를 준수하는 것이다([그림 8-1] 참조).

- 적절한 반응을 동반하는 적절한 치료에 반응하지 않음
- 적절한 반응: ≥ 증상의 50% 감소
- 적절한 치료: ≥ CBT 8회기 ≥ 8주간의 SSRI, 최소한 4주간
  ≥ 플록세틴 40mg 또는 이와 동등한(equivalent) 약물

그림 8-1 치료-저항성 우울증의 정의

2. 왜 치료-저항성 우울증이 중요한가

우울삽화가 더 길어질수록 치료가 어려워지고 회복에 필요한 기간이 길어진

다. 우울삽화 기간 동안 많은 환자들이 학업적 · 사회적으로 또래들에 비해 뒤처진다. 그러므로 환자들이 적절한 발달 궤도로 돌아가기 위해 이 상황을 가능한 한 빨리 바로잡아야 한다. 만성 우울증은 자살사고와 자살시도 그리고 자살로 사망할 가능성까지 증가시킨다.

3. 7가지 핵심 질문

우리는 치료자가 치료-저항성 우울증을 평가할 때 명심해야 할 7가지 주요 질문들을 제안한다([그림 8-2] 참조). 다음에서 각각의 질문을 더 자세하게 다룰 것이다. 치료-저항성 우울증 환자의 평가 및 치료 접근은 환자가 그 치료자의 치료를 처음 받는 것이든 동일한 치료자의 이전 치료에 반응이 없었던 것이든 상관없이 유사하다. 그러나 치료자가 이전에 그 환자를 치료한 적이 없다면 병력에 대한 더 자세한 정보가 필요할 것이다.

1) 환자가 현재의 치료에 어떻게 반응했는가

빈번하게 기분부전장애나 만성적 주요 우울증을 겪는 환자들은 오랫동안 좋은 상태가 아니었기 때문에 호전을 인지하지 못하거나 최소화하려고 할 수도 있다. 중요한 것은 환자가 어떻게 느끼는지뿐만 아니라 무엇을 하는지도 확인하는 것이다. 가끔 만성적 우울증 환자가 나아진 것이 하나도 없다고 하는 때에도, 부모와 학교에 의한 보고에서는 기능적인 향상이 있음을 볼 수 있다. 분명히 자신이 나아지고 있다고 느끼지 못하는 환자에게는 추가적 치료가 필요하다. 그러나 실제로 치료 반응을 전혀 보이지 않은 환자와는 대조적으로, 좀 나아졌지만 건강한 상태는 아닌 환자의 경우에는 중요한 치료적 의미가 있다. 환자가 호전을 보였지만 지금은 건강한 상태가 아니라면 두 가지 가능성이 있다. 첫째, 현재의 치료접근법으로 서서히 호전되고 있으니 현재의 치료를 바꾸지 말고 계속해야 한다. 둘째, 환자가 호전을 보였지만 지금은 정체기다. 이런 경우 치료팀은 약물 투여량이나 심리치료의 강도를 높임으로써 현재 치료를 최적화시키는 시도를 할 수 있다. 만약 최적화가 효과가 없다면 치료팀은 다음의 치료-저항성 우울증 접근법을 따라야 한다.

사례

17세 소년 프레드는 주치의에게 약물치료를 받은 후 우리를 찾아왔다. 그는 스스로 "나아진 것이 없다."고 말하며 약물치료 중단을 원했다. 또한 치료가 효과가 있는지에 의구심을 품었다.

치료자: 무슨 일로 주치의를 찾아갔지?

프레드: 성적이 떨어지고 방과 후에 신문사에서 일하던 것을 그만두었어요.

치료자: 얼마 동안 약물치료를 받았지?

프레드: 10주 정도요.

치료자: 어떤 점이 달라졌니?

프레드: 나아진 것을 느끼지는 못하지만 학교 성적은 약간 올랐어요. 이

1. 환자가 현재의 치료에 어떻게 반응했는가?
2. 주진단(primary diagnosis)이 정확한가?
3. 치료-저항성의 원인이 되는 동반이환이 있는가?
4. 환자가 적절한 양의 적절한 치료를 받았는가?
5. 환자가 이전 치료를 준수했는가?
6. 우울 증상이 약물 금단(medication withdrawal)이나 부작용과 관련이 있는가?
7. 심리사회적 스트레스 요인이 치료 성과에 영향을 미쳤는가?

그림 8-2 치료-저항성 우울증을 평가하는 7가지 핵심 질문

제 집중을 할 수 있고 공부도 할 수 있어요.

치료자: 나아진 점이 없다는 것은 성적에 대한 것은 아닌가 보구나?

프레드: 네. 하지만 여전히 즐겁지가 않고, 나에 대해 좋은 감정을 느낄 수도 없어요.

치료자: 괜찮다면 엄마한테 어떻게 생각하시는지 여쭤 볼게. (엄마에게) 지난 3개월간 프레드가 어땠다고 생각하시나요?

어머니: 나아졌어요. 여전히 행복해 보이지는 않지만, 짜증도 덜 내고 무엇보다 학교 공부를 다시 하고 있어요.

프레드의 경우는 증상 호전의 일반적 예를 잘 보여 준다. 증상은 종종 동일한 비율로 차도를 보이는 것이 아니라 일부 증상이 다른 증상보다 먼저 나아진다. 치료자가 환자가 하고 있는 행동보다 환자의 기분에만 주의를 기울인다면, 우울 증상의 호전은 분명해 보이지 않는다. 이 사례의 경우 프레드는 부분적 반응을 보이고 있다. 우리는 약물치료를 중단하지 않도록 권할 것이다. 치료자는 치료의 다음 단계에 있어 프레드, 그의 부모 그리고 그의 의사와 협력할 수 있을 것이다. 추가 심리치료 및 현재 복용하는 약을 늘리는 것을 고려할 수 있다. 보다 복잡한 치료 이력을 가진 환자들에게는 치료에 저항하는 증상 및 생활 사건들을 표시하는 타임라인이 도움이 된다.

2) 주진단이 정확한가

SSRI 항우울제와 CBT 혹은 IPT는 청소년기 주요 우울증에 가장 좋은 치료다. 그러나 일부 아형 우울증에는 최적의 선택이 아닐 수도 있다([그림 8-3] 참조). 청소년 양극성장애 환자에게는 항우울제가 혼재성 양상이나 급속 순환을 유발하여 증상이 더 나빠지게 할 수도 있다. 그런 환자들은 기분조절제(mood stabilizer)를 포함한 치료가 필요하다(예: 리튬, 항정신병약물 또는 디발프로엑스). 이 약물들은 항우울 효과가 있어서 우울삽화 치료에 충분할 수 있다. 양극성 우울증 환자가 기분조절제에 호전을 보이지 않는다면 추가로 SSRI 항우울제 투여를 고려해 볼 수도 있다. 라모트리진(lamotrigine)은 양극성장애가 있는 성인의 재발성 우울증을 방지하는 데 효과가 있었다.

단극성 우울증에 대한 근거-기반 치료에 반응하지 않는 두 번째 유형의 기분장애는 정신병적 우울증이다. 정신병적 증상은 특정 상황에 국한되어 있을 수 있기 때문에 치료자는 환자가 아무리 이성적으로 보인다 할지라도 이런 증상들에 대해 조사할 필요가 있다. 정신병적 우울증 치료는 항우울제와 항정신병 약물을 복합 처방한다. 청소년기 정신병적 우울증은 양극성장애와 관련이 있을 위험성이 높으므로 치료자는 특히 이런 가능성을 경계해야 한다.

다른 종류의 치료를 요하는 세 번째 유형의 기분장애는 계절성 정동장애(seasonal affective disorder: SAD)다. SAD 환자는 항우울제에 반응하기도 하지만 가장 명확한 치료는 아침에 30분간 특정 파장의 빛을 쬐는 것이다.

다양한 형태의 우울증에 최적의 치료
- 양극성 우울증－기분조절제
- 정신병적 우울증－항우울제＋항정신병 약물
- 계절성 정동장애－광선치료

그림 8-3 주진단이 정확한가

3) 치료-저항성의 원인이 되는 동반이환이 있는가

다른 장애들이 우울증처럼 보이거나 우울증 치료를 복잡하게 만들 수도 있다(〈표 8-1〉 참조). 예를 들어, 알코올이나 물질 사용은 우울증 치료에 대한 반응성을 약화시킨다. ADHD 환자는 부주의와 충동성으로 인해 학교나 대인관계에 문제가 있을 수 있다. 그리고 이런 ADHD로 유발된 스트레스 요인은 우울증 완화

표 8-1 동반질환이 우울증 치료에 방해가 되는가

동반질환	설명	개입
섭식장애	빈약한 영양 상태가 우울증처럼 보일 수 있다.	영양 상태 개선
물질사용	역치 이하의 사용도 치료 저항성에 기여할 수 있다.	이중-진단 치료
ADHD	학교/대인관계 문제는 충동성/부주의 때문일 수 있다.	중추신경자극제/부프로피온/아토목세틴
OCD/그 외의 불안장애	기능 방해가 우울증을 유발할 수 있다. 증상과 의식에 대한 괴로움	노출 치료, 고용량(higher dose)의 SSRI
복합적 애도/PTSD	고인 또는 외상에 대한 집착은 회복에 방해가 된다.	외상 중심 치료
아스퍼거증후군	또래관계에서의 성공 경험 부족은 외로움을 유발할 수 있다.	사회기술 훈련, 정서교육

를 방해한다. 때때로 우울증 환자들의 우울 증상이 더 이상 심각하지 않을 때 불안장애 동반이 드러나기도 한다. 우울증 치료의 일부는 의미 있는 활동에 참여하는 것인데, 불안 증상은 이런 치료 방법과 우울증 회복에 방해가 된다. 아스퍼거증후군이 있는 청소년은 또래들과 친해지려고 노력하지만 거부당하거나 고립감을 느끼기 때문에 의기소침하거나 우울해질 수 있다. 치료의 초점을 사회기술 훈련으로 바꾸고, 현재의 교육적 · 사회적 환경이 환자의 욕구에 적절한지를 재평가해야 한다. 복합적 애도 증상을 보이는 환자는 상실 이후에 우울해질 뿐만 아니라, 죽음을 목격하거나 시신을 발견한 경우 PTSD를 경험할 수도 있다. 후자의 경우에 대한 치료는 우울증 치료와는 다르다. 게다가 우울증의 회복은 이 장애들이 다뤄지지 않으면 안될 수도 있다. 섭식장애가 있는 환자들은 폭식이나 제한의 욕구가 위축되어서이든 아니면 영양상태의 결과이든 자주 우울해진다.

환자들은 그들의 의학적 상태로 인해 우울증의 초기 치료에 반응을 보이지 않을 수도 있다([그림 8-4] 참조). 첫째, 환자가 우울증의 위험을 증가시키는 간질, 당뇨, 염증성 장질환 같은 만성질환을 앓고 있을 수 있다. 이런 질환들이 제대로 관리되지 않으면 환자는 회복을 위한 활동에 참여할 수 없다. 게다가 일부 치료

(예: 인터페론이나 항경련제)는 우울증을 유발할 수 있다. 그래서 환자의 의학적 상태를 관리하는 팀 협력이 아주 중요하다.

빈번하게 우울증(그리고 불안)과 동시에 나타나는 다른 의학적 상태는 편두통이다. 불행하게도 편두통의 치료가 반드시 우울증을 완화시키는 것은 아니며 반대로 우울증 치료가 편두통 완화를 보장하지도 않는다. 그러나 반복적이고 만성적인 두통은 분명히 우울증의 회복을 저해하고 활동을 제한한다. SNRI 계열 약물[즉, 벤라팍신(venlafaxine)이나 둘록세틴(duloxetine)]처럼 일부 약물들은 우울증, 불안뿐 아니라 편두통에도 효과가 있는 것으로 보인다. 우리는 일반적으로 SNRI를 2차적 약물(second-line medication)로 사용하지 않는다. 두 가지보다는 한 가지 약물을 사용하는 것이 모두에게 훨씬 쉽다. 아미트립틸린(amitriptyline)과 같은 편두통 치료제의 사용은 일부 SSRI의 혈중 농도(blood level)에 영향을 미칠 수도 있고, 그 반대일 수도 있다. 또한 토피라메이트(topiramate) 같은 약물은 의식 혼탁(mental clouding), 체중 감소 같은 우울증처럼 보일 수 있는 부작용이 있을 수 있다.

경구 피임약, 스테로이드, 레티노산(retinoic acid) 같은 약물들은 우울증의 가능성을 높일 수 있다. 우울증 증상과 유사한 증상을 보이는 것을 예를 들면, 철 결핍성 빈혈이나 단핵세포증(mononucleosis)으로 인한 피로와 낮은 동기가 있다. 갑상선 기능 저하증 및 기능 항진증 또한 치료 저항성과 연관이 있다. 마지막으로 비타민 B_{12}나 엽산의 부족과 같은 영양 결핍도 우울증과 관련이 있다. 비의료인 치료자는 환자를 그의 주치의에게 의뢰하여 우울증 증상을 유발하는 의학적 요소를 배제(rule out)해야 한다. 제5장에서 보았듯이 치료를 받지 않은 수면장애는 우울증 회복을 저해할 수 있으므로 수면장애 진단 및 치료가 우선되어야 한다.

- 만성질환—간질, 당뇨, 염증성 장질환
- 약물의 영향—경구피임약, 스테로이드, 항경련제, 인터페론, 레티노산
- 빈혈
- 단핵증
- 갑상선 기능 저하/항진증
- 영양—비타민 B_{12}, 엽산 결핍
- 편두통/섬유근육통(fibromyalgia)—SNRI 사용 고려

그림 8-4 의학적 동반질환이 치료-저항성에 영향을 미칠 수 있는가

4) 환자가 적절한 양의 적절한 치료를 받았는가

환자가 적절한 기간이나 용량의 치료를 받지 못했다면 환자의 우울증이 치료 저항성이라고 결정 내리기는 이르다. [그림 8-5]는 치료 용량과 기간의 적합성 평가를 위한 지침이다. 심리치료의 질을 평가하기는 더 어렵지만 치료자는 환자에게 회기의 구조, 주요 초점 그리고 치료에서 환자가 무엇을 배웠는지 말해 달라고 요청해야 한다. IPT나 CBT치료라고 부른다고 해서 반드시 그렇게 하는 것은 아니다. 환자가 CBT 회기에 참가했지만 어떤 기법도 익히지 못했다면 치료자는 그 치료가 성공적이지 않았는지를 고려하기 위해 환자가 CBT의 중요한 요소들을 충분히 받았는지를 결정해야 한다. 환자는 치료자가 그런 결정을 내리는 데 도움을 받기 위해 이전 치료자에게 연락하는 것을 동의해 줄 수 있다.

청소년의 항우울제 치료를 어렵게 하는 발달상의 문제가 있다. 많은 항우울제들(예: 서트랄린, 시탈로프람, 에스시탈로프람)의 반감기가 성인보다 청소년기 환자에게 훨씬 더 짧다. 이는 성인에 비해 청소년들에게서 항우울제의 대사작용이 더 빠르게 일어나며 어떤 경우 더 많은 양이 필요함을 의미한다. 특히 어떤 환자가 항우울제에 어느 정도 반응을 보였다면 완전히 반응을 보이지 않은 환자(부작용을 제외하고)에게 할 수 있는 가장 논리적인 다음 단계는 복용량을 늘리는 것이

다. 혈중 약물 농도는 몸무게와 복용량에 영향을 받는다. 따라서 과체중인 환자나 체중이 증가한 환자는 적절한 치료 반응을 위해 항우울제 복용량을 늘릴 필요가 있다.

- CBT 또는 IPT, 8~16회기
- SSRI 최소한 8~12주, 플록세틴 20~40mg에 맞먹는 양
- 서트랄린 150~200mg
- 시탈로프람 20~40mg
- 에스시탈로프람 10~20mg
- 벤라팍신 150~225mg

그림 8-5 환자가 적절한 양의 적절한 치료를 받았는가

사례

로리는 열두 살쯤 우울증을 앓기 시작했다. 로리는 우울증을 앓기 시작한 이후, 3번의 약물치료와 심리치료를 받아 왔지만 "아무런 효과도 보지 못했다."고 했다. 세심하게 검토해 보니 10mg의 플록세틴을 9개월간 복용했지만 적절한 양이 아니었다. 로리는 20mg 복용 시 좌불안석 증상이 나타났다고 말했다. 서트랄린(50mg)을 잠시 복용했지만 로리가 '초조' 해졌기 때문에 계속 복용할 수가 없었다. 열다섯 살까지 150mg의 부프로피온을 처방받았지만 효과가 없었다. 로리는 대인관계나 인지적인 면에 초점을 맞추지 않은 지지적 심리치료를 받았다. 다음 그림은 로리의 치료 이력을 요약한 것이다.

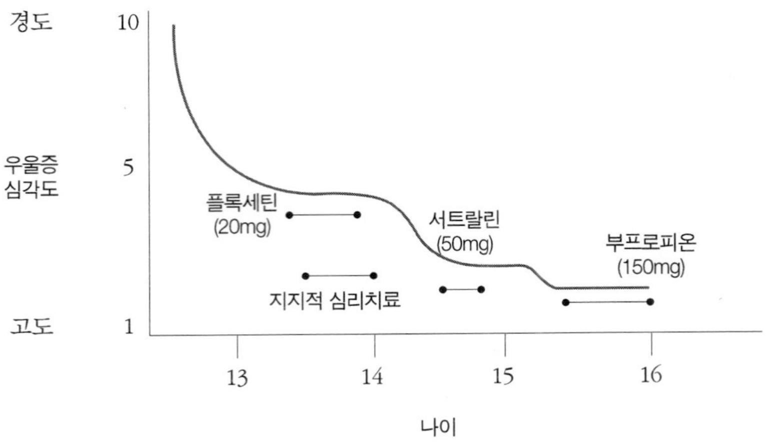

답

로리의 우울증은 치료-저항성이라고 판단하지 않는다. 로리는 세 번의 항우울제 치료 중 한 번도 적절한 양을 처방받은 적이 없다. 서트랄린 치료도 충분한 지속기간이 아니었다. 그녀의 심리치료는 근거-기반 치료가 아니었다. 만약 로리가 부프로피온에 내성이 있다면 첫 단계는 복용량 증가였을 것이다. 또한 로리가 향후 SSRI를 처방받는다면, 그녀가 전에는 대사 수준이 지나치게 높았다가 지금은 느려졌는지 대사 수준을 관찰하면 도움이 될 것이다. 마지막으로 로리가 경험적으로 지지된 심리치료를 충분히 받지 못했다는 것이 이 만성적 우울증의 분명한 지표가 된다.

5) 환자가 이전의 치료를 준수했는가

환자가 규칙적으로 회기에 참여하여 연습하고 기술을 시행해 보지 않았다면 또는 규칙적으로 약을 복용하지 않았다면 치료는 효과가 없을 것이다. 치료를 준수하지 않았음을 확인하는 것과 함께 왜 준수하지 않았는지 이해하는 것이 중요하다. 환자는 희망이 없다고 느끼거나, 기술을 어떻게 시행하는지 모르거나 혹은 그 기술이 적절하지 않은 것 같아서 기술을 시행하지 않았을 수도 있다. 치료자는 치료에서 이전의 실수를 반복하지 않도록 무엇이 적절한지 이해하려고 해야 한다. 환자는 부작용, 혼란스러운 아침 일과 혹은 약물치료가 도움이 되지 않을 거라는 생각 때문에 약을 복용하지 않을지도 모른다. 치료자는 자신이 알고 있는 것을 근거로 효과적인 심리치료 그리고/또는 약물치료 측면을 확인할 수 있다. 다음은 그러한 논의를 기술한 것이다.

치료자: 이전의 치료에 대해 좀 말해 주겠니? 어떤 문제에 초점이 맞춰져 있었지?

십대: 어떻게 하면 좀 더 단호하게 말할 수 있는지(how to be more assertive)를 배웠어요.

치료자: 그거 아주 유용한 기술이구나. 왜 거기에 초점을 맞췄지?

십대: 애들이 저를 학교에서 놀렸어요.

치료자: 그 애들이 어떻게 했는데?

십대: 저를 게이라고 놀리고, 복도에서 부딪히곤 했어요.

치료자: 그런 일이 많았니?

십대: 항상 그랬죠.

치료자: 치료에서 단호하게 말하는 방법에 대해 무엇을 배웠니?

십대: 애들에게 저리 가라고, 너희들 일이나 잘하라고 했어요.

치료자: 그래서 어떻게 되었지?

십대: 더 심하게 놀렸어요.

치료자: 그럼 단호하게 말한 게 도움이 됐던 것 같니?

십대: 전혀 아니죠.

치료자: 이 문제가 우선순위가 높은 문제라고 생각하니?

십대: 당연하죠.

치료자: 그렇다면 무엇이 최선의 방법일지 약간 실험을 해 볼 필요가 있겠구나. 단호하게 말하는 것만으로는 이 상황에 도움이 될 것 같지 않은데… 다른 방법을 찾아보는 것은 어떨까?

이 사례의 환자는 더 단호하게 말하는 방법을 배울 필요가 있긴 하지만 학교 폭력에는 종종 좀 더 체계적인 접근이 필요하다. 이 사례에서는 환자가 추천받은 기술 시행을 중단했던 이유가 분명하다.

6) 우울 증상이 약물금단이나 부작용과 관련이 있는가

환자들은 간헐적으로 피로, 독감과 유사한 증상, 불쾌감(dysphoria), 불안을 호소할 수 있다. 플록세틴을 복용하는 환자들에게 이런 증세는 약물치료 기준을 준수하지 않거나 중단해서는 아닌 것 같다. 왜냐하면 플록세틴은 신체에서 아주 느리게 없어지기 때문이다. 그러나 반감기가 짧은 약을 복용 중인 환자들에 대해, 치료자는 이 증상들과 치료를 준수하지 않음 간의 연관성을 검토해야 한다. 연관성이 있다면 다뤄야 할 문제는 현재의 약물치료를 계속하느냐(더 잘 지키는 것을 목표로) 아니면 다른 약으로 교체하느냐다.

항우울제에 흔한 부작용은 불쾌감, 기분 불안정, 과민, 활성화(activation), 불안 증가, 탈억제(disinhibition), 좌불안석(akathisia)이다. 치료자에게 가장 중요한 도구는 타임라인이다. 치료자는 약 복용 초기와 비교하여 환자의 기분이나 다른 증상의 변화, 복용량의 변화를 기록한다. 부작용은 복용 초기나 복용량 증가 이후 대개 1주일 안에 발생한다. 환자가 기분 불안정, 불쾌감, 활성화, 탈억제를 겪는다면 치료자는 조증과 부적절하게 치료된 우울증인지를 점검해야 한다. 항우울제 복용으로 인해 촉발되거나 더 심해진 조울증 증상의 경우, 치료자는 가족력, 과거와 현재의 경조증, 혼재성 양상, 급속 순환성을 살펴봐야 한다. 증상의 증가가 조울증과 연관이 있다면 제일 먼저 항우울제를 감소하거나 중단해야 한다. 좌불안석 혹은 안절부절못함, 가만히 앉아 있지 못하는 것은 아주 불편할 수 있으므로 치료자는 복용량을 줄이거나 약을 바꿔야 한다.

항우울제는 수면 방해, 생생한 꿈 유도 또는 진정효과 때문에 수면의 질과 낮 시간의 활력에 영향을 미칠 수도 있다. 먼저 치료자는 수면 문제가 단순히 치료되지 않은 우울증의 양상인지를 결정해야 한다. 치료자는 수면 문제가 약물치료의 부작용일 가능성을 알아보기 위해 항우울제 복용량의 변화와 이 증상들 간의 관계에 대해 조사해야 한다. 처방을 내리는 의사는 복용 시기 변화를 고려해 본다. SSRI의 부작용 중 하나는 생생한 꿈이 유도될 수 있다는 점으로 꿈이 수면을 방해하거나 놀라게 만든다면 견디기 어려울 것이다. 환자가 잠을 잘 못 자면 완전한 회복을 기대하기 어렵다. 그러므로 처방을 내리는 의사와 약물치료의 시기와 교체에 관해 협력하는 것이 중요하다(종종 다른 SSRI에 대해서는 이런 부작용을 겪지 않는 경우도 있다.). 어떤 의사는 잔여 피로가 아니었다면 항우울제 치료로 호전을 보였을 환자에게 활성화 항우울제인 부프로프리온의 추가 복용을 고려하기도 한다. 디펜히드라민(diphenhydramine)이나 멜라토닌(melatonin) 같은 약은 잠들기 어려울 때 도움이 되지만 약물치료 부작용과 치료되지 않은 우울증을 고려한 후, 첫 번째로 해야 할 것은 수면 위생(sleep hygiene; 숙면을 위한 행동 및 규칙)을 살펴보고 초점을 맞추는 것이다([그림 8-6] 참조).

- 저녁에는 수면을 방해할 수 있는 카페인이나 약물을 피한다.
- 잠자기 전에는 자극적인 활동을 하지 않는다.
- 주간에 낮잠을 자지 않는다.
- 걱정이나 생각에 사로잡힐 때는 이완을 위한 명상이나 심상법을 해 본다.
- 잠이 오지 않을 때는 침대에 있지 말고 독서나 이완이 되는 음악을 듣는다.
- 규칙적인 운동을 한다.

그림 8-6 수면 위생

사례

치료자: 낮에 피로를 느낀다고 했지?

십대: 네, 하루 종일요.

치료자: 밤에 몇 시에 자러 가지?

십대: 10시 반이요.

치료자: 잠드는 데 얼마나 걸리니?

십대: 한 시간 반쯤요.

치료자: 그동안 무엇을 하지?

십대: 음악을 들어요. 휴대폰으로 친구에게 전화를 하기도 하고 컴퓨터를 하기도 해요.

치료자: 잠이 들면 계속 잠을 자는 편이니?

십대: 아뇨, 밤새 깨었다 잠들었다 해요.

치료자: 그래. 그럼 아침에 피곤하지 않니?

십대: 피곤해요.

치료자: 낮에 낮잠을 자니?

십대: 네, 대개 학교에서 돌아와 3시 반에서 6시까지 자요.

치료자: 하루에 커피는 얼마나 마시니?

십대: 숙제를 하기 위해 밤에 커피를 마셔요. 두 잔 정도….

치료자: 약을 복용하기 시작한 때와 피곤하고 잠 못 드는 것이 관계가 있는 것 같니?

십대: 치료를 시작하기 전에도 그랬는데, 안절부절못하는 건 밤에 더 심해요.

치료자: 언제 약을 먹니?

십대: 밤에요.

치료자: 왜?

십대: 엄마가 오전 근무를 하셔서 아침에 약을 먹는 것을 잊어버려요.

치료자: 아침에 약을 먹으면 자는 게 어떻지?

십대: 좀 낫긴 한데, 그다지 다르진 않아요.

치료자: 우울증이 있기 전에도 이런 일이 있었니?

십대: 아니요.

이 사례는 좋지 못한 수면 위생의 예를 보여 주고 있다. 좋은 소식은 개선의 여지가 많다는 점이다. 이 환자는 잠을 잘 못 자서 피곤해한다. 수면 문제는 우울과 관련이 있는 것처럼 보이지만 밤에 약을 복용해서 더 악화된 것 같다. 게다가 환자는 밤에 수면을 방해하는 세 가지 행동을 하고 있다. 첫째, 낮에 낮잠을 잔다. 둘째, 밤에 커피를 마신다. 셋째, 안정을 취하는 것이 더 나을 저녁에 활동적인 일을 하고 있다.

7) 심리사회적 스트레스 요인이 치료 성과에 영향을 미쳤는가

치료효과를 방해하는 많은 심리사회적 스트레스 요인이 있다(〈표 8-2〉 참조). 초기 평가 시에 이런 스트레스 요인을 평가했다 하더라도 새로운 상황이 발생할 수 있으므로 재평가해야 한다. 또한 치료관계가 편안해짐에 따라 환자는 이전에는 불편해했던 중요한 정보를 이제는 기꺼이 개방할지도 모른다.

현재 부모의 우울증은 자녀의 치료효과를 저해한다. 역으로 부모의 치료는 청소년기 환자의 증상 개선 기회를 높일 수 있다. 부모들은 초기에 치료나 노출을 꺼릴 수도 있다. 그러나 우울한 부모의 자녀가 반응을 보이지 않는다면 치료자

표 8-2 치료 성과에 영향을 주는 심리사회적 스트레스 요인들

스트레스 요인	영향	개입
부모의 우울증	부모-자녀 간 불화 증가, 부모-자녀 간 유대 감소	부모의 우울증 치료
학대 경험	CBT에 대한 반응성 저조, PTSD, 관계의 어려움, 치료 참석률 저조	외상-중심 치료, 대안적 심리치료들
괴롭힘	자살사고, 낮은 자존감, 등교 거부, 학업 수행 저조	학교의 개입(school mandated to intervene)
가족 불화	저조한 반응과 재발 예측, 개선과 반응의 연관성	가족치료
성적 지향성	괴롭힘, 가족 불화, 낮은 자아상	2차 영향 다루기
상실	PTSD, 외상적 애도, 생존자에게 미치는 영향	외상적 애도 치료

는 그 문제로 돌아가 부모의 치료가 자녀의 회복 가능성을 높일 수 있음을 알려 주어야 한다.

높은 수준의 가정불화는 반응 없음(nonresponse)과 재발을 예측하고 가정 분위기 개선은 우울 증상 개선과 관련이 있다. 종종 부모와 환자들은 가족치료에 참여하지 않으려 한다. 게다가 자녀 그리고/또는 부모의 우울증과 과민성이 호전되기 전까지는 가족치료가 시기상조일 수도 있다.

가정폭력이나 학대, 괴롭힘 같은 외상적 경험에 계속적으로 노출된 청소년들은 좀처럼 회복되기 어렵다. 앞의 사례에서 환자는 학교에서 계속적으로 괴롭힘을 당해 왔다. 치료자의 목적은 환자가 괴롭히는 사람에게 좀 더 적극적으로 대처하게 하는 것이 아니라, 학교가 법률에 명시된 대로 상황을 처리하게 하는 것이다. 마찬가지로 가정에서 폭력이나 학대가 있을 때 가해자를 집에서 내보내거나 아이를 떼어놓아야 한다.

성적 지향성 문제는 종종 우울 증상 개선을 방해하고 자살사고의 원인이 되기도 한다. 일반적인 성적 규범에 맞지 않는 청소년은 학교폭력의 대상이 되거나 가족으로부터 거부당하기 쉽다. 더불어 환자 자신이 다른 사람들과는 욕구가 다르다는 것을 자각하게 되고 사회적인 비난에 노출되어 있다는 것을 알게 될 때 내적 갈등을 겪게 된다. 치료자가 비판단적인 태도로 환자와 이 문제를 토론함으로써 성적 지향성에 대한 대화의 장을 마련하는 것이 중요하다. 또한 치료자는 성적 지향성 주제를 발달적 관점으로—즉, 성적 지향에 대해 확신이 없어도 괜찮고 또 그것이 일반적이다—접근할 수 있다.

환자는 상실이나 외상으로 인해 우울증 치료에 호전을 보이지 않을 수도 있다. 가까운 사람을 잃은 아동 · 청소년이 상실 이후 우울해질 수 있으며 어떤 아이들은 외상적 애도 혹은 복합적 애도라 불리는 증후군을 경험하기도 한다. 정상적인 애도는 일정 기간 이후 점차 죽음을 수용하고 다시 자기 역할과 발달적 궤도로 돌아가게 한다. 복합적 애도를 경험하는 환자는 극심한 애도 단계에 '갇혀' 죽은 사람에 대한 열망, 죽음에 대해 타인이나 자신을 탓함, 고인이 없이는 앞으로 살아가지 못할 것 같은 감정을 경험한다. 이런 종류의 애도를 다루는 특정한 심리치료 기법이 있는데, 적어도 성인에게는 우울증 치료만으로는 충분치 않은 것으로 보인다. 복합적 애도를 보이는 우울증 환자는 애도가 끝나기 전까지는 계속해서 우울증을 겪을 것이다.

4. 첫 번째 항우울제에 반응하지 않는 환자의 치료

국립정신건강연구원(National Institute of Mental Health)의 연구 지원을 받은 청소년의 SSRI-저항성 우울증 치료(The Treatment of SSRI-Resistant Depression in Adolescents: TORDIA) 연구는 적절한 SSRI 치료 시도에도 호전을 보이지 않는 환자에게 어떻게 접근해야 하는가에 대한 몇 가지 지침을 제공하고 있다. 앞에서 지적된 문제들을 모두 확인했는데, 첫 번째 SSRI 치료에 반응하지 않는 환자에게는 두 번째 SSRI 치료로 전환해야 한다. 환자가 이전에 CBT를 받지 않았다면 이것도 추가해야 한다. 다른 SSRI로 교체하거나 CBT를 추가하는 것 이상에 대한 연구는 거의 이루어지지 않았다.

5. 치료-저항성 우울증의 예방

치료-저항성 우울증을 예방하는 최선책은 우울증을 조기에 적극적으로 잔여 증상이 없어질 때까지 치료하는 것이다. 관해 상태를 유지하지 못하면 환자는 훨씬 더 치료하기 힘든 만성적 우울증으로 발전할 위험이 있다([그림 8-7] 참조).

이 장에서 우리는 청소년의 치료-저항성 우울증의 정의, 평가, 치료 및 예방에 대해 알아보았다. 청소년과 성인에 대한 연구 모두 대다수의 환자가 결국 증상에서 자유로워지는 것을 보여 주었다. 예를 들어, STAR*D(성인 우울증과 관련된 대규모 연구)에 참여한 환자의 67%가 결국 증상이 완화되었다. 따라서 조심스럽게 낙관적인 태도를 유지하는 것이 중요하다.

- 주진단과 치료
- 교육한다 – 우울증은 평생 동안의 질병이다.
- 치료를 최적화한다.
- 치료 무반응의 심리사회적 위험요인을 다룬다.
- 보호요인을 증가시킨다.
- 치료하여 증상을 완화시킨다(treat to remission).
- 치료를 유지한다 – 최소 6~12개월
- 재발을 방지한다 – 환자는 언제, 어디서, 어떻게 치료받을 수 있는지 알아야 한다.

그림 8-7 치료-저항성 우울증 발달을 예방하는 법

요점

- 개선되거나 개선되지 않은 것을 기록한다.
- 치료의 적절한 노출을 포함하여, 준수와 적절성을 확립한다.
- 주진단과 동반 진단을 검토한다.
- 부작용과 잔여 증상들을 평가한다.
- 심리사회적 스트레스 요인들을 재평가한다.
- 무망감을 확인하고, 이에 대항하도록 교육한다.
- 협력하여 명확하고 현실적이며, 측정 가능한 목표를 설정한다.
- 끈기 있게 지속한다!

제9장

건강의 회복과 유지: 강화와 유지 치료

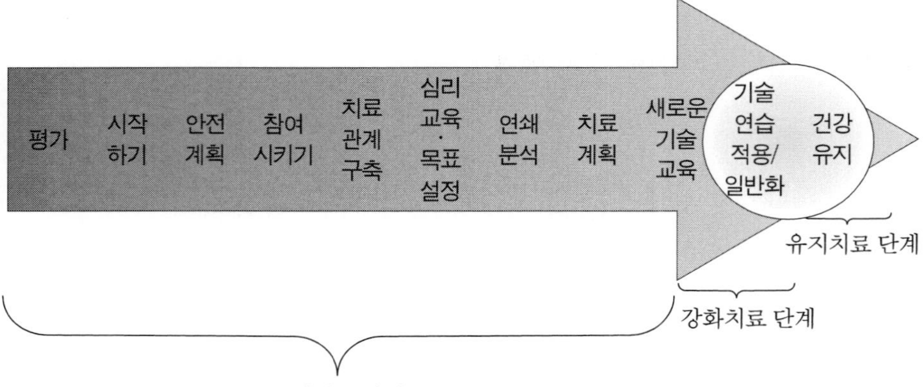

학 습 내 용

- 급성치료 이후의 치료 단계(강화와 유지)–목표, 구조, 내용
- 우울증 치료를 위한 강화 및 유지 치료의 지표와 기간
- 스트레스 요인의 예측 및 대처 계획 수립을 위해 환자를 가르치는 방법
- 보다 적극적인 치료로 돌아갈 필요가 있는지 환자가 살펴보아야 하는 징후들
- 건강 유지와 일치하는 생활방식의 선택
- 성인기로의 전환 과정에서의 발달적 문제들

1. 급성치료 이후 추가적인 치료 단계가 필요한 이유

급성치료 기간 동안 환자와 치료자는 자살경향성과 우울 증상의 감소 및 기능 회복에 집중한다. 이상적인 환경에 있더라도 급성치료가 끝날 때쯤에 환자는 더 좋아지지만 건강한 것은 아니다. 약물치료와 인지행동(CBT)의 병합치료를 받은 우울한 청소년의 약 1/3만이 치료 12주 후에 우울 증상이 완전히 사라진다. 이후 3~6개월 동안에는 치료는 강화(consolidation)단계로의 전환에 집중해야 한다. 강화단계라고 하는 이유는 환자와 치료자는 치료효과를 강화하여 잔여 증상들을 목표로 완전 관해(full symptomatic remission)에 집중하기 때문이다. 이러한 치료적 접근이 중요한 것은 증상이 개선되었다 할지라도 잔여 증상이 남아 있는 환자는 재발하여 반복적이고 만성적인 우울증으로 발전할 가능성이 높기 때문이다.

강화치료 다음 단계는 유지(maintenance)치료로 약 6~12개월 정도 지속된다. 환자가 증상의 차도가 있더라도 치료 작업을 지속해 나가는 것은 중요하다. 유지치료는 환자가 우울증에서 자유로워진 상태를 유지하는 것을 목표로 하며 이는 우울증의 재발 경향성 때문에 중요하다. 때로는 관해 후 첫해에 이루어지는 치료를 지속(continuation)이라고 부르고, 유지(maintenance)는 그보다 장기적인 치료를 의미하기도 한다. 많은 임상가들이 이 용어를 번갈아 사용하기 때문에 우리는 편의상 재발을 방지하는 치료들을 모두 '유지치료'라고 부른다. 여러 번의 우울삽화, 만성 우울증이 있거나 우울증 발병 기간 동안 생명을 위협하는 자살행동이 있었던 청소년들이나 회복하는 데 1년 이상이 걸린 청소년들에게 6~12개월 이상의 유지치료가 도움이 된다. 더 오랜 기간 동안 재발 위험이 증가된 환자들의 경우는 분기별 후속 조치 계획을 세우고 약물치료를 지속한다. 고위험 청소년들의 유지치료 기간을 알려 주는 정확한 지침은 없지만 여러 번 우울증이 재발한 성인들의 경우, 재발 방지를 위해 3년 이상 유지치료를 지속한다. 이 단계에서의 기간과 목표는 〈표 9-1〉에 요약되어 있다. 이 장에서는 각 치료 단계의 구조, 목표, 기법과 일반적인 위험요소들을 피하는 법들을 기술하였다.

표 9-1 치료 단계

치료 단계	기간(개월)	월별 회기	목표
급성기(acute)	3	4~8	• 심리교육 • 안전계획 • 연쇄분석 • 사례개념화 • 새로운 기술 습득 • 급성 증상 감소 • 기능 회복
강화기(consolidation)	3~6	2~4	• 관해(remission) • 잔여 증상을 목표로 함 • 동반이환을 목표로 함 • 기술 연습/새로운 기술 습득 • 최적의 발달 궤도로 돌아감
유지기(maintenance)	12+	격월~ 분기별	• 재발 방지 • 약물치료 준수 격려 • 잠재적 스트레스 요인 예상 • 기술 및 대처전략 훈련

2. 강화치료

강화치료 단계는 3가지 주요 초점, 즉 ① 치료효과 강화하기, ② 관해와 다루지 않을 경우 재발할 수 있는 잔여 증상과 맥락적 문제들을 목표로 하기, ③ 환자가 적절한 발달 궤도로 돌아가도록 돕기 등이 있다. 이 절에서는 강화의 주요 초점과 그 밖의 측면들을 다룰 것이다.

1) 관해로 치료의 초점 이동

급성치료 단계 중에는 치료관계 수립, 치료계약 작성, 개입 목표 영역 정의 및 치료반응 달성이 목표가 된다. 급성치료 단계에서 수용할 만한 결과는 기능의 회복과 최소 50%의 우울 증상 감소 그리고 자살 계획이나 의도가 있는 자살사고가 사라지는 것이다. 그러나 앞서 언급한 바와 같이 급성치료 단계가 끝나더라도 환자는 나아지긴 해도 건강한 것은 아니다. 강화단계의 목표는 관해(remission), 즉 우울 증상이 완전히 없어지는 것(complete absence of depressive symptoms)이다.

2) 치료에서 강화단계가 필요한 이유

우울증을 앓는 것은 컨베이어 벨트 위에 있는 것과 같다. 환자가 계속 앞으로 나아가지 않으면 뒤로 돌아갈 것이다. 이는 완전한 증상 제거(relief)와 십대의 최적의 발달 궤도로 되돌아가는 것 모두에 해당한다. 잔여 증상이 남아 있는 환자는 우울증이 재발하거나 만성적 우울증으로 발전하기 쉬운데 이런 경우 단기 우울증에 비해 치료하기가 매우 어려워진다. 장기적인 관점에서 가장 중요한 치료목표는 십대가 적절한 발달 궤도에 이르게 하는 것이기 때문에, 십대의 발달적 목표에 중점을 두는 것이 중요하다. 우울증, 자살행동과 동반이환 모두 정상적인 발달을 방해한다. 강화치료 단계 동안에 우울증과 자살에 대한 집착으로 곁길로 샌 십대의 정서적 · 사회적 생활의 측면들을 다루는 것이 중요하다.

3) 강화치료를 위한 최적의 구조

십대에게 급성 증상이 없을 경우 변화가 빠르게 나타나지는 않는다. 치료가 수면 개선과 같이 특히 고질적인 문제에 초점을 두고 있다면, 주 단위 치료가 적절할 것이다. 그러나 치료가 긍정적인 사회적 활동 참여 증가를 목표로 하고 있다면, 변화는 보다 천천히 일어나기 때문에 격주로 치료 회기를 잡는 것이 더 좋다. 이 단계에서 약물치료는 약간 조정하는 것이 필요하다. 예를 들어, 환자가 CBT와 SSRI 복용 치료를 받아왔는데 수면 문제를 동반하지 않은 피로를 지속적으로 호소하고 있다면 피로 개선을 위해 부프로피온을 추가하는 전략을 쓰고 이 단계에서는 격주로 약물 복용을 확인할 수 있다. 격주나 월 단위 치료 회기가 재발을 막을 수 있다는 것은 여러 연구들에서 나타난다. 또한 치료 빈도의 감소는 십대에게 자신이 좀 더 독립적으로 되어 가고 있음을 알려 준다. 게다가 적절한 발달 궤도로 돌아가는 것은 며칠 만에 나타나는 것이 아니라 좀 더 느리게 이뤄지는 과정이다. 십대가 또래들과 더 많이 어울리고 특별활동에 참여하기 시작함에 따라 매주 치료를 받으러 올 시간이 없다는 것은 확실히 성공의 신호다! 그러므로 급성치료 기간 동안 달성한 목표를 유지하고 지속해 나가기 위해서 치료 회기의 빈도는 격주 단위로 줄여 나가고 호전될수록 월 단위로 줄여 나간다. 약물치료는 환자가 처음 반응을 보였던 양과 동일한 투여량을 유지한다.

4) 새로운 치료계약의 필요성

급성치료 단계는 강도가 세고 사람을 지치게 할 수 있다. 어느 정도 증상이 줄어들면 치료를 중단하고 싶어 하는 환자들이 생기는 것은 드문 일이 아니다. 치료자는 우울증의 재발하는 속성과 완전한 관해 달성의 중요성에 대한 교육으로 다음 단계의 치료계획을 세운다. 치료자가 지금까지의 치료적 성과를 축소할 필요는 없으며 오히려 이 과정을 인정하고 축하해야 한다. 그런 후에는 가족, 환자와 함께 가능한 추가적인 목표, 강화치료 단계 지속의 장단점에 대해 논의한다. 환자와 치료자는 성공을 인정하고 도움이 되었던 기술과 전략들을 확인하고, 남아 있는 우울증 증상들과 완전히 회복되지 않거나 재발하게 만들 수 있는 또 다른 문제들(예: 동반이환, 가족 갈등, 생활방식 주제들)을 목표로 삼아야 한다. 마지막으로 환자의 장기목표에 맞는 활동성과 에너지가 어느 정도나 되는지 알아보기 위해 치료에 대해 다시 논의해야 한다. 다음 대화에서는 치료의 강화단계에서 재계약을 위한 접근법을 볼 수 있다.

치료자: 우리가 3개월 정도 함께 작업을 해 왔는데, 스스로 생각할 때 우울증과 자살생각이 어느 정도인 것 같아?

십대: 훨씬 좋아졌어요! 제 생각에 이제는 치료를 그만해도 될 거 같아요. 사실 이건 정말 시간도 많이 걸리고요. 전 돌아가서 하고 싶은 일도 많거든요.

치료자: 그래. 너는 정말 열심히 해 왔고 아주 많은 진전이 있었어. 치료보다 더 하고 싶은 일이 있다는 건 정말 멋진 일이야.

십대: 저는 합창단으로 돌아갈 준비가 다 되었어요. 학교 공연에도 참여할 거고요. 둘 다 시간이 많이 걸리는 일이에요.

치료자: 그 활동들을 즐기는 것 같구나. 아마 이런 일들은 치료보다도 더 치료적일 거야.

십대: 네, 제 생각도 그래요.

치료자: 너도 알다시피 우리가 그동안 흑백사고에 대해서 얘기했었잖아. 이런 경우 너는 일주일에 한두 번 정도 치료를 하거나, 아예 치료를 하지 않는 것을 생각할 수 있어. 이 둘 사이에 어떤 가능성이 있을까?

십대: 예를 들면요?

치료자: 우리가 조금 덜 자주 만나서 지금 상담하고 있는 것들이 계속 도움이 되는지, 피곤함을 느끼거나 잠을 잘 못 자는 것 같은 문제가 있는지 확인하는 것?

십대: 그냥 저절로 좋아지진 않나요?

치료자: 반드시 그런 건 아니야. 내 생각에는 그렇게 어렵지는 않을 거 같고, 네가 적극적으로 따라가 주면 건강을 회복하고 유지하는 데 도움이 될 거 같아.

십대: 제가 합창단과 공연장에 갈 수 있도록 일정을 맞춰 줄 수 있으세요?

치료자: 그 일이 너에게 아주 중요하니까 일정을 맞출 수 있는지 확인해 보자. 치료를 시작할 때 네가 다시 이런 활동들을 즐길 수 있도록 도우려고 했던 것을 기억하지? 그러니 네가 그 활동들을 못 하게 되는 건 말이 안 되겠지?

이런 대화에서 치료자는 목표의 변화와 앞으로는 이전보다 덜 자주 만나게 될 것이라고 설명해 줄 수 있다. 특히 치료자는 치료의 목표는 환자가 정상 궤도에 돌아갈 수 있도록 하는 것이고, 그렇게 할 때 환자에게 의미 있는 다른 것들을 방해하지 않을 것임을 강조해 준다.

5) 기술 목록 작성

강화단계를 시작할 때는 환자와 가족들과 함께 치료목표를 재계약하는 것이 중요하다. 이 과정을 시작하는 한 가지 방법은 환자가 지금까지 습득해 온 기술과 대처전략들의 목록을 작성하는 것이다. 치료자와 십대는 기분이 가라앉고 자살경향성이 높아지게 하는 문제들과 환자가 효과적으로 사용할 수 있었던 기술들을 검토할 수 있다. 치료자는 환자가 치료에서 배우고 사용할 수 있었던 기술들을 검토해야 한다. 미래에 비슷한 상황에서 이런 기술들이 도움이 될지 확인해야 하고 다루기 힘들거나 도움이 되지 않는다고 느끼거나 다른 맥락이나 형태로 적용해야 할 기술이 있는지에 대해서도 검토해야 한다.

환자가 효과적으로 기술을 사용하기 어려운 상황에 대해서 확인했다면 치료자는 환자와 함께 연쇄분석을 하면서 이 기술들을 정확하게 적용하지 않았기 때문에 어려움을 겪은 것인지를 알아본다. 이를 통해 다른 요인들(예: 추가적인 취약성)이 관련되어 있는지 혹은 좀 더 적합한 다른 기술이 필요한 것인지를 알 수 있다. 또한 치료자와 환자는 비슷한 상황의 역할극을 해 보면서 바로 환자의 기술 사용이 적합하고 효과적인지를 시험해 볼 수 있다. 다음의 예시는 기분 문제가 생겼을 때 기술을 적용해 보는 연쇄분석의 한 부분이다.

치료자: 네가 최근에 기분이 아주 가라앉고 짜증이 났던 때를 얘기했었지. 그렇게 된 사건에 대해서 좀 더 자세히 얘기해줄 수 있을까?

십대: 저는 식당에서 2교대로 일하고 있어서 정말 힘들었거든요. 그런데 사장님은 제가 일하는 게 너무 느리고 사장님에게 화를 냈다고 오

히려 저를 비난하기 시작했어요. 사장님은 제가 교대 근무를 그만둬야 하지만, 그래도 제가 이 일을 계속할 수 있을지 좀 더 생각해 본다고 하셨어요. 저는 집에 갔고, 제 자신이 정말 별로라고 느꼈어요. 그 상황에서 저를 잘 통제했더라면 좋았을 거예요.

치료자: 그 일이 일어났을 때 너는 그 상황에 어떻게 대처하려고 했었니?

십대: 전 머릿속으로 이완연습을 하면서 '이걸 잘 다룰 수 있을 거야.'라고 말했어요. 하지만 너무 피곤했고 그래서 자제력을 잃었어요.

치료자: 그러니까 너는 피곤했고 또 2교대로 일하기 때문에 짜증이 났다고 생각하는구나.

십대: 맞아요.

치료자: 그리고 너는 지금 사장님이 너에 대해 나쁘게 생각할까 봐 걱정이 되는 거니?

십대: 사장님이 그렇게 얘기했어요.

치료자: 사장님이 너에게 2교대로 일하라고 했을 때 너에 대해서 안 좋게 생각했을까?

십대: 아니요. 사실 지금까지 저희는 잘 지내왔어요.

치료자: 거기서 일한 지 얼마나 됐는데?

십대: 2년이요.

치료자: 그렇다면 다른 근무자가 볼 때, 너는 형편없는 종업원이니?

십대: 사장님이 지나치게 일반화하시는 거 같아요.

치료자: 그렇다면 여기에는 두 가지 문제가 있는 것 같구나. 어떻게 하면 사장님의 왜곡된 생각에 휘둘리지 않을 수 있는지, 그리고 네가 이 상황을 어떻게 대처할 수 있었을지에 대한 것 말이야.

십대: 제 생각엔 두 번째 문제가 더 맞는 거 같아요.

치료자: 좋아. 이 문제는 네가 이완연습을 적절히 하지 않았기 때문이 아닌 것 같아. 내 생각에는 네가 감당할 수 없는 상황에 동의한 것이

문제였던 것 같아.

십대: 너무 어려울 거라는 걸 알았어야 했어요.

치료자: 그 당시에도 그렇게 생각했었니?

십대: 네.

치료자: 그런데 왜 아무 말도 못했어?

십대: 협조적이지 않은 사람으로 보이고 싶지 않았어요.

치료자: 내가 무슨 생각을 하는지 알겠니? 아마도 여기서는 너에게 다른 기술이 필요했던 것 같아.

십대: 자기표현이요?

치료자: 맞아! 만약 네가 전체 교대는 할 수 없다고 사장님께 말씀드렸더라면 이런 일은 일어나지 않았을 거야. 문제 해결! 바로 이게 문제였어. 너는 단기계약 직원이잖아. 아마도 네가 감당할 수 없었던 2교대 말고 다른 해결책이 있었을 거야.

이 사례는 이 환자에게 문제해결과 관점 수용 능력을 갖추기 위한 추가적인 회기가 필요했다는 것을 보여 준다. 추가 회기에서 기술의 기초를 검토하고, 그것을 연습하는 실험을 해 볼 수 있다. 이 사례에서 환자는 문제해결 방법을 사용할 기회를 관찰하는 것으로 시작할 수 있다. 치료자와 환자는 해당 기술을 사용할 상황을 확인하고, 그런 상황에서 그 기술을 적용해 볼 수 있다. 우리 클리닉에서는 많은 청소년들이 동시에 강화단계에 있는 경우, 이 회기들을 집단 형태로 제공한다. 집단치료에서 환자들은 다른 친구들이 더 나아지기 위해 노력하는 모습을 보고 배울 수 있는 기회를 갖게 된다. 또한 역할연습은 집단이나 개인 형태 모두에서 십대들이 우울증과 자살경향성으로부터의 회복을 지속시키는 데 필요한 기술을 연습하는 유용한 방법이다.

6) 미래의 도전에 대해 예측하기

치료자는 환자가 미래에 있을 스트레스나 재발을 불러일으키는 상황들(예: 전학, 대학 진학)을 확인하도록 도울 수 있다. 십대에게 스트레스가 될 만한 이런 사건들의 구체적인 측면들을 확인하고 이런 어려움에 대처할 수 있는 방법들을 찾는 것이 도움이 된다. 여기에는 환자가 이미 친숙한 기술을 적용하거나 새로운 기술을 사용하는 것이 포함된다. 어떤 경우이든 치료자와 환자는 미래에 발생할 수 있는 스트레스 요인들에 대처하는 전략의 효과성을 시험해 볼 수 있는 실험을 해보아야 한다. 환자와 치료자는 이런 각본들을 가지고 역할연습을 해 볼 수 있다. 다음의 사례 예시에서는 후기 청소년기의 환자가 흔하게 직면하는 도전을 보여 준다.

사례

로라는 살고 있는 도시를 떠나 대학에 진학할 계획을 갖고 있는 17세 고등학생이다. 그녀는 자살시도, 사회불안 그리고 우울의 병력을 갖고 있다. 그녀의 자살시도는 또래와의 대인관계 갈등에 의해 촉발되었고, 알코올 중독과 수면 부족 때문에 더 심해졌다. 로라와 치료자는 앞으로 어려움을 촉발할 가능성이 있는 상황들을 살펴보았다. 알코올 사용, 수면 부족, 룸메이트와의 갈등 등이 있었다. 그들은 앞의 두 가지를 피하고 유혹을 받는 상황에서 대처할 수 있는 방법에 대해 의논했다. 룸메이트와의 문제에 관해서는 사이좋게 지낼 만한 사람을 먼저 찾아보도록 격려해 주었다. 대학의 소셜 네트워킹 사이트에서 그녀는 캠프에 함께 참가했었던 친구를 찾아냈고 그들과 연락해서 함께 방을 쓰는 것에 대해 이야기하고 결정했다. 치료자와 환자는 또한 룸메이트와의 갈등에 대한 흔한 사례들을 역할극으로 해 보았고 그 문제들을 다루는 주도적이고 적극적인 방법들에 대해 의논하였다.

7) 잔여 증상과 문제 목표로 하기

때때로 환자들은 좋아지기도 하지만 몇몇 증상은 완전히 나아지지 않고 지속되기도 한다. 아형증후군(subsyndromal) 증상이 있는 사람들의 경우 종종 여전히 손상된 상태일 뿐만 아니라 우울 증상이 완전히 완화된 환자군에 비해 재발 위험성이 훨씬 높기 때문에 관해는 아주 중요하다. 가장 일반적인 잔여 증상들로는 피로, 수면 문제, 무쾌감증 등이 있다.

치료자는 연쇄분석을 통해 잔여 증상을 지속시키거나 반대로 증상을 완화시킬 수 있는 요인을 구별해 낼 수 있다. 때때로 잔여 증상들은 우울증이 충분히 치료되지 않았다는 것을 보여 주기도 하는데, 치료의 한 부분으로 항우울제의 용량을 증가시키거나 대체 약물을 증가시키거나 다른 항우울제로 바꾸기도 한다.

(1) 피로

심한 우울 증상에서 회복된 환자들이 피로에 대해 지속적으로 호소하는 것은 흔히 있는 일이다. 치료자는 피로가 지속적으로 있어 왔는지 새로운 증상인지를 확인해야 한다. 새로운 증상이라면 의학적인 문제들, 예를 들어 빈혈, 수면습관과 질의 변화나 약물 문제와 관련된 것일 수 있다. 환자는 항우울제를 일정 기간 복용하고 나면 피로를 느끼지 않을 것이지만, 최근에 복용량의 변화가 있었다면 이 약물이 피로의 원인일 수 있다. 치료자는 또한 피로가 기분전환 약물(recreational drug) 사용에 의한 것이 아님을 확인해야 한다. 피로가 우울증 증상으로 지속되고 있다면 십대가 현재 복용 중인 약의 증량은 완전 관해를 위해 타당하다고 볼 수 있다. 또 다른 방법으로는 부프로피온을 늘리는 것인데 이것은 매우 활성화를 시키는 항우울제다. 만약 피로가 수면 부족에 의한 것이라면 이 문제는 다음에서 다루어진다.

(2) 수면 부족

수면 문제의 적절한 관리는 매우 중요한데 이것은 치료 저항성과 중요하게 연관되어 있고 원인이 될 수 있기 때문이다. 수면의 주관적 · 객관적 측정이 항상 일치하는 것은 아니기 때문에 우울한 청소년의 수면 문제를 진단하기가 쉽지 않을 수 있다. 여전히 수면 문제는 우울증의 가장 흔한 잔여 증상이고 부주의, 충동성, 우울 증상 재발, 자살경향성과 관련되어 있다.

치료자는 먼저 환자가 다음 날의 시간조정 및 기능에 미치는 영향과 관련하여 수면 문제에 대해 자세히 설명하도록 도와야 한다. 예를 들어, 환자가 밤에 잠을 못 자고도 다음 날 피로하지 않다면 경조증 증상을 평가해 봐야 한다. 환자가 잠드는 데 어려움이 있다면 CBT로 확인할 수 있는 잔여 불안이나 반추 증상을 가지고 있을 수도 있다. 치료자는 십대의 잠자리 습관이 긴장을 풀고 잠드는 것을 어렵게 하는지 알아봐야 한다. 또한 우울삽화에 선행하는 수면장애가 실제로 있는지의 여부를 확인해야 하는데 이는 일차성 불면증, 수면 무호흡증, 하지불안 증후군, 기면증 같은 것들이다. 일차성 불면증(primary insomnia)은 잠이 드는 것이 어렵거나 수면 상태를 유지하는 데 어려움이 있는 것으로 이는 정신의학적 삽화에 앞서 나타난다. 수면 무호흡증(sleep apnea)은 비만인 환자들에게 흔하지만 체격이 보통인 환자들에게서도 나타날 수 있다. 무호흡증은 종종 코골이와 함께 나타난다. 하지불안 증후군(restless-legs syndrome)은 수면 중 다리를 움직임으로써 수면을 방해하여 잠에서 깨거나 비효율적인 수면의 원인이 되기도 한다. 기면증(narcolepsy)은 갑작스러운 주간 졸림 증상으로 정의된다.

약물 또한 수면 문제들을 유발할 수 있다. SSRI는 수면 교란과 생생한 꿈을 야기할 수 있는데 그 자체가 수면을 방해할 수 있다. 항정신병 약물과 드물게는 SSRI가 수면을 방해할 수 있는 좌불안석을 유발할 수도 있다. 부프로피온과 흥분제 또한 언제 복용했는지에 따라 불면증에 영향을 줄 수 있다. 환자의 낮 시간 일상을 살펴보는 것도 중요하다. 충분히 운동을 하였는가? 그렇지 않다면 규칙적인 운동이 도움이 될 것이다. 낮잠을 자는가? 그렇다면 낮잠이 밤에 푹 자는 것을 더욱 어렵게 만든다. 환자가 특히 오후나 밤에 카페인을 섭취하는가? 환자가 코카인이나 흥분제를 남용하는가? 또는 저녁에 술을 마시는가? 술이나 약물에 취해서 잠자리에 드는 환자들은 빨리 잠들겠지만 이른 아침에 깨거나 그 밖의 수면 패턴 방해를 겪게 된다.

수면을 도와주는 습관(sleep hygiene)과 CBT 기법이 수면 문제에 효과적이지 않다면 약물치료의 변화를 고려한다. 먼저 약물이 수면장애와 관련이 있다면 복용량을 줄여 도움이 되는지 확인하고, 도움이 되지 않는다면 약물을 바꾸는 것을 고려한다. 만약 주로 잠들기 어려운 것이 문제라면 첫 단계로 디펜히드라민(베나드릴, 25~50mg) 사용을 추천한다. 이 약에 반응하지 않는다면 멜라토닌(3~9mg)을 사용한다. 이 두 가지 약물 모두에 반응이 없는 소녀들의 경우에는 트라조돈(25~100mg) 사용을 고려한다. 그러나 트라조돈의 세로토닌 성분 때문에 환자들을 면밀히 관찰해야 한다. SSRI와 트라조돈이 결합한 세로토닌 효과로 임상적 악화와 부작용이 나타날 수도 있기 때문이다. 이 약물은 소년들에게는 사용하지 않는데 드물긴 하지만 매우 심각한 합병증인 지속발기증(장기적이고 고통스러운 발기)이 나타날 수 있기 때문이다.

만약 심리사회적 관리와 약물처치가 환자의 수면 문제 치료에 성공적이지 않다면 평가를 위해 수면클리닉에 의뢰하는 것을 권한다. 수면클리닉 검사는 병력을 자세히 확인하는 것에서부터 하룻밤 수면을 조사하는 것까지 진행될 수 있다.

(3) 과민성

때때로 우울한 십대는 증상과 기능적인 면에서는 개선되지만 과민성(irritability)은 계속되기도 한다. 다른 잔여 증상과 마찬가지로 연쇄분석이 과민성의 근원을 이해하는 데 유용하다. 때때로 과민성은 수면박탈에 뒤따라 나타나기도 하므로 이런 경우에는 핵심 문제를 다루는 것이 더 낫다. 과민성은 주로 특정한 대인관계에서 나타나며 이 경우 사회적 의사소통 기술, 문제해결을 검토하거나 (만일 가족과 관련되었다면) 가족 회기 실시를 검토해야 한다. 하지만 가끔 십대는 어떤 눈에 띄는 원인 없이 그냥 짜증을 낸다. 연쇄분석은 이런 과민성과 관련된 생각, 감정, 행동의 패턴을 보여줄 것이다. 그러면 심리치료에서 십대의 정서조절 및 스트레스 감내와 민감성을 야기하는 침투적인 인지 왜곡을 다룰 수 있다.

치료자: 정말 잘 해내고 있는 것 같아.

십대: 대부분은요. 그런데 여전히 너무 짜증나요. 아무래도 전 괴팍한 사람 같아요.

치료자: 그것 때문에 생기는 문제가 있어?

십대: 네. 학교에서 선생님들께 말대꾸하는 것 때문에 문제가 되고 있어요.

치료자: 그럼 그걸 바꾸고 싶니?

십대: 글쎄요, 만약에 멍청한 선생님을 해고하고 더 멋진 선생님을 고용한다면 이런 문제가 없을 걸요.

치료자: 선생님들을 해고하기는 어려울 테니까 다른 대안은 없을까?

십대: 음… 아마도 그렇게 열 받지 않는 것?

치료자: 뭐가 널 그렇게 만드는지 예를 들어 줄 수 있을까?

십대: 네. 수학 시간에 프레드릭슨 선생님이 타원에 대해서 계속 말하고 있었어요. 뭐, 알게 뭐예요? 어쨌든 선생님이 저를 불러서, 제가 집중하지 않고 있었기 때문에, 저에게 집중하라고 했어요.

치료자: 선생님이 어떻게 말씀하셨어?

십대: "이게 가장 재미있는 자료는 아니란 걸 알지만 네가 집중하려고 노력하면 도움이 될 거야."라고 말씀하셨어요.

치료자: 그래서 너는 어떻게 했니?

십대: 저는 선생님한테 절 괴롭히는 게 짜증난다고 말했고, 책을 바닥에 확 던져 버린 뒤에 교실에서 나왔어요.

치료자: 선생님이 너를 괴롭힌다고 생각하니?

십대: 물론이죠. 모든 사람이 저를 괴롭혀요.

이 연쇄분석은 이 환자의 어려움의 원인이 중립적인 상호작용을 적대적인 것으로 해석하고 반응하는 경향성이라는 것을 보여 준다. 이 환자의 핵심신념은 '사람들은 믿을 수 없다.' 였고 가정은 '내가 끊임없이 나를 지키지 않으면, 사람들은 나를 이용할 것이다.' 이며, 자동적 사고는 '모두가 나를 괴롭힌다.' 였다.

이런 것들은 쉽게 도전하거나 변할 수 있는 신념이 아니다. 치료자와 환자는 환자의 상호작용 방식에 영향을 주고 그 결과 과민성을 일으키는 신념들에 초점을 둔 두 번째의 12주 치료 과정을 계약했다.

(4) 무쾌감증

때때로 환자는 더 이상 우울 증상을 경험하지는 않지만 행복감을 느끼지도 않는다고 한다. 환자가 정말로 회복되었음을 확인하기 위해서 행복이나 기쁨을 느끼는지 물어본다. 아니라고 하면 긍정적인 감정을 느끼는 데 방해가 되는 것들을 탐색하기 위해 CBT를 사용할 수 있다. 우울증이 부분 관해된 환자(partially remitted)들은 다른 많은 증상들이 관해돼도 무쾌감증은 종종 지속된다. 어떤 상황에서 환자의 기분 상승을 가져오는 활동들이 있을 수 있으니 기쁨과 즐거움을 이끌어 내는 활동들이 무엇인지 알아보는 것은 중요하다. 활동 계획을 검토하고 각 활동과 관련하여 즐거움과 숙달 정도를 점수로 매겨 보는 것 또한 도움이 될 수 있다. 또는 치료자는 즐거움과 숙달을 달성하는 데 적절한 활동이 있는지 알아보기 위해 일주일 동안 환자가 무엇을 하는지 알아본다.

또한 CBT 기법을 사용하여 환자가 기쁨을 느끼는 데 방해가 될 만한 것들을 확인해 본다. '재미있었던' 활동에 대해 연쇄분석을 실행하여 그 활동에 방해가 되는 것을 이해하기 위해 관련된 생각과 느낌, 행동들을 도표로 그려 볼 수 있다. 다음 예시는 이런 접근을 보여 준다.

치료자: 밴드에 다시 참여하기 시작했다고 했지. 잘 되고 있니?

십대: 그냥 그래요.

치료자: 무슨 의미지?

십대: 전 그냥 시늉만 하고 있는 것 같아요.

치료자: 예전과 다르니?

십대: 전 수석 트럼펫 연주자라는 것이 좋았는데, 제가 입원한 후 밴드 지휘자가 그 자리에 다른 사람을 앉혔어요.

치료자: 저런!

십대: 기분이 엉망이에요.

치료자: 전에 네가 좋아했던 건 무엇일까?

십대: 트럼펫 부문을 이끄는 나를 바라보는 사람들, 음악을 잘 아는 것, 좋은 소리를 내는 것과 다른 사람들이 정확한 음높이나 음조를 내도록 돕는 것 그리고 훌륭한 소리를 내는 집단의 한 부분이 되는 것이요.

치료자: 네가 지금은 리더가 아니라는 것은 이해하지만 다른 것들은 어때? 네가 여전히 그것을 즐길 수는 없는 걸까?

십대: 제가 수석 자리가 아니라는 것에 짜증나지 않는다면 그럴 수 있어요.

치료자: 다시 수석 연주자가 되도록 노력해 볼 수 있지 않을까?

십대: 밴드 리더가 기회를 줄 수도 있어요.

치료자: 좋아. 그러면 생각해 볼 수도 있겠네. 그런데 만약 네가 다시 수석 자리를 얻지 못한다 하더라도 너는 정말로 음악을 좋아했고, 네가 수석 연주자든 아니든 상관없이 여전히 즐길 수 있는 것들이 많은 것 같은데….

십대: 그렇게 느껴지지가 않아요.

치료자: 그렇구나. 나는 수석 자리와 다른 것들을 분리할 수 있지 않을까 생각했어. 공정하지 않은 일일 수는 있지만, 그래서 지금 하고 있는 것을 즐길 수 없다는 말인가?

8) 불완전 관해와 관련된 기타 임상적 요인들

우울한 십대들과의 작업에서 우리는 우울증 환자들의 불완전한 관해(lack of complete remission)에 기여하는 몇몇 추가적인 과제들을 확인했다. 여기에는 동반된 정신과적 · 의학적 문제와 기타 심리사회적 상황들이 포함된다. 종종 환자가 우울하고 자살위험이 있을 때 이런 다른 문제들은 급성 우울삽화 때문에 작게 보일 수 있다. 하지만 우울증이 물러나면서 이런 기능적이고 증상적인 문제들의 근원들이 드러나게 된다.

(1) 정신과적 동반이환

• 동반 I축 질환

동반 I축 상태의 활성화된 증상은 때때로 우울증의 완화를 방해할 수 있다. 제1장에서 논의했듯이 초기 검사는 I축 질병이 시작된 연대기를 구성하는 것뿐만 아니라 모든 주요 정신질환 상태를 철저히 검사해야 한다. 증상이 발생한 순서는 시간의 흐름에 따른 정신병리의 발달을 알려 주고 이는 치료접근법에 대한 정보를 알아내는 데 도움이 된다. 예를 들어, 12세에 우울증이 시작되어 나중에 13세에 마리화나를 피기 시작한 십대에게는 우울증에 초점을 둔 치료법이 더 효과적이다. 반대로 우울증이 시작되기에 앞서 몇 년 동안 어떤 물질을 남용한 십대에게는 특정한 물질남용 치료 프로그램이 더 도움이 된다. 이 두 경우에서 만약 물질남용이 현저하고 악화되었다면 우울증에 수반되는 약물남용에 대한 치료 없이는 우울증에서 완전히 회복될 수 없을 것이다.

청소년기의 우울증에 가장 흔하게 동반되는 I축 장애는 불안, ADHD, 물질사용장애다. 자살위험이 있는 십대의 우울증에 대한 급성치료는 자살경향성과 급성 우울 증상에 초점을 두도록 권고한다. 동반 I축 상태는 자살경향성이 있는 십대의 급성치료 계획에 통합될 수 있으며 이 계획은 십대의 자살위험에 영향을 미치는 동반질환까지 포함한다. 그러나 만약 안전함이 보장되고 급성 우울 증상이 목표였다면 이런 일반적인 동반질환 상태를 치료하는 데 효과적인 특수화된 CBT 형태를 적용하도록 십대를 의뢰할 수도 있다. 알코올과 물질 사용에 대해서는 이중-진단 프로그램에 의뢰하는 반면, 불안장애의 치료는 인지 재구성, 노출과 항우울제 복용 증량이나 다른 항불안제 증량을 병합한 심리사회적 치료가 요구된다. 비슷하게 ADHD가 동반된 환자들은 ADHD가 정확하게 진단되어 중추신경자극흥분제나 다른 약물로 치료될 때까지는 이 장애와 관련된 학교/또래문제와 충동적인 의사결정으로 인해 완전 관해나 유지(stay well)가 어려울 수도 있다.

다음은 우울증과 자살경향성으로부터 완전한 회복(recovery)을 방해하는 불안장애를 가진 환자에 대한 사례다.

사례

예술 고등학교 1학년인 14세 잭은 심각한 자살시도 때문에 입원했다. 그는 우울증과 사회불안으로 진단받았고, CBT와 플록세틴으로 치료받아 많이 나아졌지만 계속해서 수면장애와 무쾌감증을 나타내고 있다. 자살사고는 상당히 감소하긴 했지만 여전히 매우 자살하고 싶어 했던 삽화들이 있었다. 그러나 놀랍게도 상담실에서의 잭은 매우 잘 행동하고 있는 것 같았다. 가장 최근에 자살하고 싶었던 삽화에 대한 연쇄분석을 통해 그것이 학교에서 발생했었다는 것을 알 수 있었다. 잭은 공공장소에서 공연해야 했을 때 공연의 압박을 받는 것보다는 차라리 죽고 싶다는 우울증을 경험했다. 하지만 상담실에서는 불안을 자극하는 상황에 있지 않았기 때문에 좋아 보였다. 그의 수면장애는 학교에서 사회적 성공 결핍에 대해 계속해서 반추하는 것과 관련이 있었고, 무쾌감증은 과거에는 그런 극단적 불안을 촉발하지 않고 잘했던 사회적 활동의 참여 부족 때문이었다. 따라서 치료는 불안-관련 인지, 점진적 노출, 플록세틴 복용량 증가에 초점을 둔 치료로 바뀌었다. 수면과 관련하여 반추에 대항하는 이완과 심상법을 개발하여 잠을 더 잘 이룰 수 있게 되었다. 또한 점진적 노출의 결과로 점차적으로 그에게 의미 있는 다양한 활동에 참여할 수 있게 되었다.

• 외상

외상의 과거력은 우울한 청소년들에게 흔히 있는 일이며, 어떤 십대들은 PTSD의 기준에 맞기도 한다. 게다가 학대 이력은 우울증 심리치료에 대한 반응이 적은 것과 연관이 있으므로 외상 스트레스 문제에 대처하는 치료가 필요하다. 가끔 십대와 가족은 치료에 있어 과거 외상을 우선해야 하는 긴급함을 느끼고, 경우에 따라 치료자 또한 이런 필요를 느낀다. 그러나 만약 PTSD가 가장 현저하게 손상시키는 증상의 원인이 아니라면, 학대가 지금 진행되지 않는다고 가정하고 치료자는 먼저 현재의 문제행동과 우울 증상을 안정시켜야 한다. 때로는 신뢰가 형성되기 전까지는 외상 문제가 전면으로 나오지 않는다. 말하자면 치료자와 십대가 급성치료 동안에 십대의 현재 문제와 과거 외상 사이의 연결고리를 찾아내는 것은 매우 유용하다. 예를 들어, "네가 어렸을 때 부모님의 가정 폭력에 노출되었던 것을 생각하면 남자친구에게 화가 날 때 자신의 감정을 다루는 데 어려움이 있다는 것이 이해가 된다." 등이다.

일단 십대에게 안전함과 정서적 안정이 생겨나고 유지되고 있다면, 치료자와 십대는 과거의 외상을 다시 언급하고 그것이 현재의 기분과 기능에 얼마나 영향을 미치고 목표 달성을 지연시켰는지에 대해 이야기할 수도 있다. 만약 치료자와 십대가 그 외상이 계속해서 가장 중요한 임상적 문제가 될 거라는 점에서 의견이 일치한다면, 전문적인 외상 초점 치료기술을 가진 치료자에게 의뢰하는 것이 좋다.

(2) 의학적 동반이환

우리는 우울증 진단(제1장)과 치료-저항성 우울증 평가(제8장)에서 의학적 동반이환의 역할을 논의했다. 여기서는 치료 과정에서 나타나 완전한 회복을 방해할 수 있는 의학적 문제를 간략하게 살펴보고자 한다. 치료자는 약물치료에 어떠한 변화가 있는지 검토해야 한다. 특히 경구 피임약, 스테로이드제, 항경련제 같이 정신과적 부작용의 가능성이 있는 새로운 처방전을 확인해야 한다. 우울한 청소년은 체중 증가에 취약한데 체중의 극적인 증가는 항우울제 복용량이 적절하지 않으며 결국 잔여 증상이 있다는 의미일 수 있다. 환자가 만성 피로를 경험할 때 치료자는 환자가 1차 진료 의사에게 가도록 해야 한다. 1차 진료 의사는 빈혈, 단핵증, 영양 결핍, 갑상선 기능 저하증, 다른 만성적 질병 같은 피로의 의학적 원인을 평가할 수 있다.

(3) 심리사회적 환경

우울하고 자살위험이 있는 십대들을 진단하고 치료하는 과정에서 복합적인 심리사회적 환경이 환자들의 정신적 건강과 안녕에 깊은 영향을 끼칠 수 있다는 것을 알게 되었다. 이러한 문제들이 심각한 자살 사건과 직접적으로 연관되거나 그렇지 않다고 하더라도 몇몇 심리사회적 스트레스 요인들은 우울증의 발병과 유지에 관련되어 있고 치료 반응에 방해가 될 수 있다. 따라서 증상 완화를 촉진하고 재발을 방지하기 위해 강화치료 동안에 이런 점들이 논의되어야 한다. 우리는 아래에서 몇 가지 이런 상황들을 논의하고 개입을 위한 지침을 제시한다.

• 가족 갈등

부모와 자녀 사이의 갈등은 관해의 실패를 예측하는 가장 강력한 변수일 뿐 아니라 재발의 선행요인이다. 치료 초기에 가족 갈등을 즉시 다루기는 어려울 수 있다. 종종 감정적이고 걱정이 많은 부모와 손상된 자녀를 직면하게 만들기 때문이다. 정서조절의 어려움을 보이는 여러 명의 가족구성원들과 함께하는 가족 회기는 끔찍할 수 있다. 일단 급성 증상 문제들이 개선되면, 환자와 부모는 좀 더 건설적으로 함께 작업할 수 있을 것이다. 반면에 치료자는 미래의 우울증과 자살행동을 막을 수 있는 가족 요인들을 확인하고 증가시킬 수 있는데 여기에는 가족과 여가 시간 함께 보내기, 함께 식사하기, 부모의 적절한 감독, 부모의 지원과 따뜻함 향상시키기와 같은 것들이 있다.

• 학교 문제

우울한 청소년은 종종 집중력과 동기 부족, 출석일수 감소로 인해 학교에서 뒤처지게 된다. 따라서 우리는 십대 및 부모와 함께 그런 문제가 나타날 때 학교와 협력하여 작업한다. 우리의 역할은 학교와 가족 모두에게 교육, 지원, 격려를 제공하는 것이다. 우리는 십대와 가족이 그들의 목표를 성취하고 특정 요구를 충족하기 위해 학교 당국 및 직원과 작업하도록 권한다. 우리는 십대와 부모가 학업 문제의 원인(예: 수면 문제, 집중의 어려움, 기억장애)이 되는 특정 증상들에 대해 적절한 편의를 제공받도록 돕는다. 주에 따라 법이 다양하지만 공립학교는 학생의 현재 어려움에 대해 적절한 편의를 제공해 주어야 한다. 예를 들어, 집중력과 동기의 어려움 때문에 학교에서 뒤처졌던 우울한 십대는 '과제 제출 계획'을 학교와 협의하였다. 그녀는 결국 과제를 완성해야 했지만 추가 기간을 받을 수 있었다. 이렇게 해서 숙제를 해야 하는 상황은 압도적인 것이 아니라 성취 가능한 것이 되었다.

학교 상황에서 일어날 수 있고 종종 십대의 정신건강과 관련된 또 다른 문제가 괴롭힘이다. 학교는 현재 괴롭힘으로부터 학생들을 보호하는 정책을 갖고 있다. 치료자는 부모들에게 학교 관련 문제에 대해서는 학교 상담사를 통해 학교와 대화를 시작하는 것이 적절한 방법이라고 조언할 수 있다. 그다음 이러한 접촉을 통해 관여하고 개입하여 도움을 줄 관리자, 교사 및 다른 직원들의 지원을 이끌어낼 수 있다.

• 부모의 정신질환

이전 장에서 언급했듯이 우울한 십대들은 흔히 부모도 우울증이 있다. 정신질환의 이런 유전적 취약성 때문에 우울한 십대를 치료하는 치료자는 반드시 부모의 정신질환도 함께 확인해야 한다. 연구 논문들은 부모의 우울증이 자녀들의 CBT 반응을 방해한다는 것을 일관성 있게 보여 주고 있다. 그러므로 환자를 돕기 위한 방법으로 부모에게 부모 자신의 정서적 건강 여부를 묻는 절차가 있다. 부모의 비밀을 존중하는 것은 중요하다. 동시에 우울한 가족구성원이 있는 것이 얼마나 스트레스인지 인정하는 것도 중요하다. 또한 가족에게 유전되는 우울증 및 다른 정신질환 경향성에 대한 기본적인 심리교육을 제공하는 것도 중요하다. 부모들은 흔히 자신에게 정신과적 증상이 있다는 것을 확인하더라도 치료를 받는 것은 꺼린다. 그들은 자신의 한정된 시간과 자원을 자녀가 나아지도록 돕는 데 쓰고 싶다고 말할 수도 있다. 그러므로 부모 자신이 치료를 받는 것이 자녀 치료의 한 부분이라는 것을 이해하도록 돕는 것이 중요하다. 치료자가 유인물 자료와 치료받고자 하는 가족구성원을 의뢰할 수 있는 자원을 갖고 있으면 도움이 된다. 가능한 한 부모와 자녀를 위해 치료를 조정해 주면 부모에게 치료를 잘 받게 하는 데 도움이 될 것이다.

부모의 정신질환 문제는 치료 초기에 다루는 것이 이상적이지만 치료자가 좀 더 영향력을 가지려면 신뢰가 형성되고 환자가 어느 정도 개선되어야 한다. 이 시점에서 치료자가 우울한 부모에게 돌아가서, 다음 사례에서와 같이 따로 치료 문제를 의논할 수 있다.

치료자: 지금까지 어떤 거 같으세요?

부모: 꽤 좋아요. 제이슨은 짜증도 훨씬 덜 내고 학교에서도 더 잘 지내고 있어요. 이젠 예전 모습에 거의 가까워진 것 같아요.

치료자: 맞아요. 제이슨은 정말로 열심히 했고 잘했어요. 물론 여전히 조금 과민하고 에너지가 적고 동기가 낮지만 우린 잘 해낼 수 있을 거라고 생각합니다. 저희가 할 수 있는 부분도 있고 어머님께서 하실 수 있는 부분도 있을 거예요.

부모: 어떤 거요?

치료자: 어머님께서도 우울증 치료 중이시라고 이야기했던 것 기억하시죠? 만약 어머님께서 더 좋아지시면 제이슨도 완전히 회복될 가능성이 더 높아질 거예요. 어머님은 여전히 제이슨의 인생에서 큰 역할을 하시고 있기 때문에, 어머님의 기분이 좋지 않으면 제이슨의 회복에도 영향을 미치게 됩니다.

부모: 그러면 제가 무엇을 해야 할까요?

치료자: 만약 어머님께서 약간의 도움을 받으실 수 있다면 가족으로서 더 잘 해내실 거라 생각해요. 가능한 몇 가지 대안에 관해 이야기를 나누어도 괜찮을까요?

9) 정상 궤도로 돌아오기

청소년 우울증의 급성치료 단계에서 주요 초점은 증상 감소(symptom reduction)인 반면, 강화단계의 주요 목표는 대인관계와 학업 성취의 질을 평가하여 환자가 적절한 발달궤도로 돌아가는 것이다. 적절한 발달궤도로의 복귀가 향후의 삽화를 막아 주는 것도 사실이다. 실제적으로 급성치료 단계의 목표는 슬픔, 무가치감, 동기 부족을 줄이는 것인 반면, 우울증 환자를 위한 장기 목표는 즐거움과 기쁨, 성취감, 목표 달성을 경험하게 하는 것이다.

급성치료 단계 동안 환자는 의미 있고 기분을 유지시켜주는 활동들을 확인했을 것이다. 강화치료 단계 동안에는 환자가 이런 활동들을 늘려나가는 것을 확인하고 관찰하고 돕는 것이 중요하다. 자살행동의 재발을 방지하기 위해 기분과 정서조절을 향상시키는 것뿐만 아니라 환자가 살아야 하는 이유들을 늘리는 것도 중요하다. 따라서 치료자와 환자는 인생의 목표 목록을 작성하고 가장 접근 가능하고 현실적인 것들에 대해 이야기를 나눠야 한다. 이때 환자는 성공률을 극대화하기 위해 실행할 수 있는 기술과 대처전략들을 확인할 수 있다. 예를 들어, 뚜렷한 자살사고, 사회불안, 우울증 치료를 시작한 환자는 이러한 증상을 감소시키는 것에 초점을 맞춘 초기 치료가 필요할 것이다. 그러나 증상이 없다고 하여 건강(wellness)한 것은 아니다. 오래 지속된 사회불안 장애가 있는 환자는 관계를 발전시키고 유지하는 기술이 부족할 수 있지만 심한 불안이 감소될 때까지는 이러한 기술을 다룰 수 없다. 강화단계에서 치료자와 십대는 또래관계를 맺고 유익한 관계를 발전시키는 방법을 배우는 것에 초점을 맞출 수 있다. 이는 십대가 사회적 지지망을 만들고 유익한 사회적 활동에 참여하게 하여 우울증을 방지하고 살아야 하는 이유를 증가시킬 수 있다. 때때로 환자들은 대인관계 목표를 언급하기도 한다. 예를 들어, 우정을 좀 더 쌓거나 낭만적인 관계를 발달시키는 것들이다. 치료자는 이런 대인관계 영역에서 현실적이고 나이에 적합한 목표를 확인하도록 환자를 도울 수 있다.

궁극적으로 십대가 적절한 발달궤도로 돌아가도록 돕는 것은 어떤 특정한 기법이나 기술보다도 더 치료적이다. 다음 예시는 치료의 강화단계로의 이행을 보여 준다.

치료자: 우리가 처음 만났을 때, 너는 인생 목표 중 하나가 영화 만드는 방법을 배우는 것이라고 했지. 많이 좋아진 지금도 그것이 여전히 너에게 중요하니?

십대: 네.

치료자: 지금 이 시점에서 그것을 하는 데 방해가 되는 것이 무엇이 있을까?

십대: 저보다 경험이 더 많은 애들하고 비교해서 경쟁할 수 있을지 걱정이 돼요.

치료자: 그러면 더 많은 경험을 하는 것이 중요한 첫 단계라는 거니?

십대: 네. 하지만 자원봉사자 자리를 얻으려고 애쓰다가 '이게 무슨 소용이지? 난 아마 짐이 될 거야.' 라는 생각이 들기 시작했어요.

치료자: 그건 네가 자살하고 싶어지게 했었던 생각들 같은데 그렇지 않니?

십대: 비슷한 거 같은데 그래도 달라요.

치료자: 어떻게?

십대: 이건 제가 자살하고 싶게 만들지는 않고요, 그냥 제가 하고 싶은 것을 못하게 하고 있어요.

치료자: 하지만 네가 회복하고 싶었던 이유 중의 하나가 삶의 목표들을 추구하는 것이었잖아. 만약 네가 성취감을 느끼고 자신에 대해 좋은 느낌을 갖게 하는 걸 하고 있다면, 그건 건강하게 지내는 데 정말로 중요한 단계가 되는 거야.

십대: 맞아요.

치료자: 폭풍 한가운데 있을 때는 대피소로 달려갈 순 있어도 건물을 지을 수는 없겠지. 이제 폭풍이 지나갔으니 네가 자부심을 가지고 살아갈 수 있는 무언가를 만들기 시작할 수 있을 거야.

십대: 선생님이 무슨 말씀하시는지 알 것 같아요.

이 사례에서 보는 것처럼 치료자는 치료목표를 중요한 개인적 목표의 성취와 연결시키기 위해 환자와 그의 장점, 꿈, 미래의 목표를 알아야 할 필요가 있다. 예를 들어, 고등학교를 졸업하고 특정 대학에 들어가고 싶어 하는 환자의 경우, 이 목표가 실현 가능한지를 평가한 후 치료자는 우울증과 자살경향성의 어떤 측면이 목표 달성을 방해하는지 확인하도록 도울 수 있다. 목표에 초점을 두는 것은 환자의 회복 동기를 유발하는 데 도움이 되고 또한 자신이 단순히 증상의 집합체가 아니라 한 개인으로서 존중받고 있음을 확신하게 해 준다. 고등학교 졸업이나 대학 진학과 같은 중요한 삶의 목표 달성이 우울한 환자에게는 압도적으로 느껴질 수 있다. 치료자는 청소년이 이 목표를 보다 작고 감당할 수 있는 단계로 나누도록 도와줄 수 있다. 이러한 도움은 환자가 각 단계에서 성취감을 갖게 하고 좌절하거나 의기소침해질 가능성은 감소시킨다.

사례

베시는 또래와의 상호작용에서 몇 번의 스트레스를 겪은 후에 어머니의 항우울제를 먹고 매우 심각한 자살시도를 했던 15세 여학생이다. 그녀는 다시는 그렇게 하지 않겠다고 약속했고 따라서 심리치료는 필요 없을 거라고 생각했다. 우리의 초점은 대인관계 스트레스 요인이 어떻게 그녀의 자살시도를 촉발했는지 이해하는 것이었다. 그렇게 함으로써 우리는 이러한 스트레스 요인에 그녀가 노출되는 것을 줄이고 그에 대한 반응 강도를 낮추려고 했으며 의미 있다고 느끼는 활동 참여를 증가시키고자 하였다. 베시는 FBI 요원이 되는 것이 꿈이었으며 약물치료가 그 기회를 방해할까 봐 두려워서 원치 않았다고 하였다. 우리는 약물치료를 하지 않는 것에 합의했지만 이는 우리가 더 열심히 치료해야 할 것이라는 의미였다. 우리는 먼저 FBI 요원이 되기 위해 어떤 사회적·학문적 조건이 필요한지 알아보았다. 베시는 FBI 요원은 대인관계 스트레스에 자주 노출되기 때문에 사회적 스트레스에 대한 반응으로 자살을 시도한 것이 FBI 요원에게 문제가 될 수 있다는 것을 알게 되었다. 또한 우리는 FBI 요원이라는 은유를 사용하여 이렇게 치명적인 자살시도를 하게 한 것이 무엇이었는지를 탐색하였다. 베시의 인생목표 달성을 돕는 것에 좀 더 직접적으로 치료의 초점을 맞추고, 증상들과 있을 수 있는 결함에는 좀 덜 직접적으로 초점을 맞추었기 때문에 그녀는 치료에 참여할 수 있었다. 그렇게 함으로써 그녀는 자신의 목표 달성을 향한 중요한 발전을 이룰 수 있었다.

10) 살아야 하는 이유: 의미의 중요성

자살을 고려했던 환자들이 살아야 하는 이유를 명쾌하게 발견하고 일상생활에서 의미를 찾는 방법을 알아내는 것은 중요하다. 살아야 하는 이유들을 평가하고 이를 급성치료 단계 계획에 통합하는 것이 중요하기 때문에 급성치료 단계에 관한 장들에서 이를 다루었다. 하지만 일단 십대의 증상이 줄어들면 치료자는 다시 이 주제로 돌아가야 한다. 첫째, 무엇이 중요한가에 대한 환자의 관점은 기분이 나아짐에 따라 변할 수 있다. 둘째, 환자가 자살위험이 없을 때에도 계속해서 살아야 하는 이유를 만들고 검토하는 것이 중요하다. 그렇게 함으로써 이후에 또 다른 자살위기가 발생하더라도, 무망감과 자살경향성에 맞서기 위한 살아야 하는 이유들에 좀 더 쉽게 접촉할 수 있다.

자원봉사 같은 서비스 활동은 부분적인 회복을 경험했던 환자들에게 효과적이고 유용하며 필요한 사람이라고 느끼게 하는 좋은 방법이다. 또한 다음에서 더 자세히 논의하게 될 이런 활동들은 친사회적인 청소년과 긍정적인 역할모델이 되는 성인들을 만나는 적절한 장소가 될 수 있다. 친사회적인 청소년과 역할모델이 되는 성인들은 우울증, 자살행동이나 그 밖의 건강에 위협적인 행동들에 대한 중요한 보호요인이 될 수 있다. 우리는 환자들이 증상이 심할 때는 이런 활동들을 하라고 권하지 않는다. 심한 증상들이 자원봉사 활동에 의미 있게 참여하는 환자들의 능력을 방해하는 경향이 있기 때문이다. 예를 들어, 과민성, 정서불안정성, 낮은 동기는 환자가 성공적이지 않은 자원봉사 경험을 갖게 하고, 이는 나아졌다고 느낄 때 다시 이 활동으로 돌아가지 못하게 하고 그 결과 자신에 대해 더 안 좋은 감정을 갖게 할 수 있다.

11) 건강의 사회생태학

가족과 학교에 연결되어 있다고 느끼는 청소년들은 우울증을 훨씬 적게 경험하고, 자살이나 다른 건강을 위협하는 행동을 할 가능성이 훨씬 낮다. 동어반복이라고 일축할 수 있음에도 불구하고—즉, 문제가 있는 아이들은 그 문제로 인해 가족과 연결되지 않은 것이지, 그 반대는 아니다—사실 가족구성원들과 학교와의 연결은 많은 다른 위험요인을 가진 청소년에게도 보호 기능을 한다.

(1) 가족 구성원과의 유대

부모가 자녀의 학업 성취도에 대해 높은 기대를 갖고 자녀의 행동을 관찰하고 함께 식사를 하며 가족 활동에 참여하는 청소년들은 우울과 자살행동으로 괴로워할 가능성이 훨씬 낮다. 청소년이 몹시 우울할 때는 이런 변화를 시도하기에 좋은 시기가 아닐 수 있다. 하지만 환자가 과민함이 줄어들고 사회적 교류에 더 잘 참여할 수 있을 때는 함께 즐길 수 있는 활동들을 찾는 것이 가족들에게 도움이 된다.

사례

16세 로버트는 CBT로 우울증 치료를 받았다. 로버트 부모의 불평 중 하나는 "그가 우리에게 아무 말도 하지 않는다."는 것이었다. 그가 회복되기 시작했을 때 치료자는 가족들의 일상을 분석했고 로버트와 부모가 함께 저녁을 먹는 일이 거의 없다는 것을 알았다. 로버트는 4명의 자녀 중 막내였고 그의 부모는 예전에 자녀들과 모두 함께 살 때에는 가족의 저녁 식사에 높은 우선권을 두었다고 했다. 하지만 부모가 본인의 직장 생활에 더 많이 신경을 쓰게 되면서 로버트는 늘 혼자서 다 해야 했고 저녁도 혼자 먹게 되었다.

답

가족의 일상에 대해 치료자와 논의하면서 로버트의 부모는 모르는 사이에 많은 시간을 로버트 혼자 내버려 두고 있었다는 것을 깨달았다. 그 뒤에 그들은 함께 저녁을 먹기 위해 스케줄을 조정했다. 일상에서의 이런 변화는 자연스럽게 더 많은 대화를 나누게 하였다. 로버트는 이전에는 그의 부모를 '부모가 되는 것에 싫증난 사람'으로 생각했는데 이제는 자신이 부모에게 중요한 사람이라는 것을 느끼게 되었고 그의 부모 또한 로버트가 저녁 식탁에서 학교에서 있었던 일을 많이 나누고 싶어 한다는 것을 알게 되었다.

(2) 학교에서의 유대

학교는 우울하고 자살위험이 있는 많은 청소년들에게 스트레스의 근원이 될 수 있지만, 반대로 치료와 긍정적인 성장이 일어나는 장소가 될 수도 있다. 우리는 학습장애, 출석 문제, 따돌림, 다른 또래와의 문제 등을 다루는 것의 중요성에 대해 이미 논의했다. 이 문제들은 우울증과 자살생각을 일으키거나 악화시킬 수 있다. 그러나 학교는 스트레스의 근원 그 이상이다. 학교는 청소년들이 직업과 관련된 꿈을 추구할 수 있고 새로운 재능을 발달시킬 수 있으며 교사 및 또래들과의 유대를 만들 수 있고 의미 있고 성취감을 주는 활동들(예: 운동, 공연, 자원봉사 활동)에 참여할 수 있는 곳이다. 어떤 환자들에게는 학교와 다시 연결된다는 것은 이전 활동 수준을 회복하는 것일 수 있다. 또 다른 이들, 특히 만성적인 우울증이나 불안이 있는 사람들에게는 학교 활동에 참여하는 것이 새로운 경험이 될 수 있으며 이런 경험은 그들의 능력과 동기에 적절해야 한다.

사례

프리다는 우울증과 사회불안이 있는 14세 소녀로, 사회적으로 고립되고 학교생활에 참여하지 않았다. 그녀는 글쓰기를 잘했지만 오직 혼자서만 이런 활동을 해왔다. 그녀의 관심은 기사를 쓰고 출판업계에서 일하는 것이었다.

답

치료자는 프리다의 기술과 흥미를 잘 발휘할 수 있을 만한 활동들을 분석해 보았다. 그녀는 학교 신문과 연감에서 일을 하기 시작했다. 치료 과정에서 치료자는 프리다가 수준 이하의 작업 때문에 거절당할 수도 있을 거라는 걱정을 시험해 볼 수 있도록 '실험' 을 실시했다. 놀랍게도 신문 기고문은 높은 평가를 받았고 그녀는 편집자가 되었다. 학교에서 저널리즘을 가르치고 있던 교사는 학생

연감 책임자이기도 했는데, 프리다에게 3학년 동안 연감 편집자를 하는 것에 대해 고려해 보라고 권했다. 이 두 가지 활동은 프리다가 학교 및 다른 또래들과의 유대를 경험하게 하였고 사회적 자신감을 증가시켰으며 저널리즘과 출판에 대한 관심을 확고히 하는 데 도움이 되었다.

(3) 친사회적 활동과 또래

학교에서의 다양한 과외활동에 더해 청소년 집단과 자원봉사 활동에 참여하는 것 또한 십대들이 건강하고 유용한 사회 구성원으로 정체성을 형성하는 데 도움이 될 수 있다. 또한 이런 활동들에 참여하는 것은 십대가 친사회적인 또래 집단을 찾는 데 도움이 된다. 긍정적인 또래집단을 갖는 것은 미래에 다양한 위험요소에 직면하더라도 자살행동에 대한 보호가 될 수 있다. 반대로 반사회적 행동, 약물과 알코올 사용 그리고 우울증의 반추를 하는 또래집단의 일원이 되는 환자는 회복에 도움이 안 되는 건강하지 못한 활동에 계속해서 참여하는 경향이 있다. 또한 이런 활동들은 법적 문제 같은 스트레스 생활 사건들을 촉발하여 우울증과 자살경향성을 야기할 수 있다.

또래집단은 청소년기의 행복에 커다란 영향력을 갖고 있다. 우울증, 반사회적 행동, 물질남용을 하는 십대들은 종종 비슷한 성향의 또래들과 어울리는 것을 선택한다. 이는 물질남용, 친구들과 우울한 생각들을 공유하여 강화시키는 것, 법적 문제 같은 우울증을 유발하는 반사회적 행동을 부추기게 된다. 환자들이 또래집단을 바꾸도록 돕는 것은 쉽지 않다. 그러나 이것은 인생목표를 검토하고, 그런 다음 특정한 또래집단이 어떻게 이런 목표 성취를 가능하게 하거나 방해하는지를 주목하게 함으로써 달성할 수 있다. 또한 환자가 심한 우울증에 빠졌을 때 이런 친구들을 선택했었을 수도 있다. 회복 후에 치료자는 환자로 하여금 어떻게 그런 친구들을 선택하게 되었고 우울증의 증상들이 사라진 지금 그런 친구 집단을 보는 관점이 달라졌는지 생각해 보도록 하는 것이 도움이 된다.

사례

아담은 17세로 우울증, 폭음, 자해, 낮은 학업성취도를 보이고 있으며 우울증이나 주의집중 문제가 있는 또래 친구들과 집단을 이루고 있다. 아담은 CBT, 중추신경자극제, 항우울제를 포함한 치료를 받았다. 그는 인생 처음으로 학교에서 성공 경험을 할 수 있었고 대학 진학의 가능성을 생각하게 되었다. 치료 과정에서 아담은 폭음하고 자해하고 결석하게 된 사회적 맥락을 확인했다. 증상이 회복되면서 치료자는 아담에게 그의 현재 기능과 치료 초기의 기능을 비교하게 하였고 또래집단의 다른 아이들과도 비교하게 하였다. 아담은 인생에서 원하는 것이 무엇인지 현재의 또래집단에 참여하는 것이 그의 미래 목표를 방해하는지 아니면 촉진하는지에 대한 질문을 받고, 자신이 생각하기에 더 이상 현재의 또래집단이 잘 맞지 않는다는 것을 분명하게 확인할 수 있었다. 그는 여전히 예전 친구 몇 명과 연락을 했지만 음주와 반사회적 행동을 하는 집단 활동들은 피했다. 그는 방과 후에 일을 했고 일을 하면서 새로운 친구들을 만났다. 그는 성공적으로 고등학교를 졸업하여 계속해서 일을 했고 지역의 대학에 다니기 시작했다.

(4) 친밀한 관계

청소년 발달에서 가장 중요한 측면 중 하나가 친밀한 관계(intimate relationships)를 형성하고 유지하는 능력이다. 우울한 청소년은 종종 부부간의 불화와 부모-자녀의 불화가 있는 가족에서 나온다. 우울한 청소년에게 친밀한 관계의 역할모델은 학대, 폄하, 착취, 통제일 수 있다. 결과적으로 이 청소년들은 이와 같은 경험들로 요약될 수 있는 대인관계를 선택할 수도 있다. 부정적인 관계를 경험했던 환자들에게 무엇이 그런 관계에 그들을 끌어들였고, 만족스럽지 못한 관계를 끝내는 것을 어렵게 했는지 확인하는 것이 도움이 된다. 만약 환자가 현재 건강해 보이지 않는 관계에 연루되어 있다면 치료자는 그런 관계 속에 있는 것의 장단점에 대해 물어볼 수 있다. 또한 청소년 환자들에게 그들이 관계에서 기대하고 있는 것이 무엇인지 정신건강에 좋지 않을 관계라는 '위험 신호'는 무엇인지에 대해 생각해 보도록 할 수 있다.

사례

에드는 16세로, 아버지는 그가 매우 어렸을 때 가족을 떠난 이후 연락이 없었다. 어머니는 우울증과 알코올 중독과 싸우며 에드에게 기대어 살고 있었다. 에드는 자신이 정신건강에 심각한 문제를 갖고 있으며 그에게 의지하는 여자아이들과 자주 사귀게 된다는 것을 알았다. 그는 이런 관계에 지쳤지만 그들과 관계를 끊는 것에는 죄책감을 느꼈다.

답

에드의 우울증이 좋아지기 시작했을 때 예전 여자친구가 그에게 연락을 해서 다시 만나기를 원했다. 그녀는 우울증, 자살사고, 자해, 알코올 남용의 문제가 있었다. 둘의 관계는 동요가 심했다. 에드는 그녀가 자신을 필요로 한다는 느낌이 좋았고 또한 그녀에게 많은 어려움이 있는 동안 자신이 등을 돌린다면 큰 죄책감을 느낄 것을 알게 되었다. 치료자는 에드에게 치료의 한 목표로서 어떤 관계를 지속하는 것이 좋은지 아닌지를 결정하는 방법에 대해 생각해 보고 싶은지 물었다. 에드는 그것이 도움이 될 것이라고 동의했다.

12) 건강을 증진하는 생활방식의 변화

(1) 운동과 적절한 수면

자살위험 행동에 대한 대부분의 연쇄분석은 생활방식의 문제(수면 부족, 영양 부족, 약물이나 알코올 사용)가 정서조절 실패에 중요한 역할을 한다는 것을 보여준다. 규칙적인 운동은 심혈관 건강에 좋다는 것 외에도 사람들이 더 많은 에너지와 좋은 기분을 갖게 하고 부정적인 정서를 조절하는 더 나은 능력을 갖게 하는 데 도움이 된다. 많은 우울증 환자들은 활동하지 않는 경향이 있기 때문에 사실상 별로 하고 싶지 않더라도 몇 가지 운동 프로그램을 시작하도록 격려할 필요가 있다. 모순적이게도 운동은 부분적으로 수면 문제를 개선하는 데 도움이 되기 때문에 피로감도 개선될 수 있다. 더 나아가 우울증 환자들이 살이 찌는 경향과 심혈관계 질병에 대한 위험이 더 높다는 점에 비춰 볼 때 우리는 일상생활에서 규칙적인 운동을 해서 이런 취약한 청소년들이 심혈관계 질병에 대한 위험을 줄일 것을 제안한다. 또한 운동 경기 참여는 긍정적인 사회적 상호작용과 소속감을 줄 수 있다.

앞에서 여러 번 언급했듯이 수면 부족은 우울삽화의 전조로 잘 알려져 있고, 특히 자살행동의 위험을 높인다. 잠이 부족한 사람들은 좀 더 충동적이고 이는 잘못된 의사결정으로 이어질 수 있다. 또한 수면 부족은 이미 많은 우울한 아이들이 겪는 문제의 원인이 되고 있는 정서조절의 어려움을 야기하고 학업 성공의 주요 요소인 학습과 기억을 방해한다. 더 나아가 수면이 부족한 청소년들은 살이 찔 가능성이 더 높고 이는 우울증 청소년들의 기존의 체중 증가에 대한 취약성을 더욱 높인다.

(2) 건강을 위협하는 행동의 수정

우울하고 자살위험이 있는 청소년들은 종종 흡연, 약물 및 알코올 사용, 폭식, 위험한 성관계 같은 건강을 위협하는 행동들을 한다. 치료 초기에 치료자는 이런 행동이 나타나는지 확인해야 한다. 이 행동들이 생명에 위협적이라고 판단한다면 그것을 치료목표로 삼아야 한다. 그런데 종종 우울과 자살위기들이 이런 문제들을 가리기도 한다. 강화단계에서 치료자는 십대와 함께 이 문제들의 발생을 검토하고, 그것들이 우울증의 경과뿐만 아니라 그들의 인생에 끼치는 영향에 대해 논의해야 한다. 가능하다면 치료자와 십대는 이 행동들을 수정하고 제거해 나가는 작업을 할 수 있다. 이 행동들은 십대가 자신에 대해 좋은 느낌을 갖게 하는 긍정적인 활동들에 맞서서 우울증과 자살행동을 촉발하는 스트레스 사건이 일어날 가능성을 높이기 때문에 문제가 된다.

부모들은 자녀들이 이제 우울증에서 회복되었으니 취해도 된다거나 물질사용이 더 이상 위험 요소가 아니라고 느낄지도 모른다. 남용 단계보다는 낮은 수준이라고 해도 담배와 술, 약물 사용은 취약한 사람의 우울삽화의 시작 · 연장 · 재발의 원인이 된다는 근거가 있다. 청소년과 함께 건강을 위협하는 행동들을 탐색하고 그런 행동의 장단점 그리고 장기적인 삶의 결과를 이해하도록 돕는 것이 중요하다. 치료자는 청소년이 이런 위험한 행동을 자제하거나 약화시키는 노력을 하도록 작업해야 한다.

우울증과 자살행동의 치료에서 설명했던 많은 기법들은 십대들이 건강을 위협하는 행동을 자제하도록 돕는 데 유용할 수 있다. 첫째, 치료자는 그 행동을 유발하는 전조, 취약성 요인, 사고, 정서를 이해하기 위해 연쇄분석을 실행할 수 있다. 둘째, 치료자와 십대는 그 연쇄를 끊는 방법을 확인할 수 있는데 이는 대개 정서조절 개선, 문제해결 능력, 취약성 요인의 감소, 보호요인의 증가와 관련된다. 자살행동에 대한 보호요인인 가족, 학교, 친사회적인 친구들과의 유대는 건강을 위협하는 행동을 막는 데에도 보호요인이 된다.

3. 유지치료

치료의 세 번째 단계는 유지단계다. 이 지점에서 환자는 관해를 달성하였거나 거기에 거의 근접한다. 이 단계는 일반적으로 환자의 관해 달성 후 6~12개월 동안 지속된다. 유지치료의 핵심 목표는 우울증 재발을 방지하는 것이다. 유지치료를 시작하기 전에 치료자는 환자와 가족에게 지속적으로 치료에 참여하는 데 어떤 것들이 방해가 될지 물어봐야 한다.

1) 유지치료의 중요성

우울증은 재발하는 장애이기 때문에 유지단계는 매우 중요하다. 재발의 위험은 환자가 나아진 후 처음 4개월 이내에 가장 높다. 계속해서 약물치료나 심리치료를 받는 환자들은 재발 가능성이 낮아지고, 약물치료와 심리치료를 모두 유지하는 환자들은 재발 위험이 가장 낮다. 재발 위험은 그 장애의 이전 삽화 수와 만성성에 따라 증가한다. 따라서 이전의 삽화가 다양하거나 어렵고 만성적인 경과를 보인 환자에게는 강화단계 후에 더 긴 유지단계를 고려해야 한다(다음에서 기술한 바와 같이).

2) 환자가 유지치료에 참여하도록 동기 부여하기

치료 초기에 환자와 부모들에게 우울증에 대해 아마도 오랜 기간 주의를 기울여야 하는 만성 장애로 보도록 교육해야 한다. 이런 관점은 자살사고나 자살행동에도 동일하게 적용되며 자살경향성이 재발되거나 만성적이라면 특히 더 그렇다. 환자가 유지치료를 따르지 않는 가장 흔한 이유에는 시간, 재정, 부작용에 대한 반감 등이 있다. 시간 문제를 위해 유지치료를 환자의 집과 가까운 곳에서 제공하는 것이 가능할 것이다. 청소년들은 부작용을 야기하는 약물치료를 꺼려하는데 특히 한번 기분이 나아진 경우에는 더 그럴 수 있으므로 부작용에 대한 우려는 반드시 다뤄야 한다. 환자가 약물치료를 안전하게 줄이는 시기에 대한 결정은 환자의 생활 맥락 안에서 이뤄져야 한다. 다음에 더 자세히 다루겠지만 우리는 보통 학년이 끝나는 시기에 맞춰 유지치료를 마치려고 노력한다. 재발성 또는 만성적인 십대 우울증 환자들을 위한 약물중단 시기에 대한 지침은 별로 없지만, 성인용 지침에서는 장기간의 예방이 더 유익하다고 제안하고 있다.

3) 유지치료의 요소

약물치료를 받는 환자들은 계속 동일한 양을 복용하고 월 단위로 관찰되어야 한다. 만약 상태가 안정적으로 유지되면 분기별로 관찰 주기를 바꿀 수 있다. 심리치료를 받는 환자는 월별 또는 격월로 회기를 지속하면 치료를 통해 얻은 이점을 더 잘 유지할 수 있다. 치료의 초점은 회복 유지를 위해 강화치료와 관련하여 논의된 것처럼 재발을 유발할 수 있는 스트레스 요인들을 예상하고, 이런 스트레스 요인을 다루는 데 필요한 기술을 연습하거나 향상시키는 것 그리고 생활방식을 변화시키거나 변화를 유지하는 것이다. 연구에 따르면 약물치료를 유지하는 환자들이 건강 유지를 위해 설계된 CBT도 함께 받는 경우 좀 더 좋은 상태를 유지하는 경향이 있다. 우리 병원에서는 매월 집단 형식으로 유지를 위한 CBT를 제공한다. 우리는 환자가 우울증 증상의 재발 여부를 인식하고 증상이 재발했을 때 어떻게 도움을 받는지 확실히 알게 함으로써 환자와 가족이 질환의 관리와 관찰에 대한 책임감을 갖도록 장려하고 있다. 환자들이 다시 돌아올 필요가 있으면 우리에게 올 수 있다. 만약 그들이 성인이 되었거나 혹은 우리 프로그램으로 치료를 받기에 너무 먼 곳에 살고 있다면 적당한 곳을 찾아 의뢰하는 작업을 할 것이다.

4) 시기

가능한 한 우리는 유지치료 단계의 종결을 학년 말에 맞춰서 환자가 학교생활 동안 재발을 경험하지 않게 하려고 한다. 이렇게 시기를 맞추면 다음 학년이 시작되기 전 3개월 동안 환자가 약물치료를 끝내도 되는지 볼 수 있다. 약물치료는 금단증상을 피하기 위해 점차적으로 줄여 나가야 한다. 플록세틴은 매우 긴 반감기(몸에서 아주 천천히 사라짐을 의미)를 가졌기 때문에 예외적으로 위급한 금단 현상을 두려워하지 않고 끊을 수 있다. 우리는 보통 치료 중단 후 1개월째, 2개월째 그리고 4개월째에 추가 방문 계획을 잡는데, 이는 재발 위험이 높은 기간 동안 지켜보기 위해서다.

때때로 유지치료 기간이 환자의 고등학교 졸업 및 대학 진학과 겹치기도 한다. 환자와 가족들은 때로 대학이 새로운 출발이며 고등학교 때 경험했던 문제들이 대학에 들어가면 계속되지 않을 거라고 여긴다. 그 결과 어떤 환자들은 대학 진학 전에 약물치료를 중단하고 싶어 한다. 하지만 우리는 대학 진학이 오히려 스트레스가 될 수 있기 때문에 이에 반대한다. 심각한 부작용이 없다면 첫 1년 동안은 치료를 지속하도록 권고한다. 그 이후에도 환자에게 여전히 증상이 없다면 약물을 줄여 나가는 것은 합당하다.

사례

리로이는 18세로, 의도가 강한 치명적인 자살시도를 포함하여 만성적인 우울증 병력이 있다. 그는 약물과 CBT의 병합치료에 잘 반응했고 1년 동안 증상이 없었다. 지금 그는 고등학교를 졸업하고 집에서 몇 시간 떨어진 대학 진학을 계획하고 있다. 그는 치료자에게 대학이 시작되기 전 여름 동안 약물치료를 중단하고 싶다고 말했다.

답

치료팀은 대학 1학년 동안 약물치료를 계속하는 것이 가장 좋다는 것을 리로이에게 납득시키려고 노력했다. 그는 약물치료 중단을 강력하게 원했다. 가족은 대학 근처에서 리로이가 만날 수 있는 치료자를 확인했고, 리로이는 그를 분기별로 만나겠다고 약속했다. 또한 치료팀은 추수감사절 즈음에 추가 회기를 계획했다. 리로이는 가을 학기 동안 증상이 없었다고 보고하였다. 그러나 봄 학기 동안 그는 우울 증상을 다시 느끼기 시작하고, 우리에게 전화해서 치료자를 추천해 달라고 했다. 우리는 리로이를 그가 있는 지역의 치료자에게 의뢰했다. 그는 약물치료를 다시 시작했고, 증상은 다시 완화되었다.

환자들이 좋아졌다고 느낄 때 유지치료를 지속하도록 하려면, 치료자는 지속적 치료의 승산을 알고 있는 전문가로서의 역할과 자기의 건강관리에서 점점 큰 역할을 맡고 싶어 하는 청소년의 욕구 간에 균형을 잡아야 한다. 이 사례에서 우리가 균형을 잡을 수 있었기 때문에, 리로이는 증상을 느꼈을 때 도움을 청할 수 있었다. 이 실험을 통해 리로이는 약물치료 유지의 필요성을 확신하게 되었다.

5) 기분과 스트레스 요인 관찰

우리가 환자와 가족들에게 가르치는 기술 중의 하나는 기분과 우울증 증상을 관찰하는 방법이다. 환자의 증상이 완화되고 추가 방문 횟수를 줄여 나갈 준비가 되면 우울증 재발 가능성을 알려 주는 것에 대해 환자 및 가족과 함께 검토하는 것이 중요하다. 전형적으로 재발의 중요한 초기 경고 신호는 기분 또는 즐기는 능력의 변화이며 이는 기능의 변화와 관련이 있다(예: 성적이 떨어짐, 평소와 달리 자기를 돌보지 않음, 사회활동 감소). 또한 치료자는 환자 및 가족과 함께 이전의 우울삽화가 어떻게 시작되었고 그 당시 분명한 증상이 무엇이었는지 재검토할 수 있다. 어떤 사람에게는 수면장애이고 다른 사람에게는 과민성이나 사회적 철수일 것이다. 모든 우울삽화가 동일한 방식으로 시작하지는 않는다. 그래서 환자들은 광범위한 우울 증상들에 대해 주의해야 하고 미래에 그들의 우울증 발현이 정확하게 똑같지 않을 수도 있다는 것을 의식하고 있어야 한다.

사례

라일라는 14세로 피로, 과민성, 수면과다로 시작된 우울삽화를 보였다. 그녀는 CBT와 플록세틴으로 치료받고 완전히 회복되었다. 이후 6개월 넘게 계속해서 그 두 가지 치료를 받았고 여름 동안은 치료를 줄였다. 치료자는 그녀의 우울증 증상과 이전의 우울삽화가 시작된 방식을 검토했다. 1년 후 2학년 가을학기 시작 즈음에 라일라는 다시 피곤함과 수면과다를 경험했지만 여전히 잘 기능하고 있었다. 치료자는 이 시점에서 무엇을 해야 할까?

답

첫 번째 단계는 추가 평가를 하는 것이다. 라일라가 여전히 기능을 잘 하긴 하지만, 같은 수준의 기능을 유지하는 것이 더 힘들 수도 있다. 치료자는 피로와 수면과다가 주로 나타나는지, 동시에 다른 연관된 우울증 증상이 나타나고 있는지 평가해야 한다. 또한 치료자는 이런 증상들의 이유가 될 수도 있는 건강 상태의 변화가 없다는 것을 반드시 확인해야 한다.

추가 평가에서 라일라는 거의 매일 피로와 수면과다가 있고 전보다 어떤 것을 하는 것이 더 힘들다고 말했다. 또한 그녀는 좀 슬프고 즐기는 것에 어려움이 있음을 알았다. 이에 따라 치료자는 정신과 의사와 함께 주요 우울증 삽화의 발달을 차단하는 치료를 다시 시작했다.

우울증 재발을 유발하는 상황과 취약성 요인들은 함께 탐색해야 한다. 이 범주에는 시험이나 새로운 학교에서의 시작과 같은 예상 가능한 스트레스 요인들이나, 대인관계 불화, 또래 거부 또는 학업 성적이나 운동 경기 목표달성 실패 같은 요인들도 포함된다. 유지치료 계획은 약물과 알코올 자제하기, 규칙적인 수면과 운동, 균형 잡힌 영양섭취하기, 일이나 학교활동 적당히 하기 등의 생활방식 달성을 포함해야 한다. 만약 과거에 있었던 우울한 기분이나 자살사고와 관련된 스트레스 요인이 다시 나타나는 것이라면 환자와 치료자는 이러한 예상되는 스트레스 요인을 다루는 데 도움이 되는 전략을 세운다. 예를 들어, 환자가 자신이 새로운 학군으로 전학 가는 것을 알고 있다면 환자와 치료자는 사회적 단절감 등, 전학 갔을 때 가장 스트레스가 심할 것 같은 점들을 확인해 본다. 환자는 스포츠, 클럽 또는 교회 집단 등 공통적인 관심사를 나눌 수 있는 사람들을 만날 방법을 구체화한다. 실현 가능한 선에서 환자는 전학 간 후에 전화, 이메일, 방문 계획을 통해 이전 학교의 친구들과 규칙적으로 연락을 한다. 때로는 예상하지 못한 스트레스 요인이 발생한다. 그럴 때에는 환자는 치료자와 함께 배웠던 역경을 다루는 데 도움이 되는 기술들을 검토할 수 있다.

사례

레이는 12세로, 8년 동안 지내던 곳에서 이사하면서 촉발된 것 같은 급성 우울증 삽화를 보였다. 그의 우울증은 CBT 외래 치료에 반응을 보였고 이어 6번의 추가적인 CBT 회기를 6개월 이상 실시하고 퇴원하였다. 1년 뒤 레이의 아버지의 전근으로 가족들은 다시 교외로 이사를 가야 했다. 그의 어머니는 병원에 연락하여 우리 팀과의 만남을 예약했다. 우리는 그들이 새로운 지역에서 가능한 치료 자원을 찾도록 도왔다. 또한 레이에게 처음 그의 우울삽화를 유발한 이사에 대해 무엇이 스트레스인지, 이맘때쯤에 무엇을 예상할 수 있는지 생각해 보도록 했다. 그는 이전에 이사했을 때 '소외감' '가장 친한 친구가 없는 것' '얘기하거나 점심을 같이 먹을 친구가 없는 것' 세 가지가 가장 힘들었다고 했다.

답

우리는 레이가 예전 친구들과 계속 연락을 유지하고 그들로부터 지지를 받는 동시에, 새로운 지역에 융화하기 위한 전략을 구체화하는 방법에 대해 논의했다. 레이는 운동을 잘했고 교회 청소년 집단에서 활발하게 활동했었다. 그래서 새로운 학교에서 스포츠 팀에 가입하고 새로운 지역에서 가족들이 다니는 교회의 청소년 집단에서 활동할 것을 격려받았다. 우리는 또한 고립감과 외로움을 느꼈을 때 부모에게 어떻게 말씀드릴 수 있을지 누가 추가적인 지원이나 제안을 제공할 수 있는지에 대해 논의했다. 예전 친구들과 계속 연락도 하고 자신의 강점과 관심사에 잘 맞는 새로운 친구를 만들 수 있는 방법을 알아봄으로써, 레이는 즐겁고 성취감을 주는 사회망을 재구성할 수 있었다.

결론적으로 우울증 치료는 증상을 감소시키는 급성단계 뿐 아니라 관해를 달성하는 강화단계와 우울증 재발을 방지하는 유지단계를 포함한다. 관해를 달성하게 한 약물을 동일 용량으로 지속 복용하는 것이 후기 두 치료 단계의 일부이다. 잔여 증상을 치료하는 것에 더해 치료자는 환자와 함께 유용한 기술을 확인하고, 미래의 어려움을 예상하며 건강한 생활방식을 취하고 적절한 발달궤도로 돌아가는 데 도움이 되는 친사회적인 활동에 참여하는 것에 초점을 맞추어 작업해야 한다.

요점

- 급성치료 이후에 두 가지 추가적인 치료 단계가 있다–강화와 유지.
- 우울증 재발 방지를 위해, 관해 달성 이후 최소 6~12개월 동안 약물 및 심리치료가 지속되어야 한다.
- 약물치료 용량은 관해 달성에 필요했던 것과 동일해야 한다. 심리치료는 격주나 월 단위로 이뤄질 수 있다.
- 강화와 유지치료는 건강증진 활동들에 참여하는 것을 포함한다. 예를 들어, 자원봉사 활동, 스포츠 그리고 즐거움과 숙달감을 제공하는 활동들에 참여하는 것이다.
- 건강을 증진하는 생활방식을 선택하는 것도 중요하다. 예를 들어, 운동하기, 규칙적인 수면–기상 일정 유지하기, 건강을 위협하는 행동을 약화시키거나 없애기 등이다.
- 치료자는 십대가 예상되는 스트레스 요인들에 대처하는 계획을 세우도록 도와야 한다.
- 대학에 진학하려는 환자들에게는 대학의 특성들을 환자의 요구와 맞춰 보고 이용 가능한 적절한 정신건강 지원들이 있는지 확인해 줄 수 있다.

제10장

앞으로

많은 책들이 '서문(foreword)' 으로 시작하지만, 우리의 작업은 계속 진행 중이기 때문에 '앞으로(forward)' 로 마무리하려 한다. 이 '앞으로' 는 과거에 자살위험이 있는 청소년의 평가와 치료 개선에 성공한 적이 있었던 만큼 미래에도 계속 진전이 있을 것이라는 우리의 낙관적이고 희망적인 관점을 나타낸다. 치료자는 반드시 우울하고 자살위험이 있는 십대를 더 잘 평가하고 치료할 수 있도록 준비해야 한다.

현재와 미래에 치료성과를 높이는 길은 환자의 개인적인 특징에 맞춘 치료를 해야 한다는 것이다. 평가 및 개입방법은 바뀔 수 있지만, 신중한 평가와 그 평가에 근거해서 환자에게 맞는 치료를 연결하는 합리적인 방법은 여전히 아주 중요하다. 지금은 우울증을 평가하고 자살위험의 임상적 지표를 확인하는 신뢰할 만한 방법들이 있다. 심리치료와 약물치료는 청소년의 우울증을 효과적으로 치료하는 것으로 나타났으며 이제 우리는 자살위험을 감소시키기 위한 심리치료적 접근을 검증하기 시작했다. 청소년의 자살률은 1960년부터 1990년까지 꾸준히 증가하다가 1995년부터 2003년까지는 꾸준히 감소하였다.

2003년 FDA의 항우울제 사용에 대한 경고문(black-box warning)이 이슈가 된 이후 항우울제 처방과 우울증 진단을 받은 청소년의 숫자까지 감소했다. 이후 2004년과 2005년 처음으로 청소년의 자살률이 10년 전보다 증가했다. 항우울제 사용에 대한 경고문과 청소년 자살의 증가 간에 관계가 있다/없다를 말할 수는 없지만, 원인이 무엇이든 이런 증가는 청소년을 자살과 자살행동에서 보호하기 위해 조력하는 우리가 현실에 안주해서는 안 된다는 것을 일깨워 주었다.

청소년의 우울증을 치료하는 유용한 접근이 몇 가지 있기는 하지만 이 접근이 모든 사람에게 효과가 있는 것은 아니다. 우울한 청소년의 약 60%만이 12주의 약물치료나 CBT에 반응할 것이고 반응하는 사람 중에도 많은 사람들이 여전히 증상을 가지고 있다. 또한 항우울제 치료를 받은 청소년 중 몇 명은 자살사건을 경험할 것이다. 치료반응률을 높이고 현재와 미래의 자살사건의 위험을 감소시키는 접근은 무엇일까?

1. 지금 무엇을 할 수 있는가

치료반응률을 60% 이상으로 높이고 완전 관해를 달성하며 자살사건의 위험을 감소시키는 방법에 대한 몇 가지 단서가 있다. 많은 행동이 다음 두 가지 이유 때문에 치료 초기 몇 주 안에 나타나는 것 같다. 첫째, 증상경감률(the rate of symtom relief)은 결국 관해가 되는 사람들에게서 훨씬 더 빠르게(much steeper) 나타난다. 둘째, 자살사건은 아주 치료 초기, 평균 3주경에 나타나는 경향이 있다. 게다가 많은 자살사건이 환자가 자살사고와 우울의 위험수준이 높은 상태로 시작해서 계속 그 상태에 있기 때문에 일어난다. 그러니 아마도 더 빠른 치료반응률 달성으로 이 두 가지 문제를 해결할 수 있을 것이다. 하지만 어떻게 더 빠른 반응률이라는 결과를 얻을 수 있을까?

청소년 우울증에 대한 반응률은 현재 이용 가능한 방법을 모두 사용하면 향상될 수 있다. 60%의 반응률은 통제 조건에서 이루어진 한 가지 치료에 근거한 것이다. 임상 현장에서 환자를 치료할 때 우리는 기대보다 낮은 반응률을 야기할 수 있는 환자와 가족의 특징을 찾아서 그런 특징들을 대상으로 하는 방법들을 제시할 수 있다. 이런 특징에는 이 책에서 기술한 많은 임상적 시나리오들이 포함된다. 즉, 가족 갈등, 부모의 우울증, 치료되지 않은 동반이환(예: ADHD, 약물 및 알코올 사용) 등이다. 우리는 가족 갈등을 감소시키는 방법들을 알고 있다. 부모의 우울증을 (전문가에게) 의뢰하여 치료하면 자녀의 치료반응률이 높아졌다. 그리고 청소년이 물질남용을 극복하도록 돕는 간단한 개입들도 있다.

2. 가까운 장래에 활용할 수 있는 방법

항우울제의 낮은 반응률을 예측할 수 있는 한 가지 요인은 혈중 항우울제가 충분치 않은 것이다. 혈중 항우울제 수준이 낮으면(시타로프람과 플록세틴 포함) 낮은 반응률을, 더 높은 수준은 더 높은 반응률을 보이는 것 같다. 그렇기 때문에 환자가 항우울제에 반응하지 않으면 혈중 항우울제가 충분한지를 확인해 볼 만한다. 이는 단지 다른 항우울제로 교체하는 것보다 용량이 증가되어야 한다는 것을 의미한다. 우울한 성인에게는 항우울제에 항정신병약물을 첨가하는 것이 항우울제 단독일 때보다 우울 증상과 자살사고 개선에 효과적인 것 같다.

3. 새로운 자살위험 평가방법

두뇌 활성화 패턴과 심리학적 탐사에 대한 반응 연구들에서 자살위험이 있고 우울한 사람들에게 몇 가지 독특한 결과가 나타났다. 이 접근들은 자살사건이나 우울증 재발의 위험이 있는 사람을 확인하고 환자와 치료를 연결해 주는 데 도움이 된다. 그리고 심리치료의 효과를 관찰하는 데 유용하며 치료자가 치료를 바꿀 때 지침이 될 수 있다.

자살행동에 대한 취약성에는 그 자체의 독특한 신경인지적 특징(neurocognitive signature)이 있고, 이것이 환자의 의식적인 보고 외의 자살위험을 관찰하는 데 도움이 될 수 있다. 인지검사[예: 암묵적 연상 검사(Implicit Association Test: IAT)]에 대한 반응은 치료 방향에 지침이 될 수 있다. 환자의 자살위험을 확인하고 관찰하는 인지검사를 활용하여 면접과 자기보고 외의 부가적인 정보를 얻을 수 있다.

아이오와 도박 과제(Iowa Gambling Task: IGT) 같은 의사결정 검사는 보상과 위험을 정확하게 평가하는 개인의 능력을 측정한다. 피검자는 금전적 보상은 낮지만 손실도 낮은 카드와 금전적 보상은 높지만 손실도 높은 카드라는 두 가지 대안 중에서 하나를 선택해야 한다. 치명성이 높은 자살시도를 한 성인 자살시도자들은 고위험의 카드를 더 많이 선택하였다. 뇌영상(neuroimaging) 기법으로 두뇌 활성화 패턴을 검사한 연구들에서 IGT를 수행한 자살시도자들의 두뇌 활성화 패턴의 독특한 특징이 발견되었다.

우리의 임상적 평가와 함께 자살의 고위험 지표인 문제해결과 위험 평가를 측정하는 신경인지검사도 시행하는 미래를 상상해 보자. 이런 문제들을 대상으로 한 심리치료를 받은 환자에게서 의사결정의 질이 극적으로 개선되는 것을 볼 수도 있는데, 이는 그 환자가 더 이상 이런 특정 과제에서 정의된 고위험 범주가 아니라는 것을 의미한다. 반대로 똑같은 치료가 다른 환자는 개선시키지 못한 것을 발견할 수도 있다. 이는 동일한 치료를 더 오래 지속하거나 아니면 전략을 바꾸는 것에 대한 추가 단서가 될 수 있다. 그러므로 IGT 같은 검사는 치료자의 개입을 통해 두뇌 활성화 패턴이 고위험에서 저위험으로 변화되었는지를 확인하는 데도 도움이 될 수 있을 것이다.

우울증 평가와 치료에 신경인지적 접근이 활용될 가능성도 있다. 우울한 환자의 CBT 시행 전 뇌영상을 연구한 결과, '정서적 뇌(emotional brain)' (또는 편도체)는 두려움이나 슬픈 얼굴에 높은 반응을 보이고, '사고적 뇌(thinking brain)' [또는 배외측 전두엽(dorsolateral prefrontal cortex)과 전대상회(anterior cingulate)]는 두려움이나 슬픈 얼굴에 낮은 반응을 보였다. 신경과학자들은 우울증 문제를 정서 부분이 과잉반응하고 사고 부분이 정서적 뇌를 효과적으로 억제하지 못하기 때문이라고 본다. CBT에 반응하는 사람들은 치료받기 전에는 정서적 뇌의 반응이 높고 사고적 뇌의 반응은 낮다가 성공적인 치료 후 이 패턴이 역전되는 것 같다. 이러한 접근은 CBT에 가장 잘 반응할 사람들을 확인할 수 있게 해 주고 치료의 길이와 강조할 영역의 지침을 줄 수 있다. 예를 들어, 성인 만성 우울증 환자는 '사고적 뇌' 에서 좀 더 전반적인 비효율적인 패턴이 나타나고 부정적인 생각과 감정으로부터 관심을 돌려 적응적인 대처기제에 접근하는 데 어려움을 보인다. 예비 연구에서 사고적 뇌를 강화하는 인지 연습이 우울증을 개선시키는 것으로 나타났다.

약물유전학(pharmacogenomics)은 유전적인 차이가 항우울제 치료 반응의 취약성과 어떤 관계가 있는지를 검토한다. 이 접근은 환자에게 더 잘 맞는 약물치료를 하고 약물치료의 새로운 목표를 확인하는 데 도움이 된다.

이 책에서 기술된 치료접근은 각 환자의 필요에 따라 다양한 치료 요소들을 맞춰 적용하는 방법에 대한 것이다. 신경인지검사, 뇌영상, 약물유전학은 각 개인의 필요에 맞춰 개별화된 치료를 하도록 현재의 임상적 측정방법 외의 다양한 방법들을 제공해 준다.

이제 우리는 각자의 삶은 소중하고 각 사람마다 이 땅에서 해야 할 특별하고 독특한 역할이 있다는 인식을 가지고 출발했던 길을 마무리하려고 한다. 많은 사람들이 이 책을 시작할 때 『탈무드』에서 인용한, 한 생명을 구한 사람은 전 세계를 구한 것이나 다름없다는 말을 들어 보았을 것이다. 하지만 이 주제가 논의된 배경을 알고 있는 사람은 많지 않다. 『탈무드』는 아담이 한 존재로 창조되고 전 세계는 그를 위해 창조되었다는 것을 언급하며 시작된다. 각 사람(each human being)이 유일무이하기(unique) 때문에, 그를 위해서 유일무이한 세상이 창조되었다. 개인의 유일성이 그를 둘러싼 환경에 영향을 미치고 그 개인에 의해 유일해진 세상을 창조하는 것이기 때문에 그 관계는 양방향적이다. 그래서 『탈무드』의 결론은 누구나 아침에 일어나면, '"세상은 나를 위해 창조되었다."고 말해야 한다.'다. 이것은 자기애의 표현이 아니고 그와는 정반대되는 것이다. 그것은 우리 각자가 완성해야 할 과제와 구축해야 할 세상을 가지고 있다는 인식이다. 청소년 한 명의 죽음이라도 천과 같은 이 세상(fabric of the world)에는 되돌릴 수 없는 구멍이 된다. 따라서 우리의 과제는 분명하다. 우리는 종종 다른 사람들에게 짐이 된다고 느끼는 자살위험이 있는 청소년들에게 그들이 정말로 필요하고, 그들이 없는 세상은 불완전하며, 그래서 오직 그들을 위해 창조된 세상을 만들기 위해 그들의 도움이 필요하다는 것을 이해시켜야 한다.

과학기술의 진보는 지금 우리가 하고 있는 것을 더 발전시키겠지만 이 책에 제시된 많은 원리들은 시간의 검증을 견뎌 낼 것이라고 생각한다. 우리는 치료자들이 이 원리들을 활용하여 우울하고 자살위험이 있는 젊은이들이 미래를 품고, 어둠에서 벗어나 삶을 선택하도록 도와주기를 희망한다.

참고문헌

American Psychiatric Association. (2000). *Diagnostic and statistical manual of mental disorders* (4th ed., text rev.) Washington, DC: Author. *-At some point this will be supplanted by the DSM-V, but it is currently the "bible" for diagnostic criteria.*

Axelson, D. A., Birmaher, B., Strober, M., Gill, M. K., Valeri, S., Chiappetta, L. et al. (2006). Phenomenology of children and adolescents with bipolar spectrum disorders. *Archives of General Psychiatry, 63*, 1139-1148. *-This is the largest and most comprehensive study of the clinical picture of pediatric bipolar disorder.*

Beck, A. T. (1976). *Cognitive therapy and emotional disorders.* New York: International Universities Press.

Beck, A. T., Rush, A. J., Shaw, B. F., & Emery, G. (1979). *Cognitive therapy of depression.* New York: Guilford Press. *-This pioneering book helped usher in the "cognitive revolution" and is still the single best introduction to the practice of CBT.*

Beck, J. (1995). *Cognitive therapy: Basics and Beyond.* New York: Guilford Press.

Birmaher, B., Brent, D., & Work Group on Quality Issues. (2007). Practice parameters for the assesment and treatment of children and adolescents with depressive disorders. *Journal of the American Academy of Child and Adolescent*

Psychiatry, 46, 1503–1526. *–This paper, which had input from numerous experts, summarizes the American Academy of Child and Adolescent Psychiatry's position on best practice for the management of pediatric depression.*

Boergers, J., Spirito, A., & Donaldson, D. (1998). Reasons for adolescent suicide attempts: Associations with psychological functioning. *Journal of the American Academy of Child and Adolescent Psychiatry, 37*(12), 1287–1293.

Bonner, C. (2002). *Emotion regulation, interpersonal effectiveness, and distress tolerance skills for adolescents: A treatment manual* (University of Pittsburgh Medical Center, Services for Teens at Risk [STAR] Center Publications) Available at www.starcenter.pitt.edu and www.drbonneronline.com.

Borowsky, I. W., Ireland, M., & Resnick, M. D. (2001). Adolescent suicide attempts: Risks and protectors. *Pediatrics, 107*, 485–493. *–This study identifies both risk and protective factors for adolescent suicidal behavior that have strong implications for treatment.*

Brent, D. A. (1987). Correlates of the medical lethality of suicide attempts in children and adolescents. *Journal of the American Academy of Child and Adolescent Psychiatry, 26*, 87–89. *–This early study was only a chart review, but it suggested that there are different pathways to adolescent suicidal behavior. For impulsive attempters, the lethality of the available method was very important, whereas for those who were more depressed, the dangerousness of the attempt was driven by their suicidal intent.*

Brent, D. A. (2001a). Firearms and suicide. *Annals of the New York Academy of Sciences, 932*, 225–240. *–A review of the relationship between gun availability and risk for suicide.*

Brent, D. A. (2001b). Assessment and treatment of the youthful suicidal patient. *Annals of the New York Academy of Sciences, 932*, 106–131.

Brent, D. A. (2002). The music I want to hear. *Journal of the American Medical Association, 287*(17), 2186.

Brent, D. A. (2007). Antidepressants and suicidality: Cause or cure? [editorial]. *American Journal of psychiatry, 164*, 989–991. *–This editorial briefly summarizes the pros and cons of using antidepressants for the treatment of depression and the clinical significance of suicidal events.*

Brent, D. A. (2009). Effective treatments for suicidal youth: Pharmacological and psychosocial approaches. In D. Wasserman & C. Wasserman (Eds.), *Oxford textbook of suicidology and suicide prevention: A global perspective* (pp. 667-676). London: Oxford University Press. *-This is a recent review of treatment studies for suicidal youth. It is a chapter in the most comprehensive textbook on suicidology currently available.*

Brent, D. A., Baugher, M., Bridge, J., Chen, J., & Beery, L. (1999). Age- and sex-related risk factors for adolescent suicide. *Journal of the American Academy of Child and Adolescent Psychiatry, 38*, 1497-1505. *-This psychological autopsy study identifies the most salient risk factors for adolescent suicide and shows how they vary by age and gender.*

Brent, D. A., Emslie, G. J., Clarke, G. N., Wagner, K. D., Asarnow, J., Keller, M. B., et al. (2008). Switching to venlafaxine or another SSRI with or without cognitive behavioral therapy for adolescents with SSRI-resistant depression: The TORDIA randomized controlled trial. *Journal of the American Medical Association, 299*, 901-913. *-This is the largest randomized trial to address a common clinical problem: what to do when a depressed adolescent does not respond to an adequate trial with an SSRI antidepressant. There are several other papers on predictors and moderators of outcome and adverse events and on longer-term outcome.*

Brent, D. A., Holder, D., Kolko, D., Birmaher, B., Baugher, M., Roth, C., et al. (1997). A clinical psychotherapy trial for adolescent depression comparing cognitive, family, and supportive treatments. *Archives of General Psychiatry, 54*, 877-885. *-This was one of the first clinical trials to establish the efficacy of CBT for the short-term treatment of adolescent depression. Other papers from this study evaluate predictors and moderators of outcome, and predictors of longer-term course.*

Brent, D. A., & Melhem, N. (2008). Familial transmission of suicidal behavior. *Psychiatric Clinics of North America, 31*, 157-177. *-This article reviews the studies that demonstrate that suicidal behavior runs in families.*

Brent, D. A., Moritz, G., Bridge, J., Perper, J., & Canobbio, R. (1996). Long-term impact of exposure to suicide: A three-year controlled follow-up. *Journal of the American Academy of Child and Adolescent Psychiatry, 35*, 646-653.

–Youth exposed to a friend's suicide are more likely to experience depression and PTSD, but not to show suicide contagion. In this paper, we speculate as to why that was the case.

Brent, D. A., Perper, J. A., & Allman, C. J. (1987). Alcohol, firearms, and suicide among youth: Temporal trends in Allegheny County, Pennsylvania, 1960 to 1983. *Journal of the American Medical Association, 257,* 3369–3372. *–In one of our first studies, we identified alcohol use and gun availability as possibly contributing to the rise in adolescent suicide in the two decades preceding this paper.*

Brent, D. A., Perper, J. A., Goldstein, C. E., Kolko, D. J., Allan, M. J., Allman, C. J., et al. (1988). Risk factors for adolescent suicide: A comparison of adolescent suicide victims with suicidal inpatients. *Archives of General Psychiatry, 45,* 581–588. *–This was our single most important paper. All of our work flowed from these findings, in which we identified high suicidal intent, pediatric bipolar disorder, lack of prior treatment, depression with nonaffective comorbidity, and availability of guns in the home as key risk factors for adolescents who completed suicide, as compared with living suicidal adolescents. We also identified high family loading for psychopathology and suicidal behavior as contributing to suicidal risk. All of these findings have since been replicated by our group and others.*

Brent, D. A., Perper, J., Moritz, G., Baugher, M., & Allman, C. (1993). Suicide in adolescents with no apparent psychopathology. *Journal of the American Academy of Child and Adolescent Psychiatry, 32,* 494–500. *–Youth without clear psychopathology who killed themselves were 31 times more likely to have access to a loaded gun than were normal controls.*

Brent, D. A., & Poling, K. D. (1998). *Living with depression: A survival manual for families* (University of Pittsburgh Medical Center, Serviced for Teens at Risk [STAR] Center Publications). Available at www.starcenter.pitt.edu.

Brent, D. A., & Weersing, V. R. (2008). Depressive disorders in childhood and adolescene. In M. Rutter, D. Bishop, D. Pine, S. Scott, J. Stevenson, E. Taylor, & A. Thapar (Eds.), *Rutter's child and adolescent psychiatry* (pp. 587–613). Oxford, UK: Blackwell. *–This is a fairly recent and comprehensive review of pediatric depression, encompassing epidemiology, etiology, and treatment.*

Bridge, J. A., Goldstein, T. R., & Brent, D. A. (2006). Adolescent suicide and suicidal behavior. *Journal of Child Psychology and Psychiatry, 47*, 372–394. –*This is a comprehensive review of the risk factors, course, treatment, and prevention of adolescent suicide and suicidal behavior.*

Bridge, J., Iyengar, S., Salary, C. B., Barbe, R. P., Birmaher, B., Pincus, H., et al. (2007). Clinical response and risk for reported suicidal ideation and suicide attempts in pediatric antidepressant treatment: A meta-analysis of randomized controlled trials. *Journal of the American Medical Association, 297*, 1683–1696. –*This study summarizes SSRI antidepressant trials and shows that youth are 11 times more likely to benefit from an antidepressant than to experience a suicidal event.*

Brown, G. K., Have, T. T., Henriques, G. R., Xie, S. X., Hollander, J. E., & Beck, A. T. (2005). Cognitive therapy for the prevention of suicide attempts. *Journal of the American Medical Association, 294*(5), 563–570.

Goldstien, T. R., Bridge, J. A., & Brent, D. A. (2008). Sleep and suicidal behavior in adolescents. *Journal of Consulting and Clinical Psychology, 76*, 84–91. –*These findings highlight the importance of assessing and treating sleep difficulties in youth at risk for suicide.*

Goldston, D. B., Daniel, S. S., Reboussin, D. M., Reboussin, B. A., Frazier, P. H., & Kelley, A. E. (1999). Suicide attempts among formerly hospitalized adolescents: A prospective naturalistic study of risk during the first 5 years after discharge. *Journal of the American Academy of Child and Adolescent Psychiatry, 38*, 660–671. –*This is one of the most comprehensive follow-up studies of adolescent suicide attempters.*

Goodyer, I., Dubicka, B., Wilkinson, P., Kelvin, R., Roberts, C., Breen, S., et al. (2007). Selective serotonin reuptake inhibitors (SSRIs) and routine specialist care with and without cognitive behavior therapy in adolescents with major depression: Randomised controlled trial. *British Medical Journal, 335*, 106–111. –*This is one of the major clinical trials to assess the role of combination treatment in the management of adolescent depression. It did not show an additive benefit for CBT, possibly due to the young age and severe depression of the treatment sample.*

Gould, M. S., Fisher, P., Parides, M., Flory, M., & Shaffer, D. (1996). Psychosocial risk factors of child and adolescent completed suicide. *Archives of General Psychiatry, 53*, 1155–1162. *–This is the largest psychological autopsy study of adolescent suicide and describe the role of stressors and parental psychopathology in adolescent suicide.*

Gould, M. S., Greenberg, T., Velting, D. M., & Shaffer, D. (2003). Youth suicide risk and preventative interventions: A review of the past 10 years. *Journal of the American Academy of Child and Adolescent Psychiatry, 42*, 386–405. *–This is a comprehensive review of adolescent suicidal behavior that is particularly useful in its synthesis of the extant prevention and intervention literature.*

Insel, B. J., & Gould, M. S. (2008). Impact of modeling on adolescent suicidal behavior. *Psychiatric Clinics of North America, 31*, 293–316. *–A review of the issue of suicide contagion by the group that has done definitive work on the subject.*

Klomek, A. B., Marrocco, F., Kleinman, M., Schonfeld, I. S., & Gould, M. S. (2007). Bullying, depression, and suicidality in adolescents. *Journal of the American Academy of Child and Adolescent Psychiatry, 46*, 40–49. *–One of the best studies showing an association between bullying and risk for suicidal behavior. It may be helpful in motivating schools to prevent and stop bullying.*

Lewinsohn, P. M., Rohde, P., & Seeley, J. R. (1996). Adolescent suicidal ideation and attempts: Prevalence, risk factors, and clinical implications. *Clinical Psychology: Science and Practice, 3*, 25–46. *–This is a comprehensive review of findings on adolescent suicidal behavior from a large epidemiological study.*

Lewinsohn, P. M., Rohde, P., & Seeley, J. R. (1998). Major depressive disorder in older adolescents: Prevalence, risk factors, and clinical implications. *Clinical Psychology Review, 18*, 765–794. *–This paper summarizes the extensive epidemiological and intervention work on adolescent depression conducted by this group.*

Linehan, M. M. (1993). *Cognitive-behavioral treatment of borderline personality disorder.* New York: Guilford Press.

March, J., Silva, S., Petrycki, S., Curry, J., Wells, K., Fairbank, J., et al. (2004). Fluoxetine, cognitive-behavioral therapy, and their combination for adolescents with depression: Treatment for Adolescent Depression Study (TADS) randomized controlled trial. *Journal of the American Medical Association, 292*(7), 807–820. *–This is the landmark study on the acute treatment of adolescent depression. There are many other publications from TADS on longer-term outcome, and on predictors and moderators of treatment and of adverse events.*

Miller, A. L., Rathus, J. H., & Linehan, M. M. (2006). *Dialectical behavior therapy with suicidal adolescents.* New York: Guilford Press. *–Although our treatment approach differs from DBT, we draw from this important and innovative treatment in our assessment and treatment of suicidal behavior. This book is the single clearest exposition of the application of DBT for suicidal adolescents.*

Mufson, L., Weissman, M. M., Moreau, D., & Garfinkel, R. (1999). Efficacy of interpersonal psychotherapy for depressed adolescents. *Archives of General Psychiatry, 56,* 573–579. *–This study helped to establish IPT as an empirically supported treatment for adolescent depression.*

Posner, K., Oquendo, M. A., Gould, M., Stanley, B., & Davies, M. (2007). Columbia classification algorithm of suicide assessment (C-SASA): Classification of suicidal events in the FDA's pediatric suicidal risk analysis of antidepressants. *American Journal of Psychiatry, 164,* 1035–1043.

Resnick, M. D., Bearman, P. S., Blum, R. W., Bauman, K. E., Harris, K. M., Jones, J., et al. (1997). Protecting adolescents from harm: Findings from the National Longitudinal Study on Adolescent Health. *Journal of the American Medical Association, 278, 823–832. –This study shows that there are common risk and protective factors for many adolescent health risk behaviors.*

Shaffer, D., Gould, M. S., Fisher, P., Trautman, P., Moreau, D., Kleinman, M., et al. (1996). Psychiatric diagnosis in child and adolescent suicide. *Archives of General Psychiatry, 53,* 339–348. *–This study reports on psychiatric risk factors for completed suicide in adolescence.*

Stanley, B., Brown, G., Brent, D., Wells, K., Poling, K., Kennard, B., et al. (2009). Cognitive behavior therapy for suicide prevention (CBT-SP): Treatment model, feasibility and acceptability. *Journal of the American Academy of Child and Adolescent Psychiatry, 48,* 1005–1013. *–This study describes a treatment approach for adolescent suicide attempters that was based in part on our* *work and grew out of a collaborative effort with many other leading treatment researchers.*

Wexler, D. B. (1991). *The adolescent self: Strategies for self-management, self-soothing, and self-esteem in adolescents.* New York: Norton.

찾아보기

인명

내용

저자 소개

David A. Brent, MD. 피츠버그 대학교 의과대학 소아청소년정신과 정신의학과장이며 자살연구의 책임을 맡고 있다. 그는 우울하고 자살위험이 있는 십대를 위한 임상 서비스를 하는, 위기청소년 서비스센터(Services for Teens At Risk: STAR-Center)의 책임자다. 브렌트 박사는 청소년의 우울과 자살행동의 위험요인에 관한 가장 중요한 작업을 수행하고, 이어서 이를 성공적으로 우울하고 자살위험이 있는 청소년에 대한 약물 및 심리치료적 개입 개발과 효과검증으로 이행시켰다. 그는 우울하고 자살위험이 있는 청소년의 평가와 개입에 대한 공헌을 인정받아, 미국자살예방재단(American Foundation for Suicide Prevention), 미국자살연구협회(American Association of Suicidology), 전미 조현증 및 우울증 연구 연맹(National Alliance for Research on Schizophrenia and Depression), 미국소아청소년정신의학회(American Academy of Child and Adolescent Psychiatry) 및 미국정신의학회(American Psychiatric Association)로부터 연구상을 받았다.

Kimberly D. Poling, LCSW. STAR-Center의 임상 프로그램 부장으로 1978년도에 처음 치료자로 참여하였다. 그녀는 인지치료, 진단평가, 자살위험 평가 분야의 전문가이며, 피츠버그 및 미국 전역에 걸쳐 치료 지침 개발 및 수행, 훈련, 인지치료사 슈퍼비전에 참여하고 있다. 또한 피츠버그 대학병원의 인지치료센터와 피츠버그 대학교 심리학 및 교육학과 교수로 재직 중이다.

Tina R. Goldstein, PhD. 임상심리학자이며 피츠버그 대학교 의과대학 소아청소년과 조교수다. 그녀의 임상 및 연구는 기분장애 위험이 있는 아동 · 청소년의 심리사회적 개입 개발 및 효과검증과 청소년의 자살행동 예방 및 개입에 집중되어 있다. 그녀는 다양한 재단과 정부의 기금을 받아 청소년을 위한 심리사회적 치료 실시요강을 시행하고 훈련하고 슈퍼비전한다. 그녀는 인지행동치료와 변증법적 행동치료의 전문가다.

역자 소개

지승희(Jee, Seung-Hee)
이화여자대학교 대학원 심리학과 박사(상담심리학 전공)
한국청소년상담원(현 한국청소년상담복지개발원) 상담교수
현 고려사이버대학교 상담심리학과 교수

〈저서 및 역서〉
학교폭력 예방의 이론과 실제(공저, 학지사, 2014)
멘붕 탈출! 스트레스 관리(공저, 학지사, 2013)
일터에서 의미찾기(공역, 박영사, 2015)
학교에서의 연극치료와 가족치료(공역, 시그마프레스, 2013)
예방상담학(공역, 시그마프레스, 2010)
괴롭힘 없는 교실 만들기(공역, 시그마프레스, 2008)

김봉아(Kim, Bong-Ah)
이화여자대학교 대학원 심리학과 석사(상담심리학 전공)
아주대학교 대학원 교육학과 박사 수료(교육심리 및 상담 전공)
현 삼성전자 Life Coaching센터 소장(수원)

감수자 소개

김재원(Kim, Jae-Won)
서울대학교 대학원 의학박사(정신과학 전공)
현 서울대학교 의과대학 정신과학교실 교수
서울대학교병원 정신건강의학과 및 소아정신과 교수

〈저서〉
아이를 외국 학교에 보내기로 했다면(공저, 웅진서가, 2015)
생물소아정신의학(공저, 시그마프레스, 2014)
소아정신의학(공저, 학지사, 2014)
청소년정신의학(공저, 시그마프레스, 2012)
아동 · 청소년 임상 면담(공저, 학지사, 2010)
학교 위기개입(공저, 학지사, 2010)

우울과 자살 위기의 청소년 치료

Treating Depressed and Suicidal Adolescents: A Clinician's Guide

2016년 2월 25일 1판 1쇄 발행
2024년 8월 20일 1판 5쇄 발행

지은이 • David A. Brent · Kimberly D. Poling · Tina R. Goldstein
옮긴이 • 지승희 · 김봉아
감수자 • 김 재 원
펴낸이 • 김 진 환
펴낸곳 • (주) 학지사
04031 서울특별시 마포구 양화로 15길 20 마인드월드빌딩 5층
대표전화 • 02) 330-5114 팩스 • 02) 324-2345
등록번호 • 제313-2006-000265호
홈페이지 • http://www.hakjisa.co.kr
인스타그램 • https://www.instagram.com/hakjisabook

ISBN 978-89-997-0867-1 93180

정가 **18,000원**

역자와의 협약으로 인지는 생략합니다.
파본은 구입처에서 교환하여 드립니다.